Di

Sommerliebe

*Ausgewählt von
Daniel Kampa*

Diogenes

Nachweis am Schluss des Bandes
Umschlagillustration: © René Gruau /
www.renegruau.com

Originalausgabe

Alle Rechte an dieser Ausgabe vorbehalten
Copyright © 2011
Diogenes Verlag AG Zürich
www.diogenes.ch
250/11/52/1
ISBN 978 3 257 24084 9

Inhalt

F. Scott Fitzgerald	*Liebe in der Nacht* 7
Doris Dörrie	*Danke für Ihren Besuch* 41
Bernhard Schlink	*Nachsaison* 61
Urs Widmer	*Naxos* 110
D. H. Lawrence	*Sonne* 126
Eduard von Keyserling	*Schwüle Tage* 171
Philippe Djian	*37,2 Grad am Morgen* 253
Anthony McCarten	*Die Italienerin* 272
John Irving	*Sommerjob* 275

Anstelle eines Nachworts
Ödön von Horváth *Geschichte einer kleinen Liebe* 313

Nachweis 317

F. Scott Fitzgerald

Liebe in der Nacht

Die Worte erregten Val. Sie waren ihm irgendwann während des frischen, goldenen Aprilnachmittags in den Sinn gekommen, und in Gedanken wiederholte er sie immer wieder: »Liebe in der Nacht; Liebe in der Nacht.« Er probierte sie in drei Sprachen aus – Russisch, Englisch und Französisch – und entschied sich für Englisch. In jeder Sprache bedeuteten die Worte eine andere Art von Liebe und eine andere Art von Nacht, und die englische Nacht kam ihm am wärmsten und weichsten vor, mit dem dünnsten und kristallensten Sternenschimmer. Die englische Liebe kam ihm am zerbrechlichsten und romantischsten vor – ein weißes Kleid und darüber ein verwischtes Gesicht mit Augen wie Brunnen aus Licht. Und wenn ich hinzufüge, dass die Nacht, die ihm solche Gedanken eingab, schließlich und endlich eine französische Nacht war, wird mir klar, dass ich weiter ausholen und mit dem Anfang beginnen muss.

Val war halb Russe und halb Amerikaner. Seine

Mutter war die Tochter jenes Morris Hasylton, der 1892 die Weltausstellung in Chicago mitfinanziert hatte, und sein Vater war – sehen Sie ruhig im Gotha von 1910 nach – Fürst Paul Sergej Boris Rostow, Sohn des Fürsten Vladimir Rostow, Enkel eines Großherzogs – genannt Sergej mit dem kantigen Kinn – und Cousin des Zaren um drei Ecken. Man sieht, auf dieser Seite war alles ziemlich eindrucksvoll, Stadtpalais in Sankt Petersburg, Jagdhütte in der Nähe von Riga und eine dicke, fette Villa, fast schon ein Palast, mit Blick auf das Mittelmeer. In dieser Villa in Cannes verbrachten die Rostows den Winter, und Fürstin Rostow hätte es nicht besonders amüsant gefunden, daran erinnert zu werden, dass diese Villa an der Riviera, vom Marmorspringbrunnen – nach Bernini – bis zu den vergoldeten Likörgläsern – nach dem Abendessen – mit amerikanischem Geld gekauft worden war.

Die Russen waren in der ausgelassenen Zeit vor dem Krieg besonders fröhlich. Von den drei Völkern, denen Südfrankreich als Lustgarten diente, waren sie dasjenige, dessen hochherrschaftliches Auftreten am natürlichsten wirkte. Die Engländer waren zu pragmatisch, die Amerikaner waren zwar freigebig, besaßen aber keine romantische Tradition. Die Russen hingegen – ein Volk, das sich so ritterlich benahm wie die Südländer und außerdem noch reich war! Wenn die Rostows gegen Ende Januar in Cannes eintrafen, bestellten die Restaurants telegraphisch in nördlicheren Regionen die Lieblingsetiketten des Fürsten, um sie auf ihre Champagnerflaschen zu kleben, und die Juweliere legten unvorstellbar prachtvolle Schmuckstücke beiseite, um sie ihm zu zeigen (aber nicht der Fürstin), und die russisch-orthodoxe Kirche wurde für die Feiertage gekehrt und geschmückt, damit der Fürst orthodoxe Vergebung für seine Sünden erbitten konnte. Sogar das Mittelmeer war so entgegenkommend, an den Frühlingsabenden die Farbe dunklen Weins anzunehmen, und Fischerboote mit rotkehlchenfarbenen Segeln schaukelten entzückend vor dem Ufer.

Undeutlich war Val bewusst, dass all das für ihn und seine Familie geschah. Die kleine weiße Stadt am Wasser, in der er die Freiheit hatte, zu tun, was ihm gefiel, weil er reich und jung war und das Blut Peters des Großen indigoblau in seinen Adern rann, war das Paradies der Privilegierten. Im Jahr 1914, in dem diese Geschichte beginnt, war er erst siebzehn Jahre alt, doch er hatte bereits ein Duell mit einem vier Jahre älteren jungen Mann ausgetragen und besaß als Beweis eine kleine haarlose Narbe oben auf seinem schönen Kopf.

Doch Liebe in der Nacht war das, was ihm am Herzen lag. Es war ein schemenhafter schöner

Traum, etwas, was ihm eines Tages widerfahren würde, einzigartig und unvergleichlich. Er hätte nicht mehr darüber sagen können, als dass ein bezauberndes, unbekanntes Mädchen darin vorkam und dass sich alles unter dem Mond der Riviera abzuspielen hatte.

Das Merkwürdige an dem Ganzen war nicht, dass er in der erregten und zugleich beinahe spirituellen Hoffnung auf eine Romanze lebte, denn solche Hoffnungen unterhalten alle Knaben, die nur eine Spur Phantasie besitzen, sondern dass sie ihm tatsächlich widerfuhr. Und als es geschah, war es so unerwartet, so ein Gewirr aus Eindrücken und Gefühlen und eigenartigen Wendungen, die ihm auf die Lippen gerieten, aus Anblicken und Tönen und Augenblicken, die sich ereigneten und im nächsten Moment vorbei waren, vergangen waren, dass er kaum begriff, wie ihm geschah. Vielleicht war es gerade das Unfassbare, das die Begebenheit in sein Herz einprägte, so dass er sie nie vergessen konnte.

In jenem Frühling sprach alles um ihn herum von Liebe; da waren die zahlreichen und indiskreten Liebschaften seines Vaters, die Val partiell zu Ohren kamen, wenn er zufällig das Gerede der Dienstboten hörte, und definitiv, als er eines Nachmittags seine amerikanische Mutter dabei überraschte, dass sie dem Porträt seines Vaters an der

Wand des Salons eine hysterische Szene machte. Auf dem Porträt trug sein Vater eine weiße Uniform mit einem pelzbesetzten Dolman und erwiderte den Blick seiner Frau unbeeindruckt, als wollte er sagen: »Meine Liebe, hattest du dir etwa eingebildet, in eine Familie von Betbrüdern eingeheiratet zu haben?«

Val entfernte sich auf Zehenspitzen, überrascht, verwirrt – und erregt. Es hatte ihn nicht schockiert, wie es einen amerikanischen Jungen seines Alters schockiert hätte. Seit Jahren wusste er, wie das Leben der Reichen in Europa beschaffen war, und seinem Vater warf er nur vor, dass er seine Mutter zum Weinen gebracht hatte.

Um ihn herum war alles Liebe, vorwurfslose Liebe genauso wie verbotene Liebe. Als er um neun Uhr die Seepromenade entlangspazierte und die Sterne so hell strahlten, dass sie mit den hellen Lampen wetteiferten, spürte er die Liebe ringsum. Von den Caféterrassen mit den fröhlichen Kleidern frisch aus Paris drang der würzige Geruch von Blumen, Chartreuse, frischem schwarzem Kaffee und Zigaretten, und damit vermischt nahm er einen anderen Duft wahr, den rätselhaften Duft der Liebe. Hände berührten juwelenblitzende Hände auf weißen Tischen. Fröhliche Kleider und weiße Hemdbrüste wogten, und Streichhölzer wurden ein wenig zittrig an langsam Feuer fangende Zigaretten gehalten. Jenseits des Boulevards schlenderten unter den schattigen Bäumen weniger vornehme Liebende, junge Franzosen, die in den Läden von Cannes arbeiteten, mit ihren Bräuten, doch in diese Richtung blickten Vals junge Augen seltener. Der Luxus der Musik, der bunten Farben und leisen Stimmen, all das gehörte zu seinem Traum. All das war der unerlässliche Dekor der Liebe in der Nacht.

Doch Val begann sich allmählich unglücklich zu fühlen, auch wenn er sich größte Mühe gab, das großspurige Gehaben zur Schau zu stellen, das von einem jungen russischen Adeligen erwartet wurde, der allein unterwegs war. Die Aprildämmerung hatte die Märzdämmerung abgelöst, die Saison war fast vorbei, und er hatte bisher keine Verwendung für die warmen Frühlingsabende gefunden. Die Sechzehn- und Siebzehnjährigen aus seinem Bekanntenkreis wurden von der Dämmerung bis zum Schlafengehen streng beaufsichtigt – vergessen wir nicht, es war die Zeit vor dem Krieg –, und die anderen Mädchen, die ihn gerne begleitet hätten, sprachen seiner romantischen Sehnsucht Hohn. So verging der April – eine Woche, zwei Wochen, drei Wochen...

Er hatte bis um sieben Uhr Tennis gespielt und eine weitere Stunde auf dem Tennisplatz vertrödelt, und es war halb neun geworden, als ein müder Droschkengaul den Hügel meisterte, auf dem die Fassade der Rostow-Villa leuchtete. In der Auffahrt funkelten die gelben Scheinwerfer der Limousine seiner Mutter; die Fürstin trat aus der hell erleuchteten Haustür und knöpfte ihre Handschuhe zu. Val warf dem Droschkenkutscher zwei Franc zu und ging zu seiner Mutter, um sie auf die Wange zu küssen.

»Berühr mich nicht«, sagte sie abwehrend. »Du hast Geld angefasst.«

»Aber nicht mit dem Mund, Mutter«, wandte er scherzhaft ein.

Die Fürstin sah ihn ungehalten an.

»Ich bin verärgert«, sagte sie. »Warum musst du dich ausgerechnet heute so verspäten? Wir sind zum Abendessen auf eine Yacht eingeladen, und die Einladung galt auch für dich.«

»Was für eine Yacht?«

»Amerikaner.« Ihre Stimme klang immer leicht ironisch, wenn sie ihr Herkunftsland erwähnte. Ihr Amerika war das Chicago der neunziger Jahre, und in ihrer Vorstellung war es noch immer eine riesige Wohnung über einem Metzgerladen. Selbst die Verfehlungen Fürst Pauls waren kein zu hoher Preis für ihr Entkommen.

»Zwei Yachten«, fuhr sie fort, »und wir wissen

nicht, welche die richtige ist. Die Einladung war sehr ungenau. Ausgesprochen schlechte Manieren.«

Amerikaner. Vals Mutter hatte ihrem Sohn beigebracht, Amerikaner mit Geringschätzung zu betrachten, aber es war ihr nicht gelungen, ihn davon zu überzeugen. Amerikanische Männer behandelten einen nicht wie Luft, auch wenn man erst siebzehn war. Val mochte Amerikaner. Er fühlte sich zwar durchaus als Russe, aber nicht lupenrein; das genaue Mengenverhältnis betrug wie das einer berühmten Seife neunundneunzig drei viertel Prozent.

»Ich komme mit«, sagte er. »Ich beeile mich, Mutter. Ich –«

»Wir sind jetzt schon zu spät dran.« Die Fürstin drehte sich um, als ihr Ehemann in der Tür erschien. »Jetzt sagt Val, dass er mitkommen will.«

»Das kommt nicht in Frage«, sagte Fürst Paul schroff. »Er hat sich scheußlich betragen.«

Val nickte. Russische Aristokraten erzogen ihre Kinder ausnahmslos mit bewundernswerter Strenge, auch wenn sie selbst gern über die Stränge schlugen. Widerspruch wurde nicht geduldet.

»Es tut mir leid«, sagte Val.

Fürst Paul begnügte sich mit einem Schnauben. Der Lakai in rot-silberner Livree öffnete die Wagentür. Doch das Schnauben entschied die Sache, denn Fürstin Rostow hegte zufällig einen nicht grundlosen Groll gegen ihren Mann, und das verschaffte ihr die Oberhand.

»Wenn ich es recht überlege, kommst du doch besser mit, Val«, verkündete sie ungerührt. »Nicht zum Essen, dafür ist es zu spät, aber danach. Die Yacht ist entweder die *Minnehaha* oder die *Privateer*.« Sie stieg in die Limousine. »Die, auf die wir eingeladen sind, ist wahrscheinlich die, auf der mehr los ist, die Yacht der Jacksons –«

»Nur Grips«, brummte der Fürst rätselhaft, womit er ausdrücken wollte, dass Val die Yacht finden würde, wenn er nur die geringste Spur Grips besaß. »Zeig dich meinem Diener, bevor du gehst. Nimm eine von meinen Krawatten und nicht den scheußlichen Bindfaden, auf den du dich in Wien kapriziert hast. Werd erwachsen. Höchste Zeit.«

Die Limousine entfernte sich knirschend aus der gekiesten Einfahrt, und Val blieb mit vor Scham brennendem Gesicht zurück.

2

Im Hafen von Cannes war es dunkel, besser gesagt: es wirkte dunkel nach der Helligkeit der Promenade, die Val gerade verlassen hatte. Im trüben Lichtschein dreier schwacher Hafenlaternen lagen zahllose Fischerboote wie leere Muschelschalen am Strand. Weiter draußen, wo eine Flotte schlanker Yachten bedächtig und würdevoll auf dem Meer schaukelte, waren Lichter zu sehen, und noch weiter draußen rundete der Vollmond das Wasser zu einem blankgewienerten Tanzparkett. Hin und wieder ertönte ein Klatschen, Knarren und Glucksen, wenn ein Ruderboot sich im seichten Wasser bewegte und sein schattenhafter Umriss sich durch das Labyrinth enggedrängter Fischerkähne und Barkassen schlängelte. Val stieg das samtige Sandufer hinunter, stolperte über einen schlafenden Schiffer und atmete den ranzigen Geruch von Knoblauch und billigem Wein ein. Er schüttelte den Mann an den Schultern, bis dieser ihn erschrocken ansah.

»Wissen Sie, wo die *Minnehaha* und die *Privateer* ankern?«

Als sie in die Bucht hinausglitten, lehnte er sich im Bootsheck zurück und blickte mit leisem Missbehagen zu dem Mond über der Riviera hinauf. Es war der richtige Mond, keine Frage. Oft genug, in fünf von sieben Nächten, war es der richtige Mond. Und da waren die warme Luft mit ihrem beinahe schmerzlichen Zauber und die Musik, viele Melodien, von vielen Kapellen gespielt, die vom Ufer herüberklang. Im Osten lag das dunkle Kap von Antibes und dahinter Nizza und dahinter Monte

Carlo, wo Klang und Klirren von Geld die Nacht erfüllte. Eines Tages würde auch er all das erleben, alle Freuden und alles Glück – dann, wenn er zu alt und vernünftig wäre, um Wert darauf zu legen.

Doch diese Nacht, diese Nacht, dieser Silberstrom, der wie eine breite Strähne lockigen Haars zum Mond hinaufwehte, diese warmen, romantischen Lichter von Cannes hinter ihm und die unwiderstehliche und unbeschreibliche Liebe in dieser Luft – blieben für immer vergeudet.

»Welches?«, fragte der Schiffer unerwartet.

»Welches was?«, fragte Val, der sich aufrichtete.

»Welches Schiff?«

Er zeigte hin. Val drehte sich um; über ihnen erhob sich der graue, wie ein Schwert vorspringende Bug einer Yacht. Während der anhaltenden Sehnsucht seines Verlangens hatten sie eine halbe Meile zurückgelegt.

Er las die Messingbuchstaben über seinem Kopf. *Privateer* stand da, doch das Licht an Bord war gedämpft, und keine Musik war zu hören, kein Stimmengewirr, sondern nur das murmelnde Plätschern der Wellen, die das Schiff berührten.

»Das andere«, sagte Val. »Die *Minnehaha*.«

»Warten Sie.«

Val schrak zusammen. Die Stimme war leise und sanft aus der Dunkelheit über ihm gekommen.

»Warum so eilig?«, sagte die sanfte Stimme. »Ich dachte, es wäre vielleicht jemand zu Besuch gekommen, und jetzt bin ich schrecklich enttäuscht.«

Der Schiffer hob die Ruder aus dem Wasser und sah Val unsicher an. Val aber schwieg, und der Schiffer senkte die Ruderblätter ins Wasser und führte das Boot in das Mondlicht hinaus.

»Augenblick!«, rief Val laut.

»Ade«, sagte die Stimme. »Kommen Sie wieder, wenn Sie bleiben können.«

»Aber ich bleibe jetzt«, sagte er aufgeregt.

Er gab die entsprechende Anweisung, und das Ruderboot wendete zum Fuß des kleinen Fallreeps zurück. Jemand, der jung war, jemand in einem wolkigen weißen Kleid, jemand mit einer bezaubernden leisen Stimme hatte ihn tatsächlich aus der samtenen Dunkelheit angerufen. »Wenn sie Augen hat!«, murmelte Val im Selbstgespräch. Der romantische Klang seiner Worte gefiel ihm, und er wiederholte flüsternd: »Wenn sie Augen hat.«

»Wer sind Sie?« Sie stand unmittelbar über ihm; sie blickte herunter, und er blickte hinauf, als er die Leiter hochkletterte, und als ihre Blicke sich begegneten, mussten beide lachen.

Sie war sehr jung, zierlich, fast zerbrechlich, in einem Kleid, dessen fahle Schlichtheit ihre Jugend betonte. Zwei flache dunkle Flecken auf ihren

Wangen zeigten an, wo sich tagsüber die Farbe befand.

»Wer sind Sie?«, fragte sie wieder, trat einen Schritt zurück und lachte erneut, als sein Kopf über der Reling auftauchte. »Jetzt fürchte ich mich und will Auskunft.«

»Ich bin ein Gentleman«, sagte Val und verneigte sich.

»Was für ein Gentleman? Es gibt alle möglichen Arten. In Paris gab es einen – einen farbigen Gentleman am Nebentisch, und deshalb –« Sie verstummte. »Sie sind kein Amerikaner, oder?«

»Ich bin Russe«, sagte er in einem Ton, als wäre er ein Erzengel. Er dachte kurz nach und sagte: »Und ich bin der glücklichste aller Russen. Den ganzen Tag, das ganze Frühjahr habe ich davon geträumt, mich in einer solchen Nacht zu verlieben, und jetzt hat mir der Himmel Sie geschickt.«

»Einen Augenblick bitte!«, sagte sie und holte schnell Luft. »Jetzt weiß ich mit Sicherheit, dass Ihr Besuch hier ein Irrtum ist. Für so etwas bin ich nicht zu haben. Bitte!«

»Verzeihen Sie.« Er sah sie verwirrt an; ihm war nicht klar, dass er sich zu weit vorgewagt hatte. Dann nahm er Haltung an.

»Ich habe mich geirrt. Wenn Sie mich bitte entschuldigen wollen, verabschiede ich mich jetzt.«

Er wendete sich ab. Seine Hand lag auf der Reling.

»Gehen Sie nicht«, sagte sie und strich sich eine Haarsträhne von undefinierbarer Farbe aus den Augen. »Ich habe es mir überlegt; Sie können so viel Unsinn reden, wie Sie wollen, wenn Sie nur bleiben. Ich bin todunglücklich, und ich will nicht allein sein.«

Val zögerte; irgendetwas entzog sich seinem Verständnis.

Er hatte angenommen, dass ein Mädchen, das nachts einen Fremden anspricht, sogar vom Deck einer Yacht aus, eine Romanze im Sinn haben müsse. Und er wollte unbedingt bleiben. Dann fiel ihm ein, dass dieses Schiff eine der zwei Yachten war, nach denen er gesucht hatte.

»Ich nehme an, dass das Essen auf dem anderen Schiff stattfindet«, sagte er.

»Das Essen? Ach ja, das ist auf der *Minnehaha*. Waren Sie auf dem Weg dorthin?«

»Das war ich – vor langer Zeit.«

»Wie heißen Sie?«

Er war im Begriff, es zu sagen, als ihn etwas veranlasste, stattdessen eine Frage zu stellen.

»Und Sie? Warum sind Sie nicht auf der Party?«

»Weil ich lieber hierbleiben wollte. Mrs. Jackson hat gesagt, dass Russen kommen würden – vermutlich Sie.« Sie sah ihn aufmerksam an. »Sie sind jung, oder?«

»Ich bin wesentlich älter, als ich aussehe«, sagte Val steif. »Das fällt allen auf. Jeder wundert sich darüber.«

»Wie alt sind Sie?«

»Einundzwanzig«, log er.

Sie lachte.

»So ein Unsinn! Sie sind höchstens neunzehn.«

Er war so sichtlich verärgert, dass sie sich beeilte, ihn zu besänftigen. »Nur Mut! Ich bin selbst erst siebzehn. Ich hätte die Party besucht, wenn ich gewusst hätte, dass Gäste unter fünfzig dort sein würden.«

Den Themenwechsel nahm er freudig auf.

»Und Sie wollten lieber hier sitzen und im Mondlicht träumen.«

»Ich habe über Irrtümer nachgedacht.« Sie setzten sich in zwei benachbarte Liegestühle. »Ein ausgesprochen fesselndes Thema: Irrtümer. Frauen grübeln fast nie über Irrtümer – sie sind viel eher bereit zu vergessen als Männer. Aber wenn sie es tun –«

»Sie haben einen Irrtum begangen?«, fragte Val.

Sie nickte.

»Etwas, was man nicht rückgängig machen kann?«

»Ich fürchte, ja«, antwortete sie. »Ich weiß es nicht. Darüber dachte ich nach, als Sie herkamen.«

»Vielleicht kann ich irgendwie nützlich sein«, sagte Val. »Vielleicht lässt sich Ihr Irrtum doch noch rückgängig machen.«

»Das können Sie nicht«, sagte sie traurig. »Denken wir nicht mehr daran. Ich bin meinen Irrtum schrecklich leid und fände es viel schöner, von Ihnen zu hören, was für fröhliche und heitere Dinge heute Abend in Cannes vor sich gehen.«

Sie blickten uferwärts zu der geheimnisvollen und verlockenden Lichterkette, zu den großen Spielzeugkisten, in denen Kerzen leuchteten und die in Wirklichkeit elegante Grandhotels waren, zu der beleuchteten Uhr in der Altstadt, zu dem verschwommenen Widerschein des Café de Paris und zu den ausgestanzten Punkten der Villenfenster, die sich auf den sacht ansteigenden Bergen zum Himmel reckten.

»Was tun die Leute dort?«, fragte sie flüsternd. »Es sieht aus, als wäre es etwas Herrliches, aber was es ist, kann ich nicht erkennen.«

»Sie sind alle verliebt«, sagte Val ruhig.

»Wirklich?« Mit einem eigenartigen Ausdruck in ihren Augen sah sie lange hin.

»Dann will ich lieber nach Amerika zurückfahren«, sagte sie. »Hier ist mir zu viel Liebe. Am liebsten führe ich schon morgen.«

»Fürchten Sie sich denn davor, sich zu verlieben?«

Sie schüttelte den Kopf. »Das ist es nicht. Es ist nur, dass – für mich gibt es hier keine Liebe.«

»Für mich auch nicht«, fügte Val ruhig hinzu. »Wie traurig, dass wir beide in einer so schönen Nacht an einem so schönen Ort sind und nichts davon haben.«

Er neigte sich eindringlich zu ihr, mit einem Blick voll inniger und keuscher Romantik – und sie wich zurück.

»Erzählen Sie mir von sich«, sagte sie schnell. »Wenn Sie Russe sind, wo haben Sie dann so hervorragendes Englisch gelernt?«

»Meine Mutter ist Amerikanerin«, räumte er ein. »Mein Großvater auch, so dass sie keine andere Wahl hatte.«

»Dann sind Sie auch Amerikaner!«

»Ich bin Russe«, sagte Val würdevoll.

Sie sah ihn aufmerksam an, lächelte und gab nach. »Nun gut«, sagte sie diplomatisch, »dann haben Sie sicher einen russischen Namen.«

Er wollte ihr seinen Namen jedoch nicht jetzt sagen. Ein Name, selbst der Name Rostow, wäre eine Entweihung dieser Nacht gewesen. Sie waren ihre leisen Stimmen, ihre zwei bleichen Gesichter, und das war genug. Ohne zu wissen, warum, aber mit einem Instinkt, der triumphierend in seinem Geist vibrierte, war er überzeugt, dass er binnen kurzem, in einer Minute oder Stunde, in die romantische Liebe eingeweiht werden würde. Sein Name war bedeutungslos neben dem, was sich in seinem Herzen regte.

»Sie sind wunderschön«, sagte er plötzlich.

»Wie wollen Sie das wissen?«

»Weil das Mondlicht das gefährlichste Licht für eine Frau ist.«

»Sehe ich im Mondlicht nett aus?«

»Sie sind das Bezauberndste, was mir je vor Augen gekommen ist.«

»Oh.« Sie dachte darüber nach. »Ich hätte Sie natürlich nie an Bord kommen lassen dürfen. Ich hätte wissen müssen, dass es zu diesem Thema kommen würde – in diesem Mondlicht. Aber ich kann mich nicht damit abfinden, hier zu sitzen und zum Ufer zu sehen, Tag für Tag. Dafür bin ich zu jung. Finden Sie nicht auch, dass ich dafür zu jung bin?«

»Viel zu jung«, pflichtete er ihr in tiefem Ernst bei.

Unversehens wurden sie auf eine neue Musik aufmerksam, die aus nächster Nähe erklang, als stiege sie keine hundert Meter entfernt aus dem Wasser auf.

»Hören Sie nur!«, rief sie. »Das kommt von der Minnehaha. Das Essen ist vorbei.«

Einen Augenblick lang lauschten sie schweigend.

»Danke«, sagte Val plötzlich.

»Wofür?«

Er hatte fast nicht gemerkt, dass er etwas gesagt hatte. Er dankte den tiefen und leisen Blasinstrumenten für ihren Gesang in der Brise, dem Meer für seine warmen, geflüsterten Klagelaute, die den Bug berührten, dem milchigen Sternenlicht dafür, dass es sich über sie ergoss, bis er sich von einer Substanz getragen fühlte, die dichter war als Luft.

»So bezaubernd«, flüsterte sie.

»Was wollen wir damit anfangen?«

»Müssen wir etwas damit anfangen? Ich dachte, wir könnten einfach dasitzen und ...«

»Das dachten Sie nicht«, fiel er ihr unaufgeregt ins Wort. »Sie wissen, dass wir etwas damit anfangen müssen. Ich werde Ihnen den Hof machen – und Sie werden sich darüber freuen.«

»Das kann ich nicht«, sagte sie sehr leise. Sie hätte gern gelacht, irgendeine leichtfertige, knappe Bemerkung gemacht, die das Ganze in das sichere Fahrwasser einer harmlosen Liebelei zurückbugsiert hätte. Doch dafür war es zu spät. Val wusste, dass die Musik vollendet hatte, was der Mond begonnen hatte.

»Ich will Ihnen die Wahrheit sagen«, sagte er. »Sie sind meine erste Liebe. Ich bin siebzehn, genauso alt wie Sie und nicht mehr.«

Dass sie gleichaltrig waren, hatte etwas ganz und gar Entwaffnendes. Es machte sie schwach vor dem Geschick, das sie zusammengebracht hatte. Die Liegestühle quietschten, und er war sich eines schwachen und trügerischen Dufts bewusst, als sie sich plötzlich kindlich aneinanderschmiegten.

3

Ob er sie einmal oder mehrmals geküsst hatte, hätte er später nicht zu sagen gewusst, obwohl sie sicherlich eine Stunde in enger Nähe verbrachten und er ihre Hand hielt. Was ihn am meisten verblüffte, war der Umstand, dass das keimende Liebesglück frei von wilder Leidenschaft war – kein Kummer, kein Begehren, keine Verzweiflung, sondern eine so berauschende Vorahnung auf ein Glück, wie er es in der Welt und im Leben noch nie gekannt hatte. Die erste Liebe – denn das war nichts als die erste Liebe! Was war dann erst die Liebe in ihrer Gänze, in ihrer Blüte? Er konnte nicht wissen, dass das, was er empfand, dieses unwirkliche, wunschlose Gemisch aus Ekstase und Frieden, nie wieder erreichbar sein würde.

Die Musik war seit einiger Zeit verstummt, als das Geräusch eines Ruderboots, das die Wellen bewegte, die flüsternde Stille unterbrach. Sie sprang auf, und ihre Augen suchten die Bucht ab.

»Hören Sie!«, sagte sie schnell. »Sagen Sie mir Ihren Namen.«

»Nein.«

»Bitte!«, sagte sie flehend. »Ich reise morgen ab.«

Er schwieg.

»Ich will nicht, dass Sie mich vergessen«, sagte sie. »Ich heiße –«

»Ich werde Sie nicht vergessen. Ich verspreche Ihnen, immer an Sie zu denken. Jede Frau, die ich vielleicht einmal lieben werde, werde ich immer an Ihnen messen, an meiner ersten Liebe. Solange ich lebe, werden Sie immer der erste Eindruck in meinem Herzen bleiben.«

»Ich will, dass Sie sich erinnern«, flüsterte sie stammelnd. »Oh, es hat mir mehr bedeutet als Ihnen, viel mehr.«

Sie stand so nahe neben ihm, dass er ihren warmen jungen Atem auf seinem Gesicht spürte. Wieder schmiegten sie sich aneinander. Er drückte ihre Hände und Handgelenke, denn so schien es ihm geboten, und küsste ihren Mund. Es war, wie er dachte, der richtige Kuss – nicht zu viel, nicht zu wenig. Doch der Kuss war wie ein Versprechen weiterer Küsse, die möglich gewesen wären, und ein wenig enttäuscht hörte er, wie das Ruderboot sich der Yacht näherte, und begriff, dass ihre Familie zurückgekommen war. Der Abend war vorbei.

›Aber das ist nur der Anfang‹, sagte er sich. ›Mein ganzes Leben wird so sein wie diese Nacht.‹

Sie sprach leise und schnell, und er hörte ihr aufmerksam zu.

»Eines müssen Sie wissen: Ich bin verheiratet. Seit drei Monaten. Das ist der Irrtum, über den ich nachdachte, als der Mond Sie herbrachte. Gleich werden Sie es verstehen.«

Sie verstummte, als das Boot am Fallreep anlegte und eine Männerstimme aus der Dunkelheit aufstieg.

»Bist du es, meine Liebe?«

»Ja.«

»Was ist das hier für ein Ruderboot?«

»Einer von Mrs. Jacksons Gästen ist aus Versehen hierhergekommen, und ich habe ihn gebeten, für eine Stunde dazubleiben und mir etwas zu erzählen.«

Im nächsten Augenblick zeigten sich über der Reling das dünne weiße Haar und die müden Gesichtszüge eines Sechzigjährigen. Und zu spät erkannte und begriff Val, wie viel es ihm ausmachte.

4

Als die Saison an der Riviera im Mai endete, schlossen die Rostows und alle anderen Russen ihre Villen und begaben sich in nördlichere Regionen, um dort den Sommer zu verbringen. Die russisch-orthodoxe Kirche wurde zugesperrt, das Gleiche geschah mit den Fässern teurer Weine, und das elegante Frühlingsmondlicht wurde bis zu ihrer Rückkehr weggeräumt.

»Zur nächsten Saison kommen wir wieder«, sagten sie wie gewohnt.

Doch das war voreilig, denn sie sollten nie wiederkommen. Die wenigen, die nach fünf schrecklichen Jahren den Weg in den Süden wiederfanden, waren froh, als Zimmermädchen oder *valets de chambre* in den Grandhotels, in denen sie einst diniert hatten, Arbeit zu finden. Viele von ihnen waren im Krieg und in der Revolution umgekommen, viele dämmerten als Schmarotzer und kleine Gauner in den Metropolen Europas dahin, und nicht wenige beendeten ihr Leben in ratloser Verzweiflung.

Als die Kerenskij-Regierung 1917 gestürzt wurde, war Val Leutnant an der Front im Osten und versuchte verzweifelt, in seiner Truppe Autorität durchzusetzen, nachdem es längst keine Autorität mehr gab, und er versuchte es immer noch, als Fürst Paul Rostow und seine Frau an einem verregneten Vormittag aus dem Leben schieden, um für die Verfehlungen des Hauses Romanow zu sühnen, so dass die beneidenswerte Laufbahn der Tochter Morris Hasyltons in einer Stadt endete, die weit mehr Ähnlichkeit mit einem Metzgerladen hatte als das Chicago des Jahres 1892.

Danach kämpfte Val eine Zeitlang in Denikins Armee, bis ihm klar wurde, dass er in einer lächerlichen Farce mitwirkte und dass der Glanz des Russischen Kaiserreichs vergangen war. Dann ging er nach Frankreich und sah sich dort zu seiner Überraschung mit der verblüffenden Frage konfrontiert, wie er überleben sollte.

Natürlich erwog er, nach Amerika zu gehen. Zwei entfernte Tanten, mit denen seine Mutter sich vor vielen Jahren zerstritten hatte, lebten dort in verhältnismäßigem Wohlstand. Doch diese Vorstellung widersprach den Vorurteilen, die seine Mutter ihm eingeimpft hatte, und außerdem konnte er die Überfahrt nicht bezahlen. Bis eine eventuelle Konterrevolution ihn wieder in den Besitz der Rostow'schen Ländereien in Russland brachte, musste er sich in Frankreich irgendwie über Wasser halten.

Deshalb suchte er die kleine Stadt auf, die er am

besten kannte. Er ging nach Cannes. Mit seinen letzten zweihundert Franc kaufte er eine Fahrkarte dritter Klasse, und als er ankam, überließ er seinen Abendanzug einem entgegenkommenden Zeitgenossen, der mit solchen Dingen handelte, und erhielt Geld für Nahrung und Unterkunft. Im Nachhinein bedauerte er, dass er den Abendanzug verkauft hatte, denn der Anzug hätte ihm zu einer Anstellung als Kellner verhelfen können. Stattdessen fand er Arbeit als Taxifahrer, und in dieser Funktion war er genauso glücklich oder elend.

Manchmal fuhr er Amerikaner zu Villenbesichtigungen, und wenn die Trennscheibe geschlossen war, drangen seltsame Gesprächsfetzen aus dem Fond zu ihm.

»... gehört, dass dieser Bursche ein russischer Fürst sein soll.« – »Psst!« – »Nein, der hier.« – »Esther, halt den Mund!« – und dann unterdrücktes Kichern.

Wenn der Wagen anhielt, drängelten sich die Passagiere, um den Fahrer zu beäugen. Zuerst hatte es Val schrecklich unglücklich gemacht, wenn Mädchen sich so benahmen, aber nach einer Weile machte es ihm nichts mehr aus. Einmal fragte ihn ein angeheiterter Amerikaner, ob er echt sei, und lud ihn zum Lunch ein, und ein andermal ergriff eine ältere Frau, als sie ausstieg, seine Hand, schüttelte sie heftig und drückte ihm dann einen Hundertfrancschein in die Hand.

»So, Florence, jetzt kann ich zu Hause sagen, dass ich einem russischen Fürsten die Hand geschüttelt habe.«

Der beduselte Amerikaner, der ihn zum Lunch eingeladen hatte, war zuerst der Ansicht gewesen, Val sei ein Zarensohn, und Val hatte ihm erklären müssen, dass ein russischer Fürst nichts weiter war als ein x-beliebiger englischer Lord. Doch er hatte nicht verstehen können, warum jemand wie Val nicht einfach hinging und richtig Geld machte.

»Das ist Europa«, hatte Val ernst erklärt. »Hier macht man nicht einfach Geld. Geld wird entweder vererbt oder langsam über viele Jahre verdient, bis eine Familie nach drei Generationen in eine andere Klasse aufsteigt.«

»Erfinden Sie etwas, worauf die Leute fliegen, so wie wir es machen.«

»Das liegt daran, dass es in Amerika mehr Geld gibt, mit dem man sich einen Wunsch erfüllen kann. Was die Leute sich hier wünschen können, ist schon vor langer Zeit erfunden worden.«

Doch ein Jahr später und mit Hilfe eines jungen Engländers, mit dem er vor dem Krieg Tennis gespielt hatte, fand Val den Weg in die örtliche Niederlassung einer englischen Bank. Er leitete Briefe weiter, besorgte Zugfahrkarten und arrangierte Ausflüge für ungeduldige Touristen. Ab und zu erschien ein vertrautes Gesicht an seinem Schalter; wenn Val erkannt wurde, gab er dem Kunden die Hand, wenn nicht, gab er sich nicht zu erkennen. Nach zwei Jahren wurde er nicht mehr als früherer Fürst oder Prinz herumgezeigt, denn mittlerweile waren die Russen Schnee von gestern, und der Glanz der Rostows und ihrer Freunde war vergessen.

Er ging selten unter Menschen. Abends ging er eine Weile auf der Promenade spazieren, trank in einem Café langsam ein Bier und ging früh zu Bett. Man lud ihn selten ein, weil man seine traurige, angespannte Miene deprimierend fand, doch er sagte sowieso nie zu. Inzwischen trug er billige französische Kleidung statt der teuren Tweed- und Flanellanzüge, die zusammen mit der Garderobe seines Vaters in England bestellt worden waren. Mit Frauen verkehrte er überhaupt nicht. Dabei war er als Siebzehnjähriger mehr als alles andere absolut davon überzeugt gewesen, dass sein Leben ein Leben voll romantischer Liebe sein würde. Acht Jahre später wusste er, dass es darauf keine Hoffnung mehr gab. Er hatte einfach nie Zeit für die Liebe gehabt – Krieg, Revolution und nun seine Armut hatten sich gegen sein erwartungsvolles Herz verschworen. Die Quellen seines Gefühls, die sich zum ersten Mal in einer Aprilnacht ergossen hatten, waren im nächsten Moment versiegt und hatten nur ein dünnes Rinnsal hinterlassen. Seine glückliche Jugend war beendet gewesen, kaum dass sie begonnen hatte. Er sah sich älter und abgerissener werden und sich immer mehr in die Erinnerungen an seine goldene Kindheit zurückziehen. Am Ende würde man ihn belächeln, wenn er ein altes Erbstück in Form einer Uhr aus der Tasche zog und es amüsierten jungen Mitangestellten zeigte, die sich augenzwinkernd seine Rostow-Anekdoten anhörten.

Diesen trübsinnigen Gedanken hing er eines Aprilabends 1922 nach, als er am Meer entlangwanderte und den unveränderlichen Zauber der Lichter betrachtete, die nacheinander aufleuchteten. Der Zauber wurde nicht mehr für ihn veranstaltet, doch er fand immer noch statt, und das stimmte ihn auf diffuse Weise froh. Am nächsten Tag würde er in Urlaub fahren, zu einem billigen Hotel weiter unten an der Küste, wo er baden, ausruhen und lesen konnte; dann würde er zurückkommen und weiterarbeiten. Seit drei Jahren hatte er jedes Jahr diesen Urlaub in den letzten zwei Aprilwochen genommen, vielleicht weil dies die Zeit war, zu der er das größte Bedürfnis hatte, sich zu erinnern. Im April hatte das, was sich als das Schönste an seinem Leben erweisen sollte, in romantischem Mondlicht seinen Höhepunkt gefunden. Es war ihm seitdem heilig; was er für eine Initiation gehalten hatte, für einen Anfang, war das Ende gewesen.

Nun blieb er vor dem Café des Étrangers stehen; nach einigen Sekunden überquerte er aus einem Impuls heraus die Straße und schlenderte zum Ufer hinunter. Ein Dutzend Yachten in frischer Silberfarbe schaukelten ankernd in der Bucht. Er hatte sie schon am Nachmittag gesehen und hatte nur aus Gewohnheit die am Bug aufgemalten Namen gelesen. Seit drei Jahren tat er das, und inzwischen war es fast ein Reflex.

»*Un beau soir*«, bemerkte eine französische Stimme neben ihm. Es war ein Schiffer, dem Val schon öfter aufgefallen war. »Monsieur findet das Meer schön?«

»Wunderschön.«

»Ich auch. Aber ein schlechter Broterwerb außerhalb der Saison. Nächste Woche allerdings verdiene ich ein Extrageld. Ich werde gut dafür bezahlt, hier nur zu warten und nichts zu tun von acht Uhr morgens bis Mitternacht.«

»Das ist sehr schön«, sagte Val aus Höflichkeit.

»Eine verwitwete Dame, sehr schön, aus Amerika, deren Yacht jeden April die letzten zwei Wochen hier vor Anker geht. Wenn die *Privateer* morgen einläuft, werden es drei Jahre sein.«

5

Val fand die ganze Nacht keinen Schlaf, nicht weil er sich darüber unsicher gewesen wäre, was er tun sollte, sondern weil seine Gefühle aus ihrer langwährenden Betäubung erwacht und lebendig geworden waren. Natürlich kam es für einen armseligen Versager wie ihn, dessen Name ein bloßer Schatten war, nicht in Frage, sie zu sehen, doch es würde ihn ein wenig glücklicher machen, zu wissen, dass sie nichts vergessen hatte. Es verlieh seiner eigenen Erinnerung eine neue Dimension, wie eine jener stereoskopischen Brillen, die ein flaches Papierbild räumlich werden lassen. Es überzeugte ihn davon, dass er sich nichts eingebildet hatte – vor langer Zeit hatte er eine bezaubernde Frau bezaubert, und sie hatte es nicht vergessen.

Am nächsten Tag war er eine Stunde vor Abfahrt seines Zugs mit seiner Reisetasche am Bahnhof, um eine zufällige Begegnung auf der Straße zu vermeiden. Im wartenden Zug suchte er sich einen Platz in der dritten Klasse.

Und als er dort saß, sah er das Leben plötzlich anders, mit einer schwachen und trügerischen Hoffnung, die er vierundzwanzig Stunden zuvor nicht gekannt hatte. Vielleicht gab es in den nächsten Jahren irgendeine Möglichkeit, sie wiederzusehen –

wenn er schwer arbeitete, sich mit aller Kraft jeder Aufgabe widmete, die er finden konnte.

Er hatte von mindestens zwei Russen in Cannes gehört, die sich mit nichts als guten Manieren und Einfallsreichtum hochgearbeitet hatten und erstaunlich erfolgreich waren. Morris Hasyltons Blut begann in Vals Schläfen leise zu pochen, und es erinnerte ihn an etwas, woran er früher keinen Gedanken verschwendet hatte: daran, dass Morris Hasylton, der seiner Tochter ein Stadtpalais in Sankt Petersburg erbaut hatte, sich ebenfalls hochgearbeitet hatte.

Gleichzeitig ergriff ihn ein anderes Gefühl, weniger befremdlich, weniger aufwühlend, doch keineswegs weniger amerikanisch: das Gefühl der Neugier. Falls es ihm gelänge – falls das Leben ihm jemals ermöglichen sollte, sie wiederzufinden –, dann würde er endlich ihren Namen erfahren.

Er sprang auf, hantierte aufgeregt am Griff der Waggontür und sprang aus dem Zug. Er warf seinen Koffer in die Gepäckaufbewahrung und lief im Eilschritt zum Amerikanischen Konsulat.

»Heute Morgen ist eine Yacht angekommen«, sagte er hastig zu einem Angestellten, »eine amerikanische Yacht, die *Privateer*. Ich will wissen, wer der Besitzer ist.«

»Einen Augenblick, bitte«, sagte der Angestellte,

der Val mit einem sonderbaren Blick musterte. »Ich werde versuchen, es herauszufinden.«

»Ist die Yacht eingelaufen?«

»O ja, sie ist angekommen. Ich denke es wenigstens. Wenn Sie bitte auf dem Stuhl dort drüben Platz nehmen würden.«

Nach weiteren zehn Minuten sah Val ungeduldig auf seine Uhr. Wenn sie sich nicht beeilten, war zu befürchten, dass er den Zug verpasste. Er machte eine nervöse Bewegung, als wollte er aufstehen.

»Bleiben Sie bitte sitzen«, sagte der Angestellte, der sofort von seinem Schreibtisch zu ihm hersah. »Bitte. Setzen Sie sich wieder.«

Val starrte ihn an. Warum sollte es diesen Mann interessieren, ob er blieb oder ging?

»Ich verpasse noch meinen Zug«, sagte er verärgert. »Ich bedaure, Ihnen so viel Mühe gemacht zu haben –«

»Bleiben Sie bitte sitzen! Wir sind froh, dass wir die Sache endlich abwickeln können. Auf Ihre Anfrage warten wir seit – warten Sie – drei Jahren.«

Val sprang auf und setzte hastig seinen Hut auf.

»Warum haben Sie mir das nicht gleich gesagt?«, fragte er zornentbrannt.

»Weil wir unsere – äh, unseren Klienten zuerst informieren mussten. Bitte gehen Sie nicht! Es ist – äh, sowieso zu spät.«

Val drehte sich um. Eine schlanke, strahlende Erscheinung mit erschrockenen dunklen Augen stand hinter ihm und hob sich von dem Sonnenlicht aus der Tür ab.

»Oh –«

Val öffnete die Lippen, doch kein Laut kam aus seinem Mund. Sie trat einen Schritt auf ihn zu.

»Ich –« Sie sah ihn hilflos an, ihre Augen füllten sich mit Tränen. »Ich wollte nur guten Tag sagen«, murmelte sie. »Ich komme seit drei Jahren zurück, nur um guten Tag zu sagen.«

Val schwieg noch immer.

»Sie könnten wenigstens antworten«, sagte sie ungehalten. »Sie könnten wenigstens antworten, wenn ich – wenn ich langsam glauben musste, Sie wären im Krieg umgekommen.« Sie wandte sich an den Angestellten. »Machen Sie uns bitte miteinander bekannt!«, rief sie. »Ich kann ihm schließlich nicht guten Tag sagen, wenn wir nicht einmal den Namen des anderen kennen.«

Normalerweise hält man ja nicht viel von diesen internationalen Heiraten. Es ist eine tief eingewurzelte amerikanische Überzeugung, dass sie immer schiefgehen, und wir sind Schlagzeilen gewohnt, die da lauten: »Herzogin würde Krone jederzeit gegen wahre amerikanische Liebe eintauschen« oder:

»Bettelgraf soll Ehefrau aus Messerdynastie gequält haben«. Die anderen Schlagzeilen gelangen nie an die Öffentlichkeit, denn wer wollte schon lesen: »Frühere Georgia-Schönheit schwärmt von Liebesnest« oder: »Herzog und Fabrikarbeitertochter feiern Goldene Flitterwochen«.

Bisher hat es überhaupt keine Schlagzeilen über die jungen Rostows gegeben. Fürst Val ist viel zu beschäftigt mit der Kette mitternachtsblauer Taxis, die er so außergewöhnlich tüchtig leitet, um Interviews zu geben. Er und seine Frau verlassen New York nur einmal im Jahr, doch es gibt einen Schiffer, der sich jedes Mal freut, wenn die *Privateer* eines Abends Mitte April in den Hafen von Cannes einläuft.

Doris Dörrie
Danke für Ihren Besuch

Ich habe ein paar Dinge gesehen. Ich sollte am Pool bleiben mit dem fremden Jungen. Seinen Namen hatte mir meine Mutter vorher gesagt, aber ich hatte nicht zugehört. Jetzt traute ich mich nicht mehr, ihn danach zu fragen.

Apple, bleib doch am Pool, sagte meine Mutter. Wann hast du schon mal die Gelegenheit, in einem Pool zu schwimmen? Bleibt ihr beide hier und spielt ein bisschen. Karl zeigt mir kurz mal das Haus.

Sie hob ihre dicken Haare im Nacken an, wedelte sich darunter Luft zu und stöhnte über die Hitze. Die war jeden Tag dieselbe, und ich verstand nicht, warum sie sie auf einmal erwähnte.

Sie winkte mir noch einmal zu, was sie sonst auch nie tat, und ging mit Karl, dem Vater des Jungen, ins Haus. Ich hörte sie kichern, dann war es still.

Der fremde Junge zeigte mir den Unterschied zwischen seinem braunen Bauch und der weißen Haut unter seiner Badehose. Ich zeigte ihm meinen Unterschied, der besser war als seiner. Wenn ich mich nach vorn beugte, wurde mein Bauch schwarz, und die Haut unter meiner Bikinihose war so weiß wie die von Schneewittchen. Wir tranken pipigelbe, lauwarme Limo und schubsten uns abwechselnd in den Pool, und dann gab es plötzlich nichts mehr zu tun.

Der Hund, ein Irish Setter, war am Rand des Pools auf und ab gelaufen, jetzt gähnte er, rollte sich im Schatten zusammen, legte den Kopf auf seine Pfoten und schloss die Augen. Ich verstand ihn. Er wollte seine Ruhe haben, mit niemandem spielen, mit niemandem sprechen.

Der fremde Junge las ein Micky-Maus-Heft. Ich sah in den blauen Himmel, bis schwarze Flecken vor meinen Augen tanzten wie Mücken. Ich warf rote Bougainvillea-Blüten ins Wasser, und niemand sagte: Lass das. Ich ging ins Haus. Der Steinboden war angenehm kühl unter meinen Füßen, mein feuchter Bikini klebte an meiner Haut, und dann sah ich die nackten Beine meiner Mutter über der Sofalehne. Ich stand da, die Kälte schoss durch meine Fußsohlen hoch bis in meinen Bauch. Die Beine meiner Mutter zuckten und tanzten in der Luft, hinter der Lehne beugte sich der Vater des fremden Jungen tief über sie.

Spanische Stimmen riefen laut aus dem Fernseher. Es kümmerte die beiden nicht.

Der Hund kam ins Zimmer und stieß seine nasse Schnauze in meine Hand. Ich ging mit ihm zurück an den Pool und legte mich auf den heißen Beton, der meine Haut aufheizte, aber das kalte Gefühl im Bauch blieb. Der Hund legte sich neben mich und sah mich ruhig an.

Seine Augen glänzten braun wie Malzbonbons. Er sagte zu mir: Du hast nichts gesehen. Alles ist gut. Ich verliebte mich in diesen Hund. Meine Mutter mochte keine Hunde.

Meine Mutter war die Strandkönigin von Torremolinos. Ihr nackter Busen war der schönste von allen, das konnte jeder sehen. Er war kugelrund und fest, mit einem leichten Schwuppdich nach oben. Ich betete, dass ich einen Busen bekäme wie sie, aber bisher war von vorne nichts zu sehen, nur von der Seite eine winzige Vorwölbung, und auch nur, wenn ich den Bauch einzog. Ich trug immer meinen Bikini, blau mit rot-weißen Streifen, ich war die Einzige, die nicht nackt war an unserem Strand. Auf der anderen Seite der Bucht sind die Spießer, sagte meine Mutter. Mit ihren bunten Badeanzügen lagen sie dort wie Smarties in der Sonne. Ich wäre gern dort auf der anderen Seite gewesen. Dort waren auch Karl und seine Frau, sein Sohn und der Hund. Meine Mutter hätte von mir aus den Vater und den Sohn haben können, wenn ich den Hund bekäme. Und meinetwegen auch die Frau. Sie war nett und trug einen schönen Badeanzug.

Vielleicht hatte meine Mutter ähnliche Träume. Vielleicht träumte auch sie manchmal von einem Haus mit richtigen Betten und kühlen, weißen, glattgebügelten Laken, von einem Badezimmer mit Klo und Dusche und Süßwasser, das aus allen Hähnen sprudelte.

Wir schliefen in stinkenden Schlafsäcken in einem Zelt unter Kiefernbäumen, gleich hinter dem Strand. Die Kiefernnadeln stachen in die Füße, und es roch nach verfaulten Bananen.

Ich war einsam, meine Mutter war einsam, und wir wussten es voneinander, das war das Schlimmste.

Unser Zelt war gelb, und wenn ich morgens vor meiner Mutter aufwachte und die Sonne schon am Himmel stand, waren wir beide gelb im Gesicht. Auf der Zeltwand bewegten sich die Schatten der Kiefernzweige im Wind. Die anderen Kinder saßen in Ferienhäusern und durften Zeichentrickfilme im Fernsehen schauen.

Meine Mutter schnarchte leise, und manchmal seufzte sie im Schlaf.

Wir waren hier nicht in den Ferien, sondern um

Geld zu verdienen. Zu Hause, in Göttingen, arbeitete meine Mutter in einer Studentenkneipe und roch abends, wenn sie nach Hause kam, nach Bier und Toast Hawaii. Dort hatte sie gehört, man könne in Spanien im Sommer tonnenweise Geld mit Schmuck verdienen.

Ich half ihr, Perlenketten aufzuziehen, und klaute Gabeln aus Restaurants, die sie in den heißen Sand legte, bis sie ein wenig weich geworden waren, und dann mit einer Kneifzange zu Armreifen verbog. Das war ihre Erfindung, und im Sommer zuvor waren sie ein Riesenhit gewesen, aber dieses Jahr wollte sie bereits niemand mehr haben.

Deshalb durfte ich diesen Sommer in der Strandbar von Gustavo keine *bocadillos* mehr essen, die waren zu teuer. Wir kauften Brot und Wurst in einem Supermarkt, die Wurst färbte die Finger und das Brot orangerot. Gustavo gab mir ab und zu eine Limo umsonst und Kartoffelchips, dafür räumte ich die Tische ab und sammelte die zerknüllten Servietten aus dem Sand, auf denen in dünner, blauer Schrift stand: *Gracias por su visita*. Danke für Ihren Besuch, so viel Spanisch hatte ich inzwischen aufgeschnappt.

Meine Mutter breitete jeden Tag ein Tuch für ihren Schmuck beim großen Felsen aus, in dessen Schatten ich am Nachmittag oft ein Nickerchen hielt. Auf der anderen Seite der Bucht gab es Sonnenschirme und Liegen. Meine Mutter war immer nackt bis auf die bunten Ketten, die sie um den Hals trug, und die vielen gebogenen Gabeln bis hinauf zum Oberarm.

Die Männer grüßten sie mit Küsschen, die Frauen übersahen sie gern, strichen dafür mir durchs Haar und steckten mir alte, klebrige Bonbons zu. Wir blieben bis nach Sonnenuntergang am Strand. Kurz bevor die Sonne ins Meer tauchte – lange Zeit dachte ich, sie leuchte unter Wasser weiter und die Fische bekämen nachts Licht, so wie wir am Tag –, kamen Leute mit Bongotrommeln und Kisten voller Bier und trommelten, bis die Sonne verschwunden war, und alle applaudierten, als habe die Sonne es wieder besonders gut gemacht. Die Frauen und meine Mutter tanzten, und ich bewachte den Schmuck, denn abends gab es manchmal noch ein ganz gutes Geschäft. Ich sah meine Mutter nicht gerne tanzen, sie wirkte dann so, als vergäße sie alles um sich herum, auch mich.

Nachts im Zelt weinte sie oft und versuchte es vor mir zu verbergen, aber ich hörte es immer. In Spanien durfte ich nicht Mutti zu ihr sagen, sondern Ingrid. Als Ingrid fühlte sie sich nicht richtig an wie meine Mutter.

Am Wochenende fuhren wir auf einen staubigen

Hippiemarkt und verbrachten dort den ganzen Tag in glühender Hitze auf unserer Decke. Es kamen Busladungen voller Touristen, die manchmal einen Gabelarmreif in die Hand nahmen, sich auf Deutsch nach dem Preis erkundigten. Wenn meine Mutter ihnen den Preis nannte, legten sie ihn meist wieder hin. Manche fragten mich, ob ich nicht in die Schule müsse und wann ich mir denn mal die Haare wüsche. Andere fanden meine Rastalocken süß. Ich mochte sie nicht, meine Haare verfilzten im Meerwasser immer mehr, und ich hätte sie gern abgeschnitten, aber das erlaubte meine Mutter nicht. Manchmal schüttete ich mir heimlich teures Mineralwasser aus der Flasche über die Haare, aber das half nur kurz. Ich sehnte mich nach Süßwasser so sehr wie nach meinen Freunden und kühlen Regentagen in Göttingen. Ich hasste die spanische Hitze, die mir morgens schon wie ein Hammer auf den Kopf schlug, wenn ich aus dem Zelt kroch, mir den ganzen Tag Durst machte, mir in die Augen stach, mich platt und müde und schwitzig werden ließ.

Ich versuchte, so viel wie möglich zu dösen, mich nach Hause zu träumen, zusammengerollt lag ich auf der Decke, inmitten des Schmucks meiner Mutter, wie ein Hundchen.

Apple, sagte meine Mutter, wach auf und hilf mir zusammenräumen.

Sie zählte seufzend das wenige Geld, das sie eingenommen hatte. Und obwohl ich sehen konnte, dass sie müde, staubig und verschwitzt war und das alles nur tat, um uns beide durchzubringen, hasste ich sie, weil sie mir meinen deutschen Sommer wegnahm.

Zu Hause laufe ich barfuß am Morgen über die Wiese, da ist das Gras noch nass und kalt, die Nacktschnecken kommen langsam über die Wege gekrochen, und wenn ich sie mit dem Finger antitsche, ziehen sie erschrocken die Fühler ein. Ich klaube sie auf, sie fühlen sich feucht und glitschig an wie die eigene Zunge, wenn man versucht, sie sich aus dem Mund zu ziehen, nur kälter.

Ich setze sie mir aufs Bein und warte, bis sie denken, dass die Luft rein ist, ihre Fühler nacheinander wieder ausfahren und weiterkriechen. Ihre Schleimspur trocknet silbrig in der Sonne und schimmert wie Schmuck auf meiner Haut. Hintereinander, in einer geraden Schlange wie brave Kindergartenkinder, ziehen sie mein Bein herauf, man darf nicht schreien, nicht kichern, sie nicht abschütteln, sonst hat man verloren.

Im Blumengarten werfe ich mich ins Gras und schaue dem Klatschmohn von unten zu, wie er von fetten Hummeln besucht wird, die zitternd vor Gier in ihn hinabtauchen und seine roten Blütenblätter zum Beben bringen.

Die Hummeln sehen aus, als trügen sie ein Hummelkostüm wie zu Fasching, und ich stelle mir vor, dass sie es abends ausziehen und an den Nagel hängen, sich nackt, dünn und grau an einen winzigen Tisch setzen und Honig löffeln, bis sie nicht mehr können.

Ich gehe durch die Himbeerhecken wie durch einen hohen Wald, die Früchte hängen rechts und links von mir in Augenhöhe, ich stopfe sie in mich hinein und werde nicht satt. Man kann sie auf jeden Finger setzen wie kleine Hüte und sie nacheinander mit den Lippen abzupfen, manchmal windet sich eine kleine weiße Made im Inneren der Beere, ich esse sie ohne Abscheu mit und versuche sie herauszuschmecken, aber Maden schmecken einfach nach gar nichts.

Ich bin so klein, dass ich im Himbeerwald verschwinde und niemand mich finden kann. Ich schlage mich hindurch wie ein Krieger durch den Dschungel, auf der anderen Seite wachsen die Stachelbeeren. Es gibt gelbe und schwarze, die schwarzen haben eine dickere Haut, und das Glück ist vollkommen, wenn man eine erwischt, die wirklich reif ist. Dann explodiert die Süße betörend im Mund. Die gelben haben einen weichen Pelz, den reibe ich an meiner Backe wie ein kleines Tier. Die Stachelbeerbüsche zerkratzen mir Arme und Beine, die Stacheln bleiben stecken im Fleisch, mutig muss ich sie herausziehen und bin danach ganz stolz.

Johannisbeeren sind immer ein wenig enttäuschend, weil sie nie süß sind und ihre Kerne bitter, aber man kann sie so schön vom Stängel abstreifen und die roten Beeren in der hohlen Hand tragen wie Glasperlenschmuck. Keine einzige darf man zerquetschen, man muss den Schatz nach Hause tragen, bis unter die Rotbuche, deren Äste bis zum Boden hängen und einen verbergen. Dort wohne ich, dort hause ich, jeden Tag wieder. Wenn es regnet, wird man hier nicht nass, wenn es dunkel wird, lasse ich alle nach mir rufen, bis sie aufgeben und ins Haus zurückgehen, dann bin ich beleidigt, dass sie nicht mehr weitersuchen, und komme heraus und trinke Himbeersirup in der großen Küche, deren Steinfußboden so kalt ist, dass einem die Füße weh tun.

Abends werden die Kühe von der Weide zurück in den Stall getrieben, ihre schwarzen Hufe sind zu klein für ihren Körper, wie zu enge Stöckelschuhe, vorsichtig tappen sie über den Asphalt, sie haben es nicht eilig, sehen sich neugierig um, stupsen mich mit ihren grauen, feuchten Mäulern an, schlecken meine Hand mit ihren kratzigen Zungen und atmen langsam aus, als würden sie seufzen. Mit beiden Füßen springe ich in einen frischen, warm dampfenden Kuhklack hinein und schaue zu, wie der grünbraune Brei zwischen den Zehen hervorquillt, dazu muss man schreien und kreischen, so laut man kann, dass sich die Kühe noch einmal nach einem umdrehen und milde lächeln über das große Sommerglück.

Auf dem Hippiemarkt sah ich Karls Frau zum ersten Mal, da war ich schon in ihrem Haus gewesen, war in ihrem Pool geschwommen, hatte auf ihrem Stuhl gesessen, an ihrem Tisch gegessen. Ich wusste nur, wer sie war, weil ihr Sohn dabei war, dessen Namen ich mir nicht merken konnte.

Sie blieb vor unserer Decke stehen. Sie trug ein weißes, enges Kleid und einen passenden Sonnenhut, ihre Haare hingen nicht einfach nur glatt herunter wie bei allen anderen Frauen, die ich kannte, sondern waren kompliziert frisiert, ihr Lippenstift war rosa und ihre Handtasche mit weißen Blüten verziert. Sie ging elegant in die Hocke, nahm einen Armreif und sagte zu ihrem Sohn, der ein deutsches Fußballhemd trug und gelangweilt neben ihr stand und so tat, als kenne er mich nicht: Guck mal, das ist doch wirklich originell!

Der Junge hatte den schönen Hund an seiner

Seite, der mich ebenfalls nicht erkennen wollte, was mich schmerzte, als sei es ein Verrat. Der Junge zuckte mit den Schultern und sah weg.

Cuánto cuesta?, wandte sie sich an mich, und als ich ihr auf Deutsch den Preis nannte, lächelte sie und fragte: Lässt du mit dir handeln?

Darf ich nicht, sagte ich. Meine Mutter kommt aber gleich wieder.

Wenn's mehr kostet, muss ich meinen Mann fragen.

Sie richtete sich auf und sah sich suchend um, und nur wenige Sekunden später trafen Karl und meine Mutter zeitgleich aus verschiedenen Richtungen ein, und ich sah ihnen dabei zu, wie sie aufeinander zuflogen. Jeder konnte es sehen, dachte ich. Wieso sieht es denn keiner?

Aber seine Frau lächelte meine Mutter freundlich an, und meine Mutter lächelte zurück. Meine wilde, zottelige, schöne Mutter im Batikfetzen, und auf der anderen Seite dieser gutaussehende Mann mit seinem strahlend weißen, gebügelten Hemd und den akkurat geschnittenen braunen Haaren. Er sah so anders aus als die zugewachsenen Freunde meiner Mutter, die mit ihren langen Haaren und dichten Bärten für mich manchmal schwer auseinanderzuhalten waren. Perfekt und fremd standen Karl, seine Frau, sein Sohn und sein Hund meiner Mutter und mir gegenüber. Neid stieg in mir auf und fühlte sich an wie Übelkeit.

Wie heißt du denn?, fragte mich Karls Frau.

Karl und ihr Sohn schwiegen eisern, und ich antwortete nicht, weil ich mich meines dämlichen Namens schämte.

Meine Mutter sagte: Apple, wie der Apfel.

Wie hübsch, sagte die Frau zu mir. Ich liebe Äpfel.

Karl kaufte seiner Frau den Armreif, legte seine Hand auf ihre Schulter, als sie gingen, und dann sah er sich noch einmal um. Sein Blick traf mich ebenso wie meine Mutter, für die er bestimmt war.

Am nächsten Tag besuchte er meine Mutter wieder an unserem Strand. Er trug immer eine blaue Badehose, und so war ich nicht mehr die Einzige, die nicht nackt war. Er schüttelte mir die Hand. Na?, sagte er. Wie geht's dem Apfel?

Ich schwieg verlegen. Meine Mutter strahlte.

Sie warteten, dass ich ins Wasser gehen würde, deshalb ging ich nicht, bis meine Mutter mich wegschicken musste und ich sie vorwurfsvoll ansehen konnte. Unter Wasser tat ich so, als gäbe es die Welt über Wasser nicht. Ich hielt mich in der Strömung an einem Felsen fest, die Wellen bewegten meinen Körper, ich hörte meinem lauten Atem im

Schnorchel zu. Durchsichtige Krabben wanderten über den Meeresboden, blaue Fischchen zupften zaghaft an meinen Armen. Ich wollte unter Wasser leben wie der kleine Wassermann aus meinem Lieblingskinderbuch, nie mehr an die Oberfläche kommen, aber meine Finger wurden weiß und wellig, als sei ich bereits tot. Ich weinte versuchsweise unter Wasser in meine Taucherbrille und probierte den Schrecken aus, der plötzlich auftauchen würde, da war ich sicher, so wie man im warmen Meer tief unten mit den Füßen eine eiskalte Strömung spüren kann.

Wenn ich an den Strand zurückkam, waren sie fort. Meine Lippen waren taub, mein Mund schmeckte nach Gummi, meine Zähne schmerzten vom Zusammenbeißen des Schnorchels. Die Decke mit dem Schmuck war ordentlich zusammengefaltet und mit einem Stein beschwert. Gustavo gab mir eine Limo und manchmal auch ein *bocadillo* und sah mich mitleidig an. *Gracias por su visita.*

Ich buddelte im Sand, baute Burgen und wusste, dass ich zu groß dafür war. Es funktionierte nicht mehr wie früher, es blieben bescheuerte Sandburgen, in denen keine Prinzessinnen mit Fröschen im Bett lagen.

Immer kam sie allein zurück und tat so, als hätte sie etwas Wichtiges zu erledigen gehabt.

Diesmal erkannte der Hund mich wieder. Er lag vorm Supermarkt und stand auf, als er mich sah. Mein Herz klopfte vor Freude. Meine Mutter war schon hineingegangen, und die Frau von Karl kam mit Tüten bepackt heraus. Auch sie erkannte mich.

Hat es dir gefallen bei uns?, fragte sie. Timmie hat mir erzählt, du hast ihn neulich besucht.

Ich war verwirrt, denn ich dachte, es wäre ein Geheimnis gewesen.

Der Pool ist schön, sagte ich, und meine Stimme klang piepsig wie von einem Kleinkind.

Möchtest du mit uns an den Strand fahren? Tim würde sich bestimmt freuen. Er langweilt sich, weil er hier keine anderen Kinder kennt. Ich frage deine Mutter, ob du darfst.

Sie ging wieder hinein. Mir wurde schwindlig, ich wusste nicht, wen ich warnen sollte, sie oder meine Mutter.

Der Hund schleckte meine Hand, und ich fing an zu weinen vor Angst.

Die beiden Frauen kamen zusammen heraus wie Freundinnen.

Meine Mutter küsste mich auf den Kopf. Warum heulst du denn?

Ich heule nicht, sagte ich. Ich hab entzündete Augen vom Meerwasser.

Sie lebt praktisch unter Wasser, lachte meine Mutter, sie ist der kleine Wassermann, bald bekommt sie Schwimmhäute. Sei nett zu Frau Birker. Tschüss, und viel Spaß!

Sie winkte, als wir an ihr vorbeifuhren. Ich saß auf dem Beifahrersitz, und der Hund schnupperte an meinem Nacken. Das Verdeck war offen, Frau Birker trug ihren weißen Sonnenhut und eine weiße Sonnenbrille, meine Haare wehten mir ins Gesicht, über mir flog der Himmel immer schneller. Warum fuhren Frau Birker, der Hund und ich nicht einfach davon?

Ich brauche noch schnell einen Espresso, sagte sie.

Wir setzten uns in ein Café am Straßenrand, sie kaufte mir ein Eis. Jeder denkt, sie ist meine Mutter, dachte ich stolz und schleckte das Eis so langsam wie möglich. Frau Birker trug den Gabelarmreif, der so hell in der Sonne blinkte, dass er mich blendete.

Apple, sagte sie, und so, wie sie meinen Namen aussprach, klang er nicht so schlimm wie sonst. Was macht eigentlich dein Vater?

Ich log schneller, als ich denken konnte. Er muss arbeiten, er ist Arzt.

Ach, wirklich?, sagte sie und nahm ihre Brille ab. Das ist ja traurig für euch, dass er gar nicht mit in die Ferien kommen kann.

Ja, schon, aber er bekommt sowieso immer Sonnenbrand, plapperte ich, erst ist er schneeweiß und dann puterrot. Ich muss ihm immerzu den Rücken eincremen, aber das hilft nichts.

Da geht es ihm ja wie mir, sagte Frau Birker. Aber seine Haut hast du zum Glück nicht geerbt.

Das Meer kann er auch nicht ausstehen, fügte ich schnell hinzu.

Ich mag's auch nicht besonders, sagte sie. Ich habe Angst vorm Meer. Wenn ich schwimme, denke ich, unter mir sind riesige Fische, die mich von unten anschauen und mich fressen wollen. Ich fühle mich beobachtet, und plötzlich kann ich gar nicht mehr richtig schwimmen und bekomme Todesangst. Weißt du, was ich meine?

Ich nickte und verstand kein Wort.

Mein Mann lacht mich aus, sagte sie. Er findet mich lächerlich. Er findet mich durch und durch lächerlich. Er sagt, ich bilde mir Dinge ein. Ich halluziniere, ich bin hysterisch.

Danke für das Eis, Frau Birker, sagte ich.

Du kannst mich ruhig Heike nennen, sagte sie, aber das tat ich dann nie. Nur in Gedanken. In Gedanken nannte ich sie noch oft so.

Tim und Karl, den ich jetzt brav Herrn Birker nannte, warteten bereits am Strand. Sie hatten zwei

Strandliegen gemietet und einen Sonnenschirm, sie tranken kalte Cola, und Herr Birker las ein Buch. Ich sah jetzt von der anderen Seite auf unseren Strand, wo es keine bunten Punkte gab, weil alle dort nackt waren, nur weiße, hellbraune und dunkelbraune Flecken, die mit dem Sand verschmolzen, und wo meine Mutter wahrscheinlich wie immer auf ihrem Tuch mit ihrem Schmuck saß.

Lass deine Mutter auf die Liege, sagte Herr Birker, ohne von seinem Buch aufzublicken. Tim stand auf und warf sich in den Sand. Der Hund legte sich in den Schatten, und ich kraulte sein warmes Fell. Frau Birker zog ihr Kleid aus und hängte es sorgfältig über die Innenstäbe des Sonnenschirms. Sie trug einen weißen Bikini mit roten Mohnblüten. Ihre Haut war tatsächlich schneeweiß und hob sich kaum von ihrem Bikini ab.

Warum spielt ihr nichts?, fragte sie Tim.

Tim sah mich nicht an. Er ließ Sand auf die Beine seines Vaters rieseln. Gehst du mit ins Wasser?, fragte er. Gehst du mit ins Wasser? Gehst du mit ins Wasser? Herr Birker hielt sich sein Buch weiter vors Gesicht.

Jetzt komm schon, Karl, sagte Frau Birker. Und nimm beide Kinder mit.

Er seufzte, stand auf, ging zum Meer und zog eine blaue Luftmatratze hinter sich her.

Geh nur, sagte Frau Birker freundlich zu mir.

Ich legte mich mit Tim auf die Luftmatratze, und Herr Birker spielte den Wal, der unter der Matratze hindurchtauchte und sie umwarf. Wir kreischten, so laut wir konnten. Beim dritten oder vierten Mal begann es mir Spaß zu machen. Ich krallte mich an Tim fest und er sich an mir, und wir warfen uns auf den Rücken des Wals. Er schnaufte und spritzte, schüttelte uns ab, und kaum lagen wir wieder auf der Matte, griff er von neuem an. Ich schlang meine Arme um Karls Hals und ließ nicht mehr los. Ich ritt auf seinem breiten Rücken und spürte seine nasse Haut. Er klaubte mich von seinem Rücken und hielt mich einen Moment lang in den Armen. Ich legte mein Gesicht an seine Brust. Er warf mich hoch und ins Wasser, ich ging unter, wurde durchsichtig wie eine Krabbe, ich sah seine behaarten Beine und seine blaue Badehose. Ich wollte unter Wasser bleiben, denn über Wasser war alles nur kompliziert. Als ich wieder auftauchte, war Karl schon auf dem Weg zurück an den Strand. Er zog seine Badehose hoch und schüttelte das Wasser aus seinen Haaren. Allein wussten Tim und ich nicht, was wir miteinander anfangen sollten. Wir liefen Karl hinterher.

Frau Birker reichte Karl ein Handtuch.

Ach, Heike, sagte er barsch, das ist ja voller Sand!

Entschuldigung, der Herr, sagte sie.

Ich wälzte mich nass im Sand. Paniertes Schnitzel, nannte meine Mutter das. Ich schloss die brennenden Augen, und der Hund legte sich wie ein großes haariges Kissen an meine Seite.

Ich geh mal ne Zeitung holen, sagte Herr Birker.

Ich öffnete die Augen. Er trug sein weißes Hemd und streckte die Hand aus.

Frau Birker holte die Autoschlüssel aus ihrer Handtasche. Aber bleib nicht wieder endlos weg, sagte sie, ich verdorre hier sonst wie eine Primel. Sie lachte nach einer kleinen Pause kurz, als habe sie vergessen, rechtzeitig zu lachen.

Er griff nach den Schlüsseln, aber sie behielt sie noch in der Hand. Sie reckte ihm ihr Gesicht entgegen.

Kuss, sagte sie.

Er küsste sie flüchtig und ging davon. Wir sahen ihm hinterher.

Gracias por su visita, murmelte ich.

Bernhard Schlink

Nachsaison

Vor der Gepäckkontrolle mussten sie Abschied nehmen. Aber weil in dem kleinen Flughafen alle Schalter und Kontrollen in einem Raum untergebracht waren, konnte er ihr mit den Augen folgen, als sie ihre Tasche auf das Band legte, durch den Detektor ging, die Bordkarte vorzeigte und zum Flugzeug geführt wurde. Es stand gleich hinter der Glastür auf dem Rollfeld.

Sie sah immer wieder zu ihm und winkte. Auf den Stufen zum Flugzeug drehte sie sich ein letztes Mal um, lachte und weinte, legte ihre Hand auf ihr Herz. Als sie im Flugzeug verschwand, winkte er den kleinen Fenstern zu, wusste aber nicht, ob sie ihn sah. Dann wurden die Motoren angeworfen, die Propeller drehten sich, das Flugzeug rollte an, wurde schneller und hob ab.

Sein Flug ging erst in einer Stunde. Er holte sich Kaffee und Zeitung und setzte sich auf eine Bank. Seit sie sich kennengelernt hatten, hatte er keine Zeitung mehr gelesen und nicht mehr alleine über einem Kaffee gesessen. Als er nach einer Viertelstunde noch immer keine Zeile gelesen und keinen Schluck getrunken hatte, dachte er: Ich habe das Alleinsein verlernt. Er mochte den Gedanken.

2

Vor dreizehn Tagen war er angekommen. Die Saison war zu Ende und mit ihr das schöne Wetter. Es regnete, und er verbrachte den Nachmittag mit einem Buch auf der überdachten Veranda seines Bed & Breakfast. Als er sich am nächsten Tag in das schlechte Wetter schickte und im Regen am Strand zum Leuchtturm wanderte, begegnete er der Frau zuerst auf dem Hin- und dann auf dem Rückweg. Sie lächelten einander an, neugierig beim ersten Mal und schon ein bisschen vertraut beim zweiten. Sie waren weit und breit die einzigen Wanderer, und sie waren Leidens- und Freudengenossen, hätten beide lieber einen klaren, blauen Himmel gehabt, genossen aber den weichen Regen.

Am Abend saß sie alleine auf der großen, mit Plastikdach und -fenstern bereits herbsttauglich gemachten Terrasse des beliebten Fischrestaurants. Sie hatte ein volles Glas vor sich und las ein Buch – Zeichen, dass sie noch nicht gegessen hatte und nicht auf ihren Mann oder Freund wartete? Er stand unschlüssig in der Tür, bis sie aufschaute und ihn freundlich anlächelte. Da fasste er sich ein Herz, ging zu ihrem Tisch und fragte, ob er sich zu ihr setzen dürfe.

»Bitte«, sagte sie und legte das Buch zur Seite.

Er setzte sich, und weil sie schon bestellt hatte, konnte sie ihn beraten, und er wählte den Kabeljau, den sie auch gewählt hatte. Dann wussten beide nicht, wie sie ins Gespräch finden sollten. Das Buch half nicht; es lag so, dass er den Titel nicht lesen konnte. Schließlich sagte er: »Hat was, ein später Urlaub auf dem Cape.«

»Weil das Wetter so gut ist?« Sie lachte.

Machte sie sich über ihn lustig? Er sah sie an, kein hübsches Gesicht, die Augen zu klein und das Kinn zu kräftig, aber der Ausdruck nicht spöttisch, sondern fröhlich, vielleicht ein bisschen unsicher. »Weil man den Strand für sich hat. Weil man in Restaurants einen Tisch findet, in denen man in der Saison keinen fände. Weil man mit wenigen Menschen weniger alleine ist als mit vielen.«

»Kommen Sie immer nach dem Ende der Saison?«

»Ich bin das erste Mal hier. Eigentlich müsste ich arbeiten. Aber mein Finger macht noch nicht mit, und seine Übungen kann er ebenso hier machen wie in New York.« Er bewegte den kleinen Finger der linken Hand auf und ab, beugte und streckte ihn.

Sie sah dem kleinen Finger verwundert zu. »Wofür übt er?«

»Für die Flöte. Ich spiele im Orchester. Und Sie?«

»Ich habe Klavier gelernt, spiele aber nur noch selten.« Sie wurde rot. »Das meinen Sie nicht. Ich bin als Kind mit den Eltern oft hier gewesen und habe manchmal Heimweh. Und nach dem Ende der Saison hat das Cape den Reiz, den Sie beschrieben haben. Alles ist leerer, ruhiger – ich mag das.«

Er sagte nicht, dass er sich einen Urlaub während der Saison nicht leisten könnte, und nahm an, dass es ihr ebenso ging. Sie trug Turnschuhe, Jeans und Sweatshirt, und über der Lehne des Stuhls hing eine ausgeblichene gewachste Jacke. Als sie zusammen die Weinkarte studierten, schlug sie eine billige Flasche Sauvignon Blanc vor. Sie erzählte von Los Angeles, von ihrer Arbeit bei einer Stiftung, die Kinder aus dem Ghetto Theater spielen ließ, von dem Leben ohne Winter, von der Gewalt des Pazifik, vom Verkehr. Er erzählte vom Sturz über ein falsch verlegtes Kabel, bei dem er sich den Finger gebrochen hatte, vom Armbruch beim Sprung aus dem Fenster mit neun und vom Beinbruch beim Skifahren mit dreizehn. Sie saßen zuerst alleine auf der Terrasse, dann kamen weitere Gäste, und dann saßen sie bei einer zweiten Flasche wieder alleine. Wenn sie aus dem Fenster sahen, lagen Meer und Strand in völliger Finsternis. Der Regen rauschte auf das Dach.

»Was haben Sie morgen vor?«

»Ich weiß, dass Sie im Bed & Breakfast Frühstück kriegen. Aber wie wär's mit Frühstück bei mir?«

Er brachte sie nach Hause. Unter dem Schirm nahm sie seinen Arm. Sie redeten nicht. Ihr kleines Haus lag an der Straße, an der eine Meile weiter sein Bed & Breakfast lag. Vor der Tür ging von selbst das Licht an, und sie sahen einander zu plötzlich zu hell. Sie umarmte ihn kurz und gab ihm den Hauch eines Kusses. Ehe sie die Tür zumachte, sagte er: »Ich heiße Richard. Wie heißen...«

»Ich heiße Susan.«

3

Richard wachte früh auf, verschränkte die Arme hinter dem Kopf und hörte den Regen in den Blättern der Bäume und auf dem Kies des Wegs. Er hörte das gleichmäßige, beruhigende Rauschen gerne, auch wenn es für den Tag nichts Gutes verhieß. Würden Susan und er nach dem Frühstück am Strand wandern? Oder im Wald um den See? Oder Fahrrad fahren? Er hatte kein Auto gemietet und vermutete, dass auch sie keines gemietet hatte. So war der Radius gemeinsamer Unternehmungen begrenzt.

Er beugte und streckte den kleinen Finger, damit er später weniger üben musste. Er hatte ein bisschen Angst. Wenn Susan und er nach dem Frühstück tatsächlich den Tag gemeinsam verbringen und auch noch gemeinsam essen oder sogar kochen würden – was kam danach? Musste er mit ihr schlafen? Ihr zeigen, dass sie eine begehrenswerte Frau war und er ein begehrensstarker Mann? Weil er anders sie kränken und sich blamieren würde? Er hatte über Jahre mit keiner Frau geschlafen. Er fühlte sich nicht besonders begehrensstark und hatte sie am letzten Abend auch nicht besonders begehrenswert gefunden. Sie hatte vieles zu erzählen und zu fragen, hörte aufmerksam zu, war lebhaft und witzig. Dass sie, ehe sie etwas sagte, immer einen winzigen Augenblick zögerte und, wenn sie sich konzentrierte, die Augen zusammenkniff, hatte Charme. Sie weckte sein Interesse. Sein Begehren?

Im Salon war für ihn das Frühstück gerichtet, und weil er das ältere Ehepaar, das Orangensaft gepresst, Rühreier geschlagen und Pfannkuchen gebacken hatte, nicht enttäuschen mochte, setzte er sich und aß. Die Frau kam alle paar Minuten aus der Küche und fragte, ob er noch Kaffee wünsche oder mehr Butter oder andere Marmelade oder Obst oder Joghurt. Bis er begriff, dass sie mit ihm reden wollte. Er fragte sie, wie lange sie schon hier lebe, und sie setzte die Kaffeekanne ab und blieb neben dem Tisch stehen. Vor vierzig Jahren hatte ihr Mann eine kleine Erbschaft gemacht, und sie hatten das Haus auf dem Cape gekauft, in dem er schreiben und sie malen wollte. Aber aus dem Schreiben und Malen wurde nichts, und als die Kinder groß waren und die Erbschaft aufgebraucht war, machten sie aus dem Haus ein Bed & Breakfast. »Was Sie über das Cape wissen wollen, wo es am schönsten ist und wo man am besten isst, fragen Sie mich. Und wenn Sie heute rausgehen – Strand ist auch bei Regen Strand, Wald ist nur nass.«

In den Bäumen des Walds hing der Nebel. Er hüllte auch die Häuser ein, die abseits der Straße standen. Das kleine Haus, in dem Susan wohnte, war ein Pförtnerhaus, neben dem eine Auffahrt zu einem großen, nebelverhüllten, geheimnisvollen Haus führte. Er fand keine Klingel und klopfte. »Gleich«, rief sie, und es klang weit weg. Er hörte sie eine Treppe hinauflaufen, eine Tür zuwerfen und einen Gang entlangrennen. Dann stand sie vor ihm, außer Atem und eine Flasche Champagner in der Hand. »Ich war im Keller.«

Der Champagner machte ihm wieder Angst. Er sah Susan und sich mit den Gläsern vor einem Feuer im Kamin auf einem Sofa sitzen. Sie rückte näher. Es war so weit.

»Was stehst du und guckst? Komm rein!«

In dem großen Zimmer neben der Küche sah er tatsächlich einen Kamin, daneben Holz und davor ein Sofa. Susan hatte in der Küche gedeckt, und wieder trank er Orangensaft und aß Rührei, und danach gab es Obstsalat mit Nüssen. »Es hat wunderbar geschmeckt. Aber jetzt muss ich raus und laufen oder Fahrrad fahren oder schwimmen.« Als sie zweifelnd in den Regen sah, erzählte er ihr von seinem doppelten Frühstück.

»Du wolltest John und Linda nicht enttäuschen? Was für ein Schatz du bist!« Sie sah ihn vergnügt und bewundernd an. »Ja, warum nicht schwimmen! Du hast keine Badehose? Du willst...« Sie schaute zweifelnd, war aber einverstanden, packte Handtücher in eine große Tasche und legte einen Schirm, den Champagner und zwei Gläser dazu. »Wir können übers Grundstück gehen, es ist schöner und geht schneller.«

4

Sie kamen an dem großen Haus vorbei, einem mit hohen Säulen und geschlossenen Läden auch aus der Nähe geheimnisvollen Bau. Sie stiegen die breiten Stufen hoch, standen auf der Terrasse zwischen den Säulen, gingen ums Haus und fanden die Treppe zur überdachten Veranda vor dem nächsten Geschoss. Von hier ging der nebeltrübe Blick über Dünen und Strand zum grauen Meer.

»Es liegt ganz still«, flüsterte sie.

Sah sie das auf diese Entfernung? Hörte sie es? Es regnete nicht mehr, und in der tiefen Stille mochte auch er nur flüstern. »Wo sind die Möwen?«

»Draußen auf dem Meer. Wenn der Regen aufhört, kommen die Würmer aus der Erde und die Fische an die Oberfläche.«

»Das glaube ich nicht.«

Sie lachte. »Wollten wir nicht schwimmen?« Sie lief los, so schnell und des Wegs so sicher, dass er mit der großen Tasche nicht mithalten konnte. In den Dünen verlor er sie aus den Augen, und als er den Strand erreichte, zog sie gerade die letzte Socke aus und rannte zum Meer. Als er am Meer war, schwamm sie schon weit draußen.

Das Meer lag tatsächlich ganz still und war nur kalt, bis er zu schwimmen begann. Dann schmeichelte es seinem nackten Körper. Er schwamm weit hinaus und ließ sich auf dem Rücken treiben. Noch weiter draußen kraulte Susan. Als der Regen wieder einsetzte, genoss er die Tropfen auf seinem Gesicht.

Der Regen wurde dichter, und er sah Susan nicht mehr. Er rief. Er schwamm in die Richtung, in der er meinte, sie zuletzt gesehen zu haben, und rief wieder. Als er das Land kaum noch sah, kehrte er um. Er war kein schneller Schwimmer, strengte sich an, kam aber nur langsam voran, und die Langsamkeit steigerte seine Angst zur Panik. Wie lange würde Susan durchhalten? Hatte er das Handy in der Hosentasche? Bekam er am Strand eine Verbindung? Wo war das nächste Haus? Er hielt die Anstrengung nicht durch, wurde noch langsamer und noch panischer.

Dann sah er eine blasse Gestalt aus dem Meer steigen und am Strand stehen bleiben. Der Zorn gab ihm Kraft. Wie hatte sie ihm solche Angst einjagen können! Als sie winkte, winkte er nicht zurück.

Als er wütend vor ihr stand, lächelte sie ihn an. »Was ist los?«

»Was los ist? Ich habe eine Wahnsinnsangst gekriegt, als ich dich nicht mehr gesehen habe. Warum bist du nicht vorbeigeschwommen, als du zurückgeschwommen bist?«

»Ich habe dich nicht gesehen.«
»Du hast mich nicht gesehen?«
Sie wurde rot. »Ich bin ziemlich kurzsichtig.«
Sein Zorn kam ihm plötzlich lächerlich vor. Sie standen sich nackt und nass gegenüber, beiden lief der Regen übers Gesicht, beide hatten Gänsehaut und zitterten und wärmten sich die Brust mit den Armen. Sie sah ihn mit dem verletzlichen, suchenden Blick an, in dem sich, wie er jetzt wusste, nicht Unsicherheit ausdrückte, sondern nur Kurzsichtigkeit. Er sah die blauen Adern, die durch ihre dünne weiße Haut schienen, ihr Schamhaar, rotblond, obwohl das Haar auf ihrem Kopf hellblond war, ihren flachen Bauch und ihre schmalen Hüften, ihre kräftigen Arme und Beine. Er schämte sich seines Körpers und zog den Bauch ein. »Es tut mir leid, dass ich grob war.«

»Ich verstehe schon. Du hattest Angst.« Sie lächelte ihn wieder an.

Er war verlegen. Dann gab er sich einen Ruck, zeigte mit dem Kopf zu der Stelle bei den Dünen, wo ihre Sachen lagen, rief »los!« und rannte los. Sie war schneller als er und hätte ihn mühelos überholen können. Aber sie rannte neben ihm her, und es erinnerte ihn an seine Kindheit, an die Freude des gemeinsamen Rennens zu einem gemeinsamen Ziel mit den Schwestern oder den Freunden. Er sah ihre kleinen Brüste, die sie, als sie am Strand gestanden war, mit den Armen geschützt hatte, und ihren kleinen Po.

5

Ihre Kleider waren nass. Aber die Handtücher waren in der Tasche trocken geblieben, und Susan und Richard hüllten sich hinein und setzten sich unter den Schirm und tranken Champagner.

Sie lehnte sich an ihn. »Erzähl mir von dir. Von vorne, von deiner Mutter und deinem Vater und deinen Geschwistern, bis jetzt. Stammst du aus Amerika?«

»Aus Berlin. Meine Eltern gaben Musikunterricht, er Klavier und sie Geige und Bratsche. Wir waren vier Kinder, und ich durfte auf die Musikhochschule, obwohl meine drei Schwestern viel besser waren als ich. Mein Vater wollte es so; er konnte den Gedanken nicht ertragen, ich würde versagen, wie er versagt hatte. Also ging ich für ihn auf die Musikhochschule, wurde für ihn zweiter Flötist im New York Philharmonic Orchestra und werde für ihn eines Tages erster Flötist in einem anderen guten Orchester werden.«

»Leben deine Eltern noch?«

»Mein Vater ist vor sieben Jahren gestorben, meine Mutter letztes Jahr.«

Sie dachte nach. Dann fragte sie: »Wenn du nicht für deinen Vater Flötist geworden wärst, sondern gemacht hättest, was du hättest machen wollen – was wärst du?«

»Lach mich nicht aus. Als zuerst mein Vater und dann meine Mutter starben, dachte ich, endlich bin ich frei und kann machen, was ich will. Aber sie sitzen immer noch in meinem Kopf und reden auf mich ein. Ich müsste ein Jahr lang raus, weg vom Orchester, weg von der Flöte, müsste laufen, schwimmen, nachdenken und vielleicht aufschreiben, wie es zu Hause mit den Eltern und den Schwestern war. Damit ich am Ende des Jahres wüsste, was ich will. Vielleicht wäre es sogar die Flöte.«

»Ich habe mir manchmal gewünscht, jemand würde auf mich einreden. Meine Eltern hatten einen Autounfall und starben, als ich zwölf war. Die Tante, zu der ich kam, mochte Kinder nicht. Ich weiß auch nicht, ob mein Vater mich mochte. Er hat manchmal gesagt, er freut sich, wenn ich größer bin und er was mit mir anfangen kann – klang nicht so gut.«

»Das tut mir leid. Wie war deine Mutter?«

»Schön. Sie wollte, dass ich so schön werde wie sie. Meine Garderobe war so fein wie ihre, und wenn Mutter mir beim Anziehen half, war sie wunderbar, liebevoll, zärtlich. Sie hätte mir beigebracht, wie man mit biestigen Freundinnen und frechen Freunden umgeht. So musste ich alles alleine lernen.«

Sie saßen unter dem Schirm und hingen ihren Erinnerungen nach. Wie zwei Kinder, die sich verirrt haben und nach Hause sehnen, dachte er. Ihm fielen Lieblingsbücher seiner Kindheit ein, in denen Jungen und Mädchen sich verirrten und in Höhlen und Hütten überlebten, auf einer Reise überfallen und in die Sklaverei verschleppt, in London geraubt und zum Betteln und Stehlen gezwungen oder aus dem Tessin als Schornsteinfeger nach Mailand verkauft wurden. Er hatte mit den Kindern um den Verlust der Eltern getrauert und auf die Rückkehr zu ihnen gehofft. Aber der Reiz der Geschichten lag darin, dass die Kinder ohne die Eltern zurechtkamen. Wenn sie schließlich nach Hause zurückkehrten, waren sie den Eltern entwachsen. Warum ist es so schwer, selbständig zu sein, wozu man doch nur sich selbst braucht und niemand anders? Er seufzte.

»Was ist?«

»Nichts«, sagte er und legte den Arm um sie.

»Du hast geseufzt.«

»Ich wäre gerne weiter, als ich bin.«

Sie kuschelte sich an seine Seite. »Das Gefühl kenne ich. Aber ist es nicht so, dass wir in Schüben weiterkommen? Lange tut sich nichts, und plötzlich erleben wir eine Überraschung, haben eine Begegnung, treffen eine Entscheidung und sind nicht mehr dieselben wie zuvor.«

»Nicht mehr dieselben wie zuvor? Ich war vor einem halben Jahr auf einem Klassentreffen, und die, die in der Schule anständig und angenehm gewesen waren, waren's immer noch, und die Arschlöcher waren immer noch Arschlöcher. Den anderen wird es mit mir nicht anders ergangen sein. Für mich war es ein Schock. Da arbeitet man an sich, denkt, man verändert und entwickelt sich, und die anderen erkennen einen sofort als den wieder, der man schon immer war.«

»Ihr Europäer seid Pessimisten. Ihr kommt aus der Alten Welt und könnt euch nicht vorstellen, dass die Welt neu wird und dass Menschen neu werden.«

»Lass uns am Strand wandern. Der Regen hat fast aufgehört.«

Sie schlugen die Handtücher um sich, liefen über den Strand und neben dem Meer. Sie liefen mit bloßen Füßen, und der nasse, kalte Sand prickelte.

»Ich bin kein Pessimist. Ich hoffe immer, dass mein Leben besser wird.«

»Ich auch.«

Als es wieder heftiger regnete, gingen sie zurück zu Susans Haus. Sie froren. Während Richard duschte, ging Susan in den Keller und stellte die Heizung an; während Susan duschte, machte Richard ein Feuer im Kamin. Er trug den Morgenmantel, den Susan von ihrem Vater behalten hatte, rot, warm, schwere Wolle mit seidenem Futter. Sie hängten ihre nassen Kleider zum Trocknen auf und fanden heraus, wie der Samowar funktionierte, der auf dem Sims über dem Kamin stand. Dann saßen sie auf dem Sofa, sie im Schneidersitz in der einen, er auf den Knien in der anderen Ecke, tranken Tee und sahen einander an.

»Ich kann meine Sachen sicher bald wieder anziehen.«

»Bleib doch. Was willst du bei dem Regen machen? Alleine in deinem Zimmer sitzen?«

»Ich...« Er wollte einwenden, dass er sich nicht aufdrängen, sie nicht belästigen, ihren Tagesablauf nicht durcheinanderbringen wolle. Aber es waren Floskeln. Er wusste, dass sie sich über seine Gesellschaft freute. Er las es in ihrem Gesicht und hörte es in ihrer Stimme. Er lächelte sie an, zuerst höflich, dann verlegen. Wie, wenn die Situation bei Susan Erwartungen weckte, denen er nicht genügen konnte? Aber dann griff sie aus den Büchern und Zeitschriften neben dem Sofa ein Buch und las. Sie saß und las so selbstgenügsam, so behaglich, so entspannt, dass auch er sich zu entspannen begann. Er suchte und fand ein Buch, das ihn interessierte, las aber nicht, sondern sah ihr beim Lesen zu. Bis sie aufschaute und ihn anlächelte. Er lächelte zurück, endlich entspannt, und machte sich ans Lesen.

6

Als er um zehn ins Bed & Breakfast kam, saßen Linda und John vor dem Fernseher. Er sagte ihnen, er brauche am nächsten Morgen kein Frühstück, er werde bei der jungen Frau in dem kleinen Haus eine Meile weiter frühstücken, einer Bekanntschaft vom Abendessen im Restaurant.

»Sie wohnt nicht im großen Haus?«

»Das macht sie, wenn sie alleine kommt, schon lange nicht mehr.«

»Aber im letzten Jahr...«

»Im letzten Jahr kam sie alleine, hatte aber ständig Besuch.«

Richard hörte Linda und John mit wachsender Irritation zu. »Sie reden von Susan...« Er merkte, dass sie sich einander nur mit dem Vornamen vorgestellt hatten.

»Susan Hartman.«

»Ihr gehört das große Haus mit den Säulen?«

»Ihr Großvater hat es in den zwanziger Jahren gekauft. Nach dem Tod ihrer Eltern hat der Verwalter das Anwesen runtergewirtschaftet, die Miete kassiert und nichts investiert, bis Susan ihn vor ein paar Jahren entlassen und die Häuser und den Garten wieder hergerichtet hat.«

»Hat das nicht ein Vermögen gekostet?«

»Es hat ihr nicht weh getan. Wir hier sind froh – es gab Interessenten, die das Grundstück parzellieren und das Haus aufteilen oder durch ein Hotel ersetzen wollten. Hier wäre alles anders geworden.«

Richard wünschte Linda und John eine gute Nacht und ging auf sein Zimmer. Er hätte Susan nicht angesprochen, wenn er von ihrem Reichtum gewusst hätte. Er mochte reiche Leute nicht. Er verachtete ererbten Reichtum und hielt erwirtschafteten Reichtum für ergaunert. Seine Eltern hatten nie genug verdient, um den vier Kindern zu geben, was sie ihnen gerne gegeben hätten, und er verdiente am New York Philharmonic Orchestra gerade so viel, dass er in der teuren Stadt zurechtkam. Er hatte keine reichen Freunde und nie welche gehabt.

Er war wütend auf Susan. Als hätte sie ihn an der Nase herumgeführt. Als hätte sie ihn in eine Situation gelockt, in der er jetzt festsaß. Saß er fest? Er musste am nächsten Morgen nicht zu ihr zum Frühstück gehen. Oder er konnte zu ihr gehen und ihr sagen, sie könnten sich nicht mehr sehen, sie seien zu verschieden, ihre Leben seien zu verschieden, ihre Welten seien zu verschieden. Aber sie hatten gerade den Nachmittag gemeinsam vor dem Kamin verbracht und einander gelegentlich ein paar Sätze vorgelesen, sie hatten zusammen gekocht, gegessen, abgespült, einen Film angesehen und sich beide wohl gefühlt. Zu verschieden?

Er putzte seine Zähne mit einer solchen Wut, dass er seine linke Backe verletzte. Er setzte sich aufs Bett, hielt die Backe und tat sich leid. Er saß tatsächlich fest. Er hatte sich in Susan verliebt. Nur ein bisschen verliebt, sagte er sich. Denn was wusste er wirklich über sie? Was mochte er eigentlich an ihr? Wie sollte es mit der Verschiedenheit ihrer Leben und ihrer Welten gehen? Dreimal würde sie es vielleicht charmant finden, in dem kleinen italienischen Restaurant zu essen, das er sich leisten konnte. Sollte er sich danach von ihr einladen lassen? Oder sich mit Kreditkarten verschulden?

Er schlief nicht gut. Er wachte immer wieder auf, und als er um sechs merkte, dass er nicht mehr einschlafen würde, gab er auf, zog sich an und ging aus dem Haus. Der Himmel war voller dunkler

Wolken, aber im Osten schimmerte es rot. Wenn Richard den Aufgang der Sonne über dem Meer nicht verpassen wollte, musste er sich beeilen und in den Straßenschuhen losrennen, die er statt der Laufschuhe angezogen hatte. Die Sohlen klatschten laut auf die Straße, scheuchten einmal einen Schwarm Krähen auf und einmal ein paar Hasen. Das Rot im Osten leuchtete breiter und stärker; Richard hatte schon ein ähnliches Abend-, aber noch nie ein solches Morgenrot gesehen. Vor Susans Haus gab er sich Mühe, leise zu sein.

Dann erreichte er den Strand. Die Sonne stieg golden empor, aus einem glühenden Meer in einen flammenden Himmel – einige Augenblicke lang, bis die Wolken alles auslöschten. Richard war, als sei es plötzlich nicht nur dunkler, sondern auch kälter.

Er hätte sich keine Mühe geben müssen, vor Susans Haus leise zu sein. Sie war auch schon auf. Sie saß am Fuß einer Düne, sah ihn, stand auf und kam. Sie ging langsam; bei den Dünen war der Sand tief und fiel das Gehen schwer. Richard ging ihr entgegen, aber nur, weil er höflich sein wollte. Er sah ihr lieber zu, wie sie ging, mit ruhigem Schritt, mit sicherer Haltung, den Kopf manchmal gesenkt und manchmal gehoben und bei gehobenem Kopf den Blick fest auf ihn gerichtet. Ihm war, als würden sie im Aufeinanderzugehen etwas miteinander verhandeln, aber er wusste nicht, was. Er verstand nicht, was ihr Gesicht fragte und was für Antworten sie in seinem fand. Er lächelte, aber sie erwiderte das Lächeln nicht, sondern sah ihn ernst an.

Als sie einander gegenüberstanden, nahm sie seine Hand. »Komm!« Sie führte ihn zum Haus und über die Treppe ins Schlafzimmer. Sie zog sich aus, legte sich ins Bett und sah zu, wie er sich auszog und ins Bett legte. »Ich habe so lange auf dich gewartet.«

7

So liebte sie ihn. Als hätte sie ihn lange gesucht und endlich gefunden. Als könnten sie und er nichts falsch machen.

Sie nahm ihn mit, und er ließ es geschehen. Er fragte sich nicht: Wie bin ich?, und fragte sie nicht: Wie war ich? Als sie danach beieinanderlagen, wusste er, dass er sie liebte. Diese kleine Person mit den zu kleinen Augen, dem zu kräftigen Kinn, der zu dünnen Haut und der Gestalt, die knabenhafter war als die Frauengestalten, die er bisher geliebt hatte. Die eine Sicherheit hatte, die sie, herumgeschubst von mäßig liebevollen Eltern zu einer lieblosen Tante, nicht hätte haben dürfen. Die mehr Geld zu haben schien, als ihr guttun konnte. Die in ihm sah, was er selbst nicht sah, und die es ihm damit gab.

Er hatte zum ersten Mal eine Frau geliebt, als gebe es keine Bilder davon, wie Liebe zu geschehen hat. Als seien sie ein Paar aus dem 19. Jahrhundert, dem Kino und Fernsehen noch nicht mit ihren Bildern vorschreiben konnten, wie richtig geküsst, richtig gestöhnt, dem Gesicht der richtige Ausdruck der Leidenschaft und dem Körper die richtige Zuckung der Lust gegeben wird. Ein Paar, das die Liebe und das Küssen und Stöhnen für sich erfand. Susan schien nie die Augen zu schließen. Wann immer er sie ansah, sah auch sie ihn an. Er liebte ihren Blick, selbstvergessen, vertrauensvoll.

Sie stützte sich auf und lachte ihn an. »Wie gut, dass ich dich, als du im Restaurant nicht wusstest, was du tun solltest, angelächelt habe. Ich dachte zuerst, es sei nicht nötig. Ich dachte, du kämst auf dem direktesten und schnellsten Weg zu mir.«

Er lachte fröhlich zurück. Ihnen kam nicht in den Sinn, was bei der Begegnung im Restaurant geknirscht und geholpert hatte, als Warnung zu nehmen. Sie nahmen es als Ungeschick, das von einem Lachen überwunden werden konnte.

Sie blieben bis zum Abend im Bett. Dann holten sie Susans Auto aus der Garage, einen gepflegten älteren BMW, und fuhren durch Nacht und Regen zu einem Supermarkt. Das Licht war grell, es roch chemisch sauber, die Musik klang synthetisch, und die wenigen Käufer schoben ihre Einkaufswagen müde durch die leeren Gänge. »Wir hätten im Bett bleiben sollen«, flüsterte sie ihm zu, und er war froh, dass sie von Licht und Geruch und Musik ebenso verstört war wie er. Sie seufzte, lachte, machte sich ans Einkaufen und hatte den Wagen bald voll. Manchmal tat auch er etwas hinein, Äpfel, Pfannkuchen, Wein. An der Kasse zahlte er mit seiner Kreditkarte und wusste, dass er im nächsten Monat zum ersten Mal die Abrechnung nicht würde zahlen können. Es beunruhigte ihn, aber mehr noch irritierte ihn, dass ihn an einem solchen Tag die Lappalie eines überzogenen Kreditkartenkontos beunruhigen konnte. Also kaufte er im Wein- und Spirituosenladen nebenan drei Flaschen Champagner.

Auf der Heimfahrt fragte sie: »Holen wir deine Sachen?«

»Vielleicht schlafen Linda und John schon. Ich will sie nicht wecken.«

Susan nickte. Sie fuhr schnell und sicher, und daran, wie sie die vielen Kurven nahm, merkte er, dass sie das Auto und die Strecke gut kannte. »Bist du mit dem Auto von Los Angeles gekommen?«

»Nein. Das Auto gehört hierher. Clark kümmert sich um Haus und Garten und auch ums Auto.«
»Du wohnst im großen Haus nur, wenn du Gäste hast?«
»Wollen wir morgen hochziehen?«
»Ich weiß nicht. Es ist...«
»Es ist für mich zu groß. Aber mit dir würde es Spaß machen. Wir würden in der Bibliothek lesen, im Billardzimmer spielen, im Musikzimmer würdest du Flöte üben, im kleinen Salon würde ich das Frühstück und im großen das Abendessen servieren lassen.« Sie redete immer fröhlicher, immer entschlossener. »Wir schlafen im großen Schlafzimmer, in dem meine Großeltern und Eltern geschlafen haben. Oder wir schlafen in meinem Zimmer in dem Bett, in dem ich als Mädchen von meinem Prinzen geträumt habe.«
Er sah ihr lächelndes Gesicht im matten Licht der Armaturen. Susan war an ihre Erinnerungen verloren. Zum ersten Mal, seit sie sich kannten, war sie weit weg. Richard wollte fragen, von welchem Schauspieler oder Sänger sie damals geträumt hatte, wollte alles über die Männer in ihrem Leben wissen, wollte hören, dass sie alle nur Propheten waren und er der Messias. Aber dann kam ihm seine Sorge um die anderen Männer ebenso kleinlich vor wie die um das überzogene Kreditkartenkonto. Er war müde

und legte den Kopf an Susans Schulter. Sie strich ihm mit der Linken über den Kopf, drückte den Kopf an ihre Schulter, und er schlief ein.

8

Über die Männer in Susans Leben erfuhr er alles in den nächsten Tagen. Er erfuhr auch von ihrer Sehnsucht nach Kindern, mindestens zwei, am liebsten vier. Mit ihrem Mann hatte es zunächst nicht geklappt, dann hatte sie ihn nicht mehr geliebt und sich von ihm scheiden lassen. Er erfuhr, dass sie auf dem College Kunstgeschichte studiert hatte, auf die Business School gegangen war und eine Firma für Spielzeugeisenbahnen saniert hatte. Sie hatte die Firma von ihrem Vater geerbt und inzwischen mit den anderen Firmen, die sie geerbt hatte, verkauft. Er erfuhr, dass sie eine Wohnung in Manhattan hatte, die sie gerade renovieren ließ, weil sie von Los Angeles nach New York ziehen wollte. Er erfuhr auch, dass sie einundvierzig war, zwei Jahre älter als er.

Immer wieder mündete, was Susan von ihrem bisherigen Leben erzählte, in Pläne für eine gemeinsame Zukunft. Sie beschrieb ihre Wohnung in New York: die breite Treppe, die vom unteren Geschoss der Wohnung im sechsten Stock zum oberen im siebten führte, die breiten Flure, die großen, hohen Räume, die Küche mit dem Essensaufzug, den Blick auf den Park. Sie war in der Wohnung aufgewachsen, bis ihre Tante sie nach dem Tod der Eltern nach Santa Barbara holte. »Ich bin die Treppengeländer runtergerutscht und in den Fluren Rollschuh gelaufen, habe in den Essensaufzug gepasst, bis ich sechs war, und konnte vom Bett das Spiel der Baumwipfel vor dem Fenster sehen. Du musst dir die Wohnung anschauen!« Sie konnte sie ihm nicht zeigen, weil sie vom Cape nach Los Angeles fliegen und den Umzug der Stiftung und den eigenen Umzug vorbereiten musste. »Triffst du dich mit dem Architekten? Wir können noch alles ändern.«

Ihr Großvater hatte nicht nur die zweistöckige Wohnung, sondern das ganze Haus an der 5th Avenue günstig in der Wirtschaftskrise gekauft. Wie das Anwesen auf dem Cape und eines in den Adirondacks. »Auch das muss ich wieder herrichten. Hast du Spaß an Architektur? Am Bauen und Renovieren und Einrichten? Ich habe Pläne bekommen und mitgebracht – schaust du sie mit mir an?«

Sie erzählte von einem befreundeten Paar, das seit Jahren vergebens auf Kinder gehofft und seine Ferien gerade auf einer Fertility Farm verbracht hatte. Sie beschrieb die Diät und das Programm, das den beiden Schlaf- und Gymnastik- und Essenszeiten und auch die Zeiten vorgab, zu denen sie sich zu lieben hatten. Sie fand es lustig und war zugleich ein bisschen ängstlich. »Ihr Europäer kennt das nicht, habe ich gelesen. Ihr nehmt das Leben als Schicksal, an dem man nichts ändern kann.«

»Ja«, sagte er, »und wenn uns bestimmt ist, unsere Väter zu erschlagen und unsere Mütter zu beschlafen, dann gibt es nichts, was wir dagegen tun können.«

Sie lachte. »Dann könnt ihr eigentlich nichts gegen die Fertility Farm haben. Wenn sie eurer Bestimmung nicht hilft, kann sie ihr doch auch nicht schaden.« Sie zuckte entschuldigend die Schultern. »Es ist nur, weil es mit Robert damals nicht geklappt hat. Vielleicht lag es gar nicht an mir, vielleicht lag es an ihm, wir haben keine Tests gemacht. Trotzdem habe ich seitdem Angst.«

Er nickte. Auch er bekam Angst. Vor den mindestens zwei und höchstens vier Kindern. Davor, Susan auf der Fertility Farm bei bestimmter Diät zu bestimmten Zeiten lieben zu müssen. Vor dem lauten Ticken der biologischen Uhr, bis das vierte Kind kam oder keines mehr kommen konnte. Davor, dass die Hingabe und Leidenschaft, mit der Susan ihn liebte, nicht ihm galt.

»Du musst keine Angst haben. Ich sage einfach,

was mich beschäftigt. Das heißt nicht, dass das mein letztes Wort ist. Du zensierst, was du sagst.«

»Das ist wieder europäisch.« Er wollte nicht über seine Angst reden. Sie hatte recht; er zensierte, was er sagte, sie sagte, was sie gerade dachte und fühlte. Nein, sie wollte nicht den Aufenthalt in der Fertility Farm mit ihm planen. Aber sie wollte die Zukunft mit ihm planen, und obwohl er das auch wollte, von Tag zu Tag mehr, hatte er so viel weniger einzubringen als sie, keine Wohnung, keine Häuser, kein Geld. Hätten er und die Frau am ersten Pult der zweiten Geigen sich ineinander verliebt, dann hätten sie zusammen eine Wohnung gesucht und zusammen entschieden, was von ihren und was von seinen Möbeln in die neue Wohnung kommt und was sie bei Ikea oder beim Trödel suchen müssen. Susan war sicher bereit, ein oder zwei Zimmer mit seinen Sachen einzurichten. Aber er wusste, dass es nicht stimmen würde.

Er konnte seine Flöte und seine Noten mitbringen und an dem Notenständer üben, den sie sicher unter ihren Möbeln hatte. Er konnte seine Bücher in ihre Regale stellen, seine Papiere in den Aktenschrank ihres Vaters legen und seine Briefe an dessen Schreibtisch schreiben. Seine Kleider hängte er am besten gleich in ihren Schrank hier auf dem Land; in der Stadt würde er in ihnen keine gute Figur an ihrer Seite machen. Sie würde ihm mit Freude und modischem Verstand neue Kleider kaufen.

Er übte viel. Meistens trocken, wie er es nannte, wenn er einfach den kleinen Finger beugte und streckte. Immer öfter auch an der Flöte. Sie wurde ein Stück von ihm, wie sie es bisher nicht gewesen war. Sie gehörte ihm, war viel wert, mit ihr schuf er Musik und verdiente Geld, er konnte sie überallhin mitnehmen, er war überall mit ihr zu Hause. Und er bot Susan mit seinem Spiel, was niemand sonst ihr bieten konnte. Wenn er improvisierte, fand er Melodien, die zu ihren Stimmungen passten.

9

Das Eckzimmer des großen Hauses war ihr Lieblingszimmer. Die vielen Fenster reichten bis zum Boden und wurden bei schönem Wetter zur Seite geschoben, bei rauhem durch Läden geschützt. Hier fühlten sie sich, wenn der Regen sie nicht am Strand wandern ließ, dem Meer, den Wellen, den Möwen, den gelegentlichen Schiffen doch nahe. Manchmal peitschte der Regen ihnen am Strand so kalt und scharf ins Gesicht, dass es weh tat.

Das Zimmer war mit Korbmöbeln ausgestattet, mit Liegen, Sesseln, Tischen und weichen Polstern auf dem harten Geflecht. »Schade«, sagte er, als sie ihn durchs Haus führte und er die Liegen sah, nur für eine Person breit genug. Zwei Tage später hielt, als sie im kleinen Salon frühstückten, ein Lastwagen, und zwei Männer in blauen Overalls trugen eine Doppelliege ins Haus. Sie passte zu den anderen Möbeln, und ihr Polster trug dasselbe Blumenmuster wie die anderen Polster.

Das Wetter sorgte dafür, dass ein Tag dem anderen glich. Es regnete Tag um Tag, manchmal steigerte der Regen sich zum Gewitter, manchmal setzte er für Stunden und manchmal nur für Minuten aus, manchmal riss der Himmel kurz auf, und die Dächer leuchteten blank. Wenn das Wetter es zuließ, wanderten Susan und Richard am Strand, wenn die Vorräte ausgingen, fuhren sie zum Supermarkt, sonst blieben sie im großen Haus. Susan hatte beim Wechsel vom kleinen ins große Haus Clarks Frau Mita angerufen, die jeden Tag für einige Stunden kam, sich ums Putzen und Waschen und Kochen kümmerte. Sie tat es so diskret, dass Richard ihr erst nach einigen Tagen begegnete.

Eines Abends luden sie Linda und John zum Essen ein. Susan und Richard kochten, hatten keine Ahnung vom Kochen und taten sich schon schwer, das Kochbuch zu lesen. Aber sie brachten schließlich Steaks mit Kartoffeln und Salat auf den Tisch und hatten das gute Gefühl, gemeinsam Krisen bestehen zu können. Sonst luden sie niemanden ein und besuchten niemanden. »Für unsere Freunde ist immer noch Zeit.«

Wenn die Dämmerung einsetzte, liebten sie sich. Ihnen genügte das Licht des Abends, bis es völlig dunkel war und sie eine Kerze anzündeten. Sie liebten sich so ruhig, dass Richard sich manchmal fragte, ob er Susan glücklicher machen würde, wenn er ihr und sich die Kleider vom Leib risse, über sie herfiele und sich ihr auslieferte. Er schaffte es nicht, und sie schien es nicht zu vermissen. Wir sind keine Wildkatzen, dachte er, wir sind Hauskatzen.

Bis zu ihrem großen Streit, dem ersten und einzigen, den sie hatten. Sie wollten zum Supermarkt fahren, und Susan ließ Richard im Auto warten, weil sie plötzlich ans Telefon musste und am Telefon kein Ende fand. Dass sie ihn ohne Erklärung warten ließ, dass sie ihn vergessen hatte oder einfach vernachlässigen konnte, machte ihn so wütend, dass er ausstieg, ins Haus ging und sie anfuhr, als sie gerade den Hörer auf die Gabel legte. »Ist das, was ich zu erwarten habe? Was du machst, ist wichtig, und was ich mache, nicht? Deine Zeit ist kostbar, meine nicht?«

Sie verstand ihn zunächst nicht. »Los Angeles hat angerufen. Der Vorstand...«

»Warum hast du das nicht gesagt? Warum hast du mich ewig ...«

»Tut mir leid, dass ich dich ein paar Minuten habe warten lassen. Ich dachte, ein europäischer Mann sieht einer Frau ...«

»Die Europäer – ich kann's nicht mehr hören. Ich habe draußen eine halbe Stunde ...«

Jetzt wurde auch sie wütend. »Eine halbe Stunde? Ein paar Minuten waren es. Wenn sie dir zu lange werden, geh ins Haus, und lies die Zeitung. Du Primadonna, du ...«

»Primadonna? Ich? Wer von uns ...«

Sie warf ihm unverständliches, übertriebenes Getue vor. Er verstand nicht, was unverständlich und übertrieben daran sein sollte, dass er ebenso zählen wollte wie sie, er, der nichts hatte, wie sie, die alles hatte. Sie verstand nicht, dass er auf den abwegigen Gedanken kommen konnte, er zähle nicht. Schließlich schrien sie einander an, wütend, verzweifelt.

»Ich hasse dich!« Sie trat zu ihm, er wich zurück, sie blieb an ihm, und als er an der Wand stand und nicht weiterkonnte, schlug sie ihm mit den Fäusten auf die Brust, bis er sie in die Arme nahm und an sich drückte. Zuerst nestelte sie an den Knöpfen seines Hemds, dann riss sie es auf, er versuchte, ihr die Jeans auszuziehen, und sie ihm, aber es war zu mühsam und ging zu langsam, und so machten sie es selbst und zogen in einem Schwung Jeans und Unterhosen und Socken aus. Sie liebten sich auf dem Boden im Flur, hastig, drängend, leidenschaftlich.

Danach lag er auf dem Rücken und sie halb in seinem Arm, halb auf seiner Brust. »Also doch«, sagte er und lachte fröhlich. Sie machte eine kleine Bewegung, ein Kopfschütteln, ein Schulterzucken, und schmiegte sich enger an ihn. Er spürte, dass sie, anders als ihn, nicht die Leidenschaft des Streitens in die Leidenschaft des Liebens getragen hatte. Sie hatte sein Hemd nicht aufgerissen, weil sie seine Brust fühlen, sondern weil sie sein Herz finden wollte. Ihre Leidenschaft hatte der Rückkehr zur Ruhe gegolten, die sie im Streit verloren hatten.

Sie fuhren zum Supermarkt, und Susan füllte den Einkaufswagen, als blieben sie noch Wochen. Auf der Heimfahrt brach die Sonne durch die Wolken, und sie nahmen die nächste Straße ans Meer, nicht ans offene Meer, sondern an die Bay. Das Wasser war glatt und die Luft klar; sie sahen die Spitze des Cape und die andere Seite der Bay.

»Ich mag es, wenn vor dem Gewitter die Sicht so weit ist und die Konturen so scharf sind.«

»Gewitter?«

»Ja. Ich weiß nicht, ob die Feuchtigkeit oder die Elektrizität die Luft so klar macht, aber es ist die

Luft vor dem Gewitter. Eine trügerische Luft; sie verspricht dir gutes Wetter, und was sie bringt, ist ein Gewitter.«

»Bitte entschuldige, dass ich dich vorhin angefahren habe. Nicht nur angefahren, ich habe dich angeschrien. Es tut mir aufrichtig leid.«

Er wartete, dass sie etwas sagte. Dann sah er, dass sie weinte, und blieb erschrocken stehen. Sie hob ihr tränennasses Gesicht und legte ihm die Arme um den Hals. »So was Schönes hat noch nie jemand zu mir gesagt. Dass ihm leidtut, was er zu mir gesagt hat. Mir tut es auch leid. Ich habe auch geschrien, ich habe dich beschimpft und geschlagen. Wir machen das nie wieder, hörst du, nie wieder.«

10

Dann war der letzte Tag da. Sie flog um halb fünf und er um halb sechs, und sie frühstückten in Ruhe, das erste Mal auf der Terrasse. Die Sonne schien so warm, als seien der Regen und die Kälte nur ein Infekt gewesen, von dem der Sommer sich wieder erholt hatte. Dann machten sie eine Wanderung am Strand.

»Es sind nur ein paar Wochen.«

»Ich weiß.«

»Denkst du morgen an den Termin mit dem Architekten?«

»Ja.«

»Und denkst du an die Matratze?«

»Ich habe nichts vergessen. Ich kaufe eine Matratze und Pappmöbel und Plastikgeschirr und -besteck. Wenn ich Zeit habe, gehe ich ins Möbellager und schaue, ob mir was von den Sachen deiner Eltern gefällt. Wir richten alles gemeinsam ein, Stück um Stück. Ich liebe dich.«

»Hier sind wir uns am ersten Tag begegnet.«

»Ja, auf dem Hinweg. Und auf dem Rückweg dort drüben.«

Sie redeten darüber, wie sie sich begegnet waren, wie unwahrscheinlich ihre Begegnungen waren, weil es doch für ihn nähergelegen hätte, in die eine Richtung zu gehen, und für sie, in die andere, wie sie sich am Abend im Fischrestaurant verfehlt hätten, wenn sie ihn nicht angelächelt, nein, wenn er nicht zu ihr hingesehen hätte, wie sie ihn gefunden hatte, nein, wie er sie.

»Wollen wir packen und dann im Eckzimmer die Fenster zur Seite schieben? Wir haben noch ein paar Stunden.«

»Du musst nicht viel packen. Lass deine Sommer- und Strandsachen hier, dann warten sie nächstes Jahr auf dich.«

Er nickte. Obwohl Linda und John ihm einen Teil des Geldes, das er vorab bezahlt hatte, zurückgezahlt hatten, war sein Kreditkartenkonto heillos überzogen. Aber die Vorstellung, sich für das, was er hier ließ, in New York neue Sachen kaufen und noch mehr verschulden zu müssen, schreckte ihn nicht mehr. So war das eben, wenn man über seine Verhältnisse liebte. Es würde sich schon eine Lösung finden.

Mit den gepackten Reisetaschen neben der Tür fühlte sich das Haus fremd an. Sie stiegen die Treppen hoch, wie sie es oft getan hatten. Aber sie traten sachte auf und redeten leise.

Sie schoben die Fenster zur Seite und hörten das Rauschen des Meers und die Schreie der Möwen. Immer noch schien die Sonne, aber Richard holte aus dem Schlafzimmer die Decke und breitete sie über die Doppelliege.

»Komm!«

Sie zogen sich aus und schlüpften unter die Decke.

»Wie soll ich ohne dich schlafen?«

»Und wie ich ohne dich?«

»Kannst du wirklich nicht mit mir nach Los Angeles fliegen?«

»Ich habe Probe. Kannst du nicht doch mit mir nach New York kommen?«

Sie lachte. »Soll ich das Orchester kaufen? Und du setzt die Proben an?«

»So schnell kannst du das Orchester nicht kaufen.«

»Soll ich anrufen?«

»Bleib!«

Sie hatten Angst vor dem Abschied, und zugleich versetzte sein Bevorstehen sie in eigentümliche Leichtigkeit. Sie waren nicht mehr im gemeinsamen und noch nicht im eigenen Leben, sie waren im Niemandsland. So liebten sie sich auch, zuerst ein bisschen scheu, weil sie sich wieder fremder wurden, und dann heiter. Wie immer sah sie ihn dabei an, selbstvergessen, vertrauensvoll. Sie fuhren in Susans Auto zum Flughafen. Clark würde es abholen und zurückbringen. Sie tauschten aus, wann sie wo sein und telefonisch erreichbar sein würden, als hätten sie nicht beide ein Handy, über das sie jederzeit überall erreichbar waren. Sie beschrieben einander, was sie in den Tagen und Wochen bis zu ihrem Wiedersehen machen würden, und manchmal spielten sie damit, wie sie dieses und jenes in Zukunft zusammen machen würden. Je näher sie dem Flughafen kamen, desto stärker wurde Richards Bedürfnis, Susan zum Abschied etwas zu sagen, was sie begleiten würde. Aber ihm fiel nichts ein. »Ich liebe dich«, sagte er immer wieder, »ich liebe dich.«

11

Vom Flugzeug aus hätte er gerne noch einmal Haus und Strand gesehen. Aber sie lagen im Norden, und der Flug ging nach Südwesten. Er sah auf Meer und Inseln, dann auf Long Island und schließlich auf Manhattan. Das Flugzeug flog eine große Kehre bis an den Hudson, und er erkannte die Kirche, von der es zu seiner Wohnung nur wenige Schritte waren.

Er hatte sich nur schwer an sein Viertel gewöhnt. Es war laut, und am Anfang hatte er sich, wenn er auf dem nächtlichen Heimweg an coolen und toughen Kids vorbeikam, die vor den Häusern auf den Stufen saßen oder an den Geländern lehnten, tranken, rauchten und Musik dröhnen ließen, auch nicht sicher gefühlt. Manchmal redeten sie ihn an, und er verstand nicht, was sie von ihm wollten und warum sie ihm herausfordernd entgegensahen und spöttisch hinterherlachten. Einmal versperrten sie ihm den Weg und wollten seinen Flötenkasten – er dachte, sie wollten die Flöte stehlen, aber sie wollten sie nur sehen und hören. Sie stellten die Musik ab, und die plötzliche Stille machte sie ein bisschen verlegen. Auch er war verlegen und überdies immer noch ängstlich, und zuerst klang die Flöte dünn, aber dann wurde er mutiger und lockerer, und die Kids summten die Melodie und klatschten den Rhythmus mit. Danach trank er ein Bier mit ihnen. Seitdem grüßten sie ihn, »hey, pipe« oder »hola, flauta«, und er grüßte zurück und lernte allmählich ihre Namen kennen.

Auch seine Wohnung war laut. Er hörte, wie seine Nachbarn sich stritten und schlugen und liebten, und kannte ihre Fernseh- und Radiovorlieben. Eines Nachts hörte er im Haus einen Schuss und sah im Treppenhaus ein paar Tage lang jeden misstrauisch an. Wenn ihn ein Nachbar zu einem Fest einlud, versuchte er, die Personen den Geräuschen zuzuordnen: die Frau mit den dünnen Lippen zur keifenden Stimme, den Mann mit den Tätowierungen zu den Schlägen, die dralle Tochter mit ihrem Freund zu den Geräuschen der Liebe. Einmal im Jahr revanchierte er sich für die Einladungen mit einem eigenen Fest, bei dem sich die Nachbarn, die einander hassten, ihm zuliebe vertrugen. Nie hatte er wegen seines Flötenspiels Ärger; er konnte am frühen Morgen und am späten Abend üben und hätte auch um Mitternacht niemanden gestört. Er schlief immer mit Stöpseln im Ohr.

Über die Jahre veränderte sich das Viertel. Junge Paare renovierten heruntergekommene Häuser und verwandelten leerstehende Geschäfte in Restaurants. Richard traf Nachbarn, die Ärzte, Anwälte und Banker waren, und konnte seine Besucher zu einem ordentlichen Abendessen ausführen. Sein Haus gehörte zu denen, die blieben, wie sie waren; die Erbengemeinschaft, der es gehörte, war zu zerstritten, um es zu verkaufen oder zu verändern. Aber er mochte es so. Er mochte die Geräusche. Sie gaben ihm das Gefühl, in der ganzen Welt zu leben, nicht nur in einer Enklave des Reichtums.

Er merkte, dass er, als er Susan die nächsten Tage und Wochen beschrieben hatte, den zweiten Oboisten ausgelassen hatte. Sie trafen sich einmal in der Woche zum Abendessen beim Italiener an der Ecke, redeten über das Leben als Europäer in Amerika, berufliche Hoffnungen und Enttäuschungen, Orchestertratsch, Frauen – der Oboist stammte aus Wien und fand die amerikanischen Frauen ebenso schwierig, wie Richard sie bislang gefunden hatte. Er hatte auch den alten Mann ausgelassen, der in seinem Haus unter dem Dach wohnte und abends manchmal auf eine Partie Schach zu ihm kam und so einfallsreich und tiefsinnig spielte, dass es Richard nichts ausmachte, immer zu verlieren. Er hatte nicht von Maria erzählt, einem der Kids von der Straße, die irgendwie an eine Flöte gekommen war, sich von ihm beim Ansatz und bei den Griffen und beim Notenlesen helfen ließ und ihn zum Abschied umarmte, ihre Lippen auf seine gedrückt, ihren Körper an seinen gepresst. Er hatte ihr auch nicht vom

Spanischunterricht bei dem salvadorianischen Lehrer im Exil erzählt, der eine Straße weiter wohnte, und nicht von dem gammeligen Fitnesscenter, in dem er sich wohl fühlte. Er hatte Susan nur die Orchesterproben und -aufführungen beschrieben, den Flötisten, der ab und zu mit ihm übte, die Kinder der Tante, die nach dem Krieg mit einem GI nach New Jersey ausgewandert war, dass er Spanisch lernte, aber nicht bei wem, und dass er ins Fitnesscenter ging, aber nicht wo. Er hatte ihr nichts verheimlichen wollen. Es hatte sich einfach so ergeben.

12

Das Taxi setzte ihn vor seinem Haus ab. Es war warm, Mütter mit Babys saßen auf den Stufen, Kinder spielten zwischen den parkenden Autos Versteck, alte Männer hatten Faltsessel aufgeschlagen und Bierdosen mitgebracht, ein paar Jungs gaben sich Mühe, wie Männer zu gehen, und ein paar Mädchen sahen ihnen kichernd zu. »Hola, flauta«, grüßte ihn der Nachbar, »zurück von der Reise?«

Richard sah die Straße hinauf und hinunter, setzte sich auf die Treppe, stellte die Reisetasche neben sich und stützte die Arme auf die Knie. Das war seine Welt: die Straße, die schmucken und die schäbigen Häuser, an der einen Ecke das italienische Restaurant, in dem er sich mit dem Oboisten traf, an der anderen Ecke die Straße mit Lebensmittelladen, Zeitungsstand und Fitnesscenter, und über die Häuser ragte der Turm der Kirche, neben der sein Spanischlehrer wohnte. Er hatte sich an diese Welt nicht nur gewöhnt. Er liebte sie. Seit er nach New York gekommen war, hatte er keine dauerhafte Beziehung zu einer Frau gehabt. Was ihn hielt, waren die Arbeit, die Freunde, die Menschen, die an der Straße und im Haus lebten, die Routine des Einkaufens, des Trainierens, des Essens in immer wieder denselben Restaurants. An einem Tag, an dem er morgens die Zeitung holte und mit Amir, dem Eigentümer des Zeitungsstands, drei Sätze über das Wetter wechselte, dann die Zeitung in dem Café las, in dem man gelernt hatte, ihm zum Frühstück zwei Eier im Glas mit Schnittlauch und getoastetem Vollkornbrot zu servieren, dann ein paar Stunden übte, dann die Wohnung putzte oder Wäsche wusch, dann im Fitnesscenter trainierte, dann Maria etwas beibrachte und von ihr umarmt wurde, dann beim Italiener Spaghetti Bolognese aß, dann eine Partie Schach spielte und dann sich schlafen legte, fehlte ihm nichts.

Er sah am Haus hoch zu den Fenstern seiner Wohnung. Die Clematis blühte; vielleicht hatte Maria sie tatsächlich gegossen. Er hatte mit Blumenkästen angefangen, inzwischen standen sie vor mehreren Fenstern. Ob Maria auch nach dem Eimer geschaut hatte, der die Tropfen aus dem kaputten Rohr auffing? Er musste sich um die Reparatur kümmern, vor der Abreise hatte er es nicht mehr geschafft.

Er stand auf und wollte hochgehen. Aber er setzte sich wieder. Die Post aus dem Kasten holen, die Treppen hochsteigen, die Tür aufschließen, die Wohnung lüften, die Reisetasche auspacken, die Post durchsehen und die eine und andere E-Mail beantworten, dann heiß duschen, die getragenen Sachen in den Wäschekorb werfen und frische Sachen aus dem Schrank nehmen, dann auf dem Anrufbeantworter die Frage des Oboisten finden, ob man sich heute Abend sehen wolle, und zurückrufen und zusagen – wenn er wieder in sein altes Leben träte, würde es ihn nicht mehr loslassen.

Was hatte er sich nur gedacht? Dass er sein altes Leben in das Leben mit Susan mitnehmen könnte? Dass er ein paar Mal in der Woche quer durch die Stadt ins Fitnesscenter und zum Spanischunterricht fahren würde? Dass er dann zufällig Maria und den Kids begegnete? Dass der alte Mann aus seinem Haus gelegentlich ein Taxi nehmen, in die zweistöckige Wohnung an der 5th Avenue fahren und mit ihm im Salon unter einem echten Gerhard Richter eine Partie spielen würde? Dass der Oboist sich in einem Restaurant an der East Side wohl fühlen würde? Er hatte Susan die vielen Seiten seines Lebens, die er nicht in das gemeinsame Leben mitbringen konnte, mit Grund verschwiegen. Er hatte sich nicht der Tatsache stellen wollen, dass er das alte Leben für das neue aufgeben musste.

Na und? Er liebte Susan. In den Tagen auf dem Cape hatte er sie gehabt und hatte ihm nichts gefehlt. So würde er sie auch hier haben, und auch hier würde ihm nichts fehlen. Sie hatten es auf dem Cape doch nicht nur deshalb so schön gehabt, weil sein Leben weit weg war! Sein Leben konnte sich hier doch nicht zwischen sie drängen, nur weil es zwei Meilen vom Ort des neuen Lebens als Gestalt greifbar war!

Doch, es konnte. Also durfte er nicht hochgehen, sondern musste weg, das alte Leben hinter sich lassen, zum neuen aufbrechen, hier, jetzt. Ein Hotel finden. In Susans Wohnung zwischen Malerleitern und Farbeimern kampieren. Jemanden beauftragen, seine Sachen aus seiner Wohnung zu räumen und ihm zu bringen. Aber der Gedanke an das Hotelzimmer oder an Susans Wohnung machte ihm Angst, und er hatte Heimweh, obwohl er noch gar nicht aufgebrochen war.

Wenn er doch noch mit Susan auf dem Cape

wäre! Wenn ihre Wohnung fertig und sie hier wäre! Wenn der Blitz in sein Haus schlüge und es in Flammen aufginge!

Er schloss eine Wette mit sich ab. Wenn in den nächsten zehn Minuten jemand ins Haus ginge, würde er auch ins Haus gehen, wenn nicht, würde er seine Reisetasche nehmen und in ein Hotel auf der East Side ziehen. Nach fünfzehn Minuten war niemand ins Haus gegangen, und er saß immer noch auf der Treppe. Er versuchte es noch einmal. Wenn in den nächsten fünfzehn Minuten ein leeres Taxi durch die Straße führe, würde er es nehmen und zu einem Hotel auf der East Side fahren, wenn nicht, würde er in seine Wohnung gehen. Schon nach einer Minute kam ein leeres Taxi, er hielt es nicht an, ging aber auch nicht hoch.

Er gestand sich ein, dass er alleine nicht zurechtkam.

Er war bereit, es auch Susan zu gestehen. Er brauchte ihre Hilfe. Sie musste zu ihm kommen und bei ihm bleiben. Sie musste ihm helfen, seine alte Wohnung zu räumen, und sie musste sich mit ihm in der neuen einrichten. Sie konnte danach nach Los Angeles fahren. Er rief sie an. Sie saß in Boston in der Lounge, war aber im Aufbruch.

»Ich steige gleich ins Flugzeug nach Los Angeles.«

»Ich brauche dich.«

»Ich brauche dich auch. Mein Liebster! Ich vermisse dich so sehr.«

»Nein, ich brauche dich wirklich. Ich komme mit meinem alten und unserem neuen Leben nicht zurecht. Du musst kommen und später nach Los Angeles fahren. Bitte!« Im Hörer rauschte es. »Susan? Hörst du mich?«

»Ich gehe gerade zum Gate. Du kommst nach Los Angeles?«

»Nein, Susan, komm du nach New York, ich bitte dich.«

»Ich würde so gerne kommen, ich wäre so gerne bei dir.« Er hörte, wie sie nach ihrer Bordkarte gefragt wurde. »Vielleicht können wir uns am nächsten Wochenende sehen, lass uns darüber telefonieren, ich muss ins Flugzeug, ich bin die Letzte. Ich liebe dich.«

»Susan!«

Aber sie hatte aufgelegt, und als er wieder anrief, wurde er mit der Mailbox verbunden.

13

Es wurde dunkel. Der Nachbar setzte sich zu ihm. »Probleme?«

Richard nickte.

»Frauen?«

Richard lachte und nickte wieder.

»Verstehe.« Der Nachbar stand auf und ging. Wenig später kam er noch mal, stellte eine Flasche Bier neben Richard und legte ihm die Hand auf die Schulter. »Trink!«

Richard trank und sah dem Treiben auf der Straße zu. Den Kids ein paar Häuser weiter, die rauchten und tranken und die Musik dröhnen ließen. Dem Dealer im Schatten der Treppe, der wortlos gefaltete Briefchen aushändigte und Geldscheine einsteckte. Dem Liebespaar im Hauseingang. Dem alten Mann, der seinen Faltsessel als Letzter noch nicht zusammengeklappt und hochgetragen hatte und manchmal eine Bierdose aus der Kühltasche holte. Es war immer noch warm; in der Luft lag nichts von der Schärfe, die an einem Spätsommerabend den nahen Herbst ankündigen kann, sondern das Versprechen eines langen, milden Sommerausklangs.

Richard war müde. Er hatte immer noch das Gefühl, er müsse sich für sein altes oder für das neue Leben entscheiden, er müsse nur den richtigen Einfall oder den nötigen Mut haben, dann werde er wie von selbst aufstehen und hochgehen oder davonfahren. Aber das Gefühl war müde, wie er müde war.

Warum sollte er heute mit einem Taxi zu einem Hotel auf der East Side fahren? Warum nicht morgen? Warum sollte er nicht im alten Leben bleiben, bis er sich auf das neue einließ? Wäre doch gelacht, wenn er in ein paar Wochen nicht schaffen würde, aus dem alten Leben ins neue zu wechseln. Er würde es auch jetzt schaffen. Wenn es sein müsste. Aber es musste nicht sein. Außerdem hinderte ihn, wenn er jetzt fuhr, nichts daran, morgen zurückzukommen. Wenn er später fuhr, würde er nicht mehr zurückkommen. Das neue Leben mit Susan würde ihn halten.

Wichtig war, dass er sich entschied. Und er hatte sich entschieden. Er würde sein altes Leben aufgeben und mit Susan ein neues beginnen. Sobald er es wirklich beginnen konnte. Jetzt konnte er es noch nicht. Er würde es tun, wenn es so weit war. Er würde es tun, weil er sich entschieden hatte. Er würde es tun. Nur nicht jetzt.

Als er aufstand, taten ihm die Glieder weh. Er streckte sich und sah sich um. Die Kids waren zu Hause und saßen vor dem Fernseher oder spielten am Computer oder schliefen. Die Straße war leer.

Richard nahm die Reisetasche, schloss die Haustür auf, holte die Post aus dem Kasten, stieg die Treppe hoch und schloss die Wohnungstür auf. Er ging durch die Zimmer und öffnete die Fenster. Der

Eimer, der die Tropfen aus dem kaputten Rohr auffing, war fast leer, und auf dem Tisch stand ein Strauß Astern. Maria. Der Oboist fragte auf dem Anrufbeantworter, ob man sich heute Abend sähe. Der Spanischlehrer grüßte auf einer Postkarte aus dem Yogaurlaub in Mexiko. Richard machte den Computer an und wieder aus; die E-Mails konnten warten. Er packte die Reisetasche aus, zog sich aus und warf die getragenen Sachen in den Wäschekorb.

Er stand nackt im Zimmer und lauschte den Geräuschen des Hauses. Neben ihm war es still, über ihm lief leise ein Fernseher. Aus der Tiefe des Hauses unter ihm drang das Stimmengewoge einer Auseinandersetzung, bis krachend eine Tür zugeschlagen wurde. An ein paar Fenstern summte die Aircondition. Das Haus schlief.

Richard machte das Licht aus und legte sich ins Bett. Vor dem Einschlafen erinnerte er sich an Susan, die auf den Stufen zum Flugzeug stand und lachte und weinte.

Urs Widmer
Naxos

»Was für unsre Kinder Afghanistan ist«, sagte ich endlich, »ich meine, Katmandu, das war für uns die Provence oder, wenn's ganz hoch kam, Griechenland. Ich meine die Zeit, wo, wenn in Griechenland ein Schiff unterging, nur Griechen ertranken. Einmal war ich auf so einem Schiff. Es hieß *Despina* und fuhr zwischen den ägäischen Inseln hin und her. Später wurde es verschrottet oder nach Afrika verkauft, weil ein Dampfer auf der Fahrt nach Hiraklion untergegangen war, er hieß selber *Hiraklion,* und danach wurden im Rahmen einer umfassenden Untersuchung alle Schiffswände der griechischen Flotte mit Fußtritten auf ihre Seetüchtigkeit überprüft, und bei der *Despina* brachen die Füße der Prüfer durch wie durch Pauspapier, und da irgendeine radikale Maßnahme der Presse gemeldet werden musste, wurde dieses Schiff geopfert. Seither sind die Inseln nicht mehr dasselbe.«

Ich schenkte mir neuen Wein ein und überhörte eine Bemerkung Egons, ich solle nicht so alt tun.

Er hatte gut reden, er ist ein Jahr jünger als ich und hat eine fabulöse Fähigkeit, alterslos zu sein. Er wird einst, wenn überhaupt, umstürzen wie ein gefällter Baum. Inzwischen sitzt er in T-Shirts, auf denen Kawasaki oder Harvard University oder so was steht, zwischen Siebzehn- und Achtzigjährigen, wenn sie nur trinken und brüllen. Tagsüber baut er eigenhändig Häuser, wenn er eins braucht, einmal eins ausschließlich aus leeren Flaschen, das dann so sehr in der Hitze glühte, dass er es zum Brotbacken und Kaffeerösten verwenden musste.

»Ich fuhr auf dieser *Despina* nach Naxos«, sagte ich. »Sie fuhr gegen Abend los. Ich stand zwischen vielen Griechen an der Reling und schaute nach dem Festland, dem wir dann stundenlang entlangfuhren, einem schmalen weißen Felsband, vor dem das blaue Meer lag. Das heißt, fast alle andern waren schon seekrank, alle Griechen sind sofort seekrank, sie scharen sich auf den Schiffen um den vom Wasser entferntesten Ort, legen sich da auf die Planken, schließen die Augen und verharren so, unter Decken verschwunden, bis zu ihrem Ziel; erst wenn sie wieder die weißen Steine ihrer Erde unter den Füßen haben, verwandeln sie sich in die, die sie waren, lebhafte lachende Menschen.«

»Genau«, sagte Egon, der in Kreta einen halbwüchsigen Sohn hat. »Es gibt so Dinge. Die Bewohner der Kanarischen Inseln zum Beispiel nennen ihre eigenen Vögel Harzer Roller.«

Ich nickte; ich hatte zwar den Zusammenhang nicht verstanden, aber warum nicht. »Später wurde es dunkel«, fuhr ich fort, »und ich stand allein an der Reling; das Meer war heftiger geworden, und Wasser sprühte zu mir hoch. Das Schiff rauschte tief in die Wellen hinein und stieg dann wieder in die Höhe. Die Gischt war auch in der Nacht weiß. Ich stand da, und in mir war ein Gefühl, ich könnte das nun ein Leben lang so tun; in meinem Rücken stöhnten einige ineinander verkrümmte Frauen, und aus einer fernen Luke kam Licht; da war eine Bar, wo man Bier kaufen konnte. Von daher kam zuweilen ein Gelächter.

Plötzlich, ich weiß nicht, wie lange ich aufs Meer hinausgeblickt hatte, stand jemand neben mir, jemand, den ich eher spürte als sah; ein etwa zwölfjähriges Mädchen. Es sah wie ich auf das lebhafte Meer hinaus. Nach einer Weile begannen wir miteinander zu reden. Das Mädchen, auf der Heimfahrt von einem Besuch bei Verwandten in Athen, sprach ein unfassbar schönes, glasklares Französisch, neben dem meine Rachenlaute ziemlich grob klangen. Es sagte, das lerne man in Naxos so, da seien früher französische Nonnen gewesen, und geblieben sei ihre Schule. Es gebrauchte ausgesucht komplizierte Wendungen wie *Quoi qu'il en soit* oder *Veuillez bien me dire* und stand um Mitternacht mit einer Selbstverständlichkeit in der nassen Gischt, als lebe es im Rhythmus des Wassers. Bald vergaß ich, wie jung sie war, denn sie war nicht kindlich, oder auf eine so selbstverständliche Weise, dass ich es nicht mehr wahrnahm; höflich; zutraulich; um mich besorgt. Wir sprachen mit leiser Stimme über alles und jedes, ohne das geringste Zögern, was wir als Nächstes sagen könnten.

›Ihr‹, sagte sie und meinte entweder uns Erwachsene oder uns Nordländer oder beide, ›erklärt alles. Wir‹ – entweder *wir* Kinder oder *wir* Griechen – ›erklären nichts. Die Sonne ist die Sonne. Wir haben keine Angst, wenn etwas nicht erklärt ist.‹

Ich sagte, was ich denn machen solle; um keine Angst zu haben, erklärte ich mir eben die Gründe meiner Angst. ›Ja‹, sagte sie. ›Und deine Erklärungen machen dir neue Angst, weil sie nicht stimmen, undsoweiter. Wir‹ – sie lächelte, um Verzeihung bittend – ›freuen uns über *Veränderungen*.‹ Sie sprach manche Wörter kursiv.

Ich erzählte ihr schließlich, ich befürchtete, etwas allzu Heftiges könnte aus mir herausbrechen. Sie nickte und schwieg. Dann war sie auf einmal verschwunden, und als sie wieder zurückkam, gab sie mir ein plätzchengroßes Ding, das ich in den

Mund stecken musste, und ich biss darauf und aß das Süßeste, was ich je gespürt habe, das absolut Süße. Ich war ihm nicht gewachsen und hustete es heimlich in die hohle Hand, und das Mädchen sah mich lächelnd an, froh, mir eine Freude gemacht zu haben.

Später dann legte ich mich auf die Planken – das Mädchen war grußlos weggegangen; war es so vornehm, dass es eine Kabine hatte? – und schlief ein bisschen, nahm undeutlich wahr, dass wir in der Nacht in mehreren Häfen anlegten; einmal wurden an Gurten zappelnde Schafe ausgeladen, die erbärmlich blökten. Einmal mit viel Geschrei ein Auto. Dann fuhren wir wieder, rauschend, und als die Sonne aufging, war ich hellwach und frisch, und ein neues Ufer tauchte ganz fern auf, mein Ziel, und vor mir stand im Sonnenlicht meine Freundin mit einem jungen Mann, den sie mir als ihren Bruder vorstellte und der ein fast so schönes Französisch sprach, allerdings ohne ihre süße Höflichkeit. Er schlug mir vor, in ihrem Hause zu wohnen, zufällig sei ihr Vater nämlich der einzige Gastwirt der Insel, und gerade ein Zimmer sei noch frei, und das sei nun meins, wer auch immer auf diesem Schiffe sich da noch hineindrängen wolle. Ich nahm das Angebot dankbar an.

Tatsächlich gingen wir dann zu dritt über weiße Stufen zwischen weißen Häusern, zuweilen durch

Häusertunnels, bis wir, ziemlich oben am Hang, zu dem Hotel kamen, das sich in keiner Weise von den andern Häusern unterschied. Höchstens, es war etwas größer. Es hatte eine geräumige Terrasse, auf der die ganze Wirtsfamilie saß, jeder auf drei Stühlen; auf dem ersten der Hintern, auf dem zweiten ein Fuß und auf der Lehne des dritten ein Arm. Ich begrüßte sie: den Vater, die Mutter, eine Tochter, älter als ihre Schwester, und noch einen jungen Mann, der, wenn ich das richtig verstand, auch irgendeine Funktion in dem Hotelbetrieb hatte. Ich bekam ein Zimmer am äußersten Ende einer langen Zimmerreihe ohne Korridor, so dass ich, wenn ich schlafen gehen wollte, durch drei andere Zimmer musste: im ersten wohnte ein Ehepaar aus Paris, im zweiten ein Engländer, im dritten eine Italienerin, die immer, wenn ich durch ein Klopfen meinen Durchmarschwunsch angekündigt hatte, die Decke über den Kopf zog, als sei der Kopf im Bett ein intimer Körperteil. Von meinem Fenster aus sah ich über den ganzen Ort, auf den Hafen und das Meer, in dem, nicht weit draußen, eine Segeljacht schaukelte, eine wie aus Joseph Conrads Zeiten, allenfalls etwas kleiner. Wo meine kleine Freundin wohnte, bekam ich nie heraus, überhaupt verschwanden die Wirtsleute nachts in unerklärliche Winkel; vielleicht aufs Dach.«

»Ich habe einmal auf einem Dach geschlafen«, sagte Egon an dieser Stelle, »und in einer Nacht träumte ich, ich sei ein Cowboy und spränge aufs Pferd, und als ich aufwachte, hing ich in einem Aprikosenspalier; ich war im Traum über den Dachrand gesprungen.« Keiner sagte etwas zu dieser Bemerkung, wahrscheinlich hielten die anderen Hausbewohner sie für Jägerlatein; ich wusste, dass Egon solche Dinge erlebte; aber was hatte das mit meiner Geschichte zu tun.

»Ich weiß nicht recht, was ich in Naxos wollte, das heißt, ich weiß es genau«, sagte ich. »Nichts. Damals war mir Gauguin der Liebste, nur, ich konnte nicht malen. Ich wollte so sehr keiner aus meiner Heimat mehr sein, dass ich falsche Namen nannte und andere Sprachen sprach als meine. Ich hatte vorher schon an Stränden gesessen, zu den Horizonten hinübergeträumt und in meiner Traurigkeit gebadet. Ich hatte zum Beispiel zwei fahrende Sänger kennengelernt, sie fuhren einen vw, und da ich Mundharmonika spielen kann, durfte ich, wenn ich nicht zu laut wurde, mitbrummeln und mit dem Hut herumgehen. Einmal, in Marseille, gab uns Hammarskjöld 20 Francs. Jetzt, hier in Naxos, wollte ich es nur heiß haben, heiß heiß heiß; ich war irgendwie von den ersten zwanzig Jahren meines Lebens unterkühlt; ich stand jeden Morgen früh auf, klopfte mich durch die Zimmer hindurch – immer hoffte ich vage, das französische Paar als Paar zu überraschen, aber immer lagen sie tief schlafend jeder auf seiner Pritsche – und ging durch die noch kühlen Gassen zum Hafen und dann den Strand entlang, immer weiter und weiter. Saß auf Felskaps über dem schäumenden Meer und träumte. Vögel überall, Fische, die aus dem Wasser sprangen. Irgendwann kam ich wieder zurück. Ich malte nicht, schrieb nicht, komponierte nicht, trotzdem hatte ich ein Gefühl, all das zu tun.

Ravel«, sagte ich, »ist einer, von dessen Leben ich kaum etwas weiß, aber in seinen Sachen ist etwas Sonnensehnsüchtiges, das mich zu Tränen rührt. Feigen, von einem gepflückt, der im Regen aufgewachsen ist und nicht aufhören kann zu staunen, dass es das für andere ganz selbstverständlich gibt: überreife Früchte, auf denen Wespen surren. Gras, das bewässert wird, und das Sonnenlicht bricht sich im Sprühwasser. Nasse rote Blumenkelche. Die Südländer haben keine Ahnung von dieser unfassbaren Sehnsucht, die uns Nordische packen kann. Sie sehnen sich nach Ludwigshafen, wo es allen so gut geht, dass sie sich nach einer Achtundvierzigstundenwoche einen gebrauchten Mercedes kaufen können.«

Ich schwieg wieder. Ich muss vielleicht anfügen,

dass Egon zufällig an einem jener hohen Feiertage – Ostern, Pfingsten oder so was – aufgetaucht war, an denen alle Menschen in ihren Autos losfahren. An diesen Tagen tun wir keinen Fuß vors Haus. Hie und da stellen wir Südwest drei ein, den wir ganz schwach noch hören, und warten auf eine Meldung von einem Stau, und mit einem befriedigten Aufstöhnen stellen wir das Radio wieder ab. In diesen Nächten kann man lange sprechen; keiner eilt davon, einer Nichtigkeit des Lebens hinterdrein.

»Mit der Zeit ergab es sich, dass mich der Hoteliersohn begleitete. Dann der andre junge Mann auch; und schließlich auch die ältere Schwester. Wir erforschten die halbe Insel. Nur das Mädchen kam nie mehr. Es war wie vom Erdboden verschluckt. Tatsächlich zeigten mir die andern drei einen kleinen Tempel, von dem nur noch eine Säule stand, da sei einst eine junge Frau in einem Spalt verschwunden, der sich plötzlich aufgetan habe. Ich sehnte mich nach einem zweiten Gespräch wie dem auf dem Schiff; aber die Spaziergänge am Strand waren mir auch recht. Wir alberten herum und spritzten uns nass und schwammen zuweilen auch, die Schwester in all ihren Kleidern, die dann an ihr klebten wie die schreiendste Nacktheit. Weit und breit war an den Stränden niemand, nur zuweilen schlenderte der Engländer wortlos vorbei, oder das französische Paar tauchte auf. Sie waren Archäologen oder Hobbyarchäologen und sprachen immer von einst. Die Italienerin war tagsüber nie zu sehen, das heißt, zuweilen saß sie auf der Terrasse des Hotels, in die Lektüre der *Promessi sposi* vertieft. Einmal, auf einem Heimweg, nachdem wir alle blödelnd am Strand gesessen hatten, ich neben der Schwester, schob diese ihre Hand in meine; ich drückte sie und sah sie überrascht an, und sie zog die Hand zurück, und schon waren wir im Städtchen und das Ganze vergessen.

Noch später gewöhnte ich mir an, abends am Hafen vor dem Café zu sitzen, ohne Furcht zwischen den Männern dort, obwohl diese nicht Französisch sprachen. Aber ein Wort reichte oft für ein sehr langes Gespräch; bei einem jungen Mann mit vielen schwarzen Bartstoppeln war es das Wort Citroën, er sagte es zuerst, und ich wiederholte es, und dann in allen Variationen des Fragens und des Bewunderns; alles in allem deutete ich die Unterhaltung so, dass er den Citroën für das tollste aller Autos hielt, oder allenfalls, er habe einmal bei Citroën gearbeitet.

Die *Joseph Conrad Jacht* war inzwischen in den Hafen hereingekommen, lag an seinem äußersten Ende vor Anker und gehörte einer Engländerin, die nie von Bord ging, dennoch aber in Naxos verliebt schien, denn sie war nun schon mehrere Wochen da. Oft veranstaltete sie an Bord so etwas wie Feste, zu denen nach unklaren Kriterien ausgewählte junge Inselbewohner hinausgerudert wurden; ziemlich betrunken und voller Geschichten kamen sie dann wieder zurück und barsten vor Seefahrermären, denen zufolge da draußen ein männerverschlingendes Ungeheuer hauste; dazu aber lachten sie fröhlich, die Überlebenden.

Jeden zweiten Morgen kam die *Despina*, schon weit draußen tutend, kroch auf den Quai zu wie ein strahlendes Geschenk, erwartet von ungefähr allen Inselbewohnern. Wenn die *Despina* kam, ruhte jede Arbeit.

In einer Nacht waren wir an einer Hochzeit, das heißt, ich stand etwas abseits im Dunkeln – ich war nicht eingeladen – und sah auf einen erleuchteten Platz, auf dem die Hochzeitsgäste zu einer Musik tanzten, die auf fremdartigen Instrumenten erzeugt wurde; auf einer Art Geige, einer Art Trommel, einer Art Mandoline. Musik wie aus einem verschollenen Orient. Dazu tanzten die Männer und Frauen ganz anders, als ich das bisher gesehen hatte, nicht das bekannte Hand in Hand mit dem Taschentuch, und auch keine Bravourtänze mit Tischen zwischen den Zähnen. Sie tanzten fast ohne Bewegungen, als glühten sie innen. Unter den Tanzenden sah ich meine kleine Freundin. Sie tanzte wie die andern, in sich versunken und doch für alle aufmerksam. Jeder Muskel war beteiligt. Ich starrte sie an. Dann war plötzlich der Tanz fertig, und sie kam auf mich zu, setzte sich neben mich und sagte, sie habe mich gesehen, meine Augen.

›Meine Augen?‹, sagte ich.

›Deine Augen. Sie würden am liebsten die ganze Insel und uns damit in dein Hirn hinaufsaugen.‹ Sie lachte. ›Ja. Uns geht es gut. Das Elend des wirklichen Elends ist hinter uns, und das Elend des Zuviel hat uns noch nicht erreicht. Wenn ich groß bin und du ein Vater, sitzen hier die Badenden Backe an Backe; mein Bruder wird der Wirt seines Hotels sein und reich. Aber nur ich weiß, dass wir gerade heute unsere schönste Zeit haben; die andern genießen sie nicht; sie sehnen sich nach einer besseren Zukunft.‹

Sie rannte davon – ich dachte sekundenschnell, auf die warte ich, die heirate ich, und ich verlor sie aus den Augen, auch weil ihr Bruder kam, der von der Schiffseignerin eingeladen worden war und mich fragte, ob ich mitkomme, er könne kein Englisch, und natürlich ging ich mit.

Wir wurden von schweigenden Matrosen zum Schiff gerudert, auch wir schweigend, denn auf dem dunklen Wasser des Hafens hatten wir plötzlich so etwas wie beinah Angst. Diese verging, als wir beim Schiff waren und über der Reling laute witzereißende Köpfe auftauchten, Griechenfreunde meines Freunds. Wir kletterten, auch schon redend, an einer Strickleiter hinauf und standen auf den Planken des Decks, auf dem die Freunde lagerten und eine Frau, alle Whisky trinkend. Die Frau war die Britin, eine wuchtige Person, nicht jung nicht alt, die uns ständig volle Gläser hinschob, die wir tranken. Sie redete Englisch, die Griechen Griechisch, und ich Französisch. Englisch hatte ich in der Schule gelernt, aber irgendeine Scheu riet mir, nicht zuzugeben, dass ich die Frau verstand.«

»Englisch haben wir beim selben Lehrer gelernt«, sagte Egon. »Er hasste uns und sich und fand die Worte nicht, uns das einfach und klar zu sagen.«

Ich lachte. »Genau. Einmal traf ich ihn auf einer Skiabfahrt; da saß er unter einer Tanne und sah irgendwie arm aus; ich hielt und wechselte ein paar Worte mit ihm; er war zwar wortkarg, wünschte mir aber eine gute Fahrt. Später hörte ich, dass er sich das Bein gebrochen hatte.«

»Wow«, sagte Egon. Gleichzeitig stürzten die Bauklötze der Kinder um, die nun auch nicht mehr leise waren. Der Schaukelstuhl schaukelte ganz allein, und der Hund war hochgeschreckt aus seinen Träumen.

»Um die Geschichte fertig zu machen«, sagte ich lauter. »Ich weiß nicht genau, wie das Fest weiterging. Ich fand es jedenfalls an Bord dieses verzauberten Schiffs immer herrlicher. Fern blinkten die Lichter des Hafens, und von ganz weither kam die Hochzeitsmusik herübergeweht. Mitten in der Nacht zwitscherten Vögel. Wir tanzten auf dem Deck herum und hangelten uns durch die Takelage, und irgendwie geschah es dann, dass ich am nächsten Morgen neben der Schiffseignerin aufwachte, in einer Kajüte aus Mahagoniholz. Die Schiffseignerin war auch nackt sehr wuchtig, und ich hatte großes Kopfweh, und nach einem wortlosen Frühstück, während dem mich die Schifferin mit großen innigen Augen ansah, wurde ich von einem Matrosen in den Hafen gerudert, wo gerade die *Despina* einlief, so dass die Teilnehmer der Party, die an der Mole herumstanden, mich übersahen. Ich schlich die Stufen zum Hotel hinauf, ging, ohne zu klopfen, durch die Räume – nur die Italienerin war noch im Bett und starrte mich wie ein Gespenst an – und legte mich hin und schlief, bis mich eine hochstehende Sonne weckte.

Ich blieb dann noch wenige Tage in Naxos, holte in gedrängtester Form nach, was es an Sehenswürdigkeiten zu besuchen galt; fuhr also mit einem uralten Bus quer über die Insel in ein Fischerdorf, in dessen Nähe ein Steinriese im Gras lag, auf dessen Gesicht ich eine Weile hockte und aufs Meer sah; besuchte auf einem Esel reitend ein Tal voller Schmetterlinge, an dessen Ende ein Kloster stand; stieg an einem Abend einen Serpentinenweg bis zu einer weißen Kapelle hinauf, von der aus ich ein paar Nachbarinseln sehen konnte, ein Meer wie glattes Öl badete nochmals mit der Bewusstheit des Abschieds; saß auch wartend auf der Terrasse. Aber meine kleine Freundin kam nie mehr zum Vorschein, auch als ich schließlich, früh an einem Morgen, allen die Hand gab, dem Vater, der Mutter, der älteren Schwester, dem jungen Angestellten und der Italienerin, die gerade mit einem Schmetterlingsnetz unter dem Arm aus ihrem Zimmer kam. Sie wurde rot und lächelte und drückte meine Hand mit großer Kraft. Irgendwie wollte ich dem Bruder noch sagen, er solle seine Schwester grüßen, tat es aber nicht. Während die *Despina* schon tutete, rannte ich die Stufen zur Stadt hinab, zum Hafen und über die Planken an Bord; sofort fuhren wir los, ziemlich nahe an der Jacht der Engländerin vorbei, die an der Reling stand und bewegungslos einem Boot nachsah, in dem einer ruderte und ein anderer hockte, ein Mann mit einem weißen Hemd und einem Strohhut auf dem Kopf. Ich fuhr nach Athen zurück und von dort mit einem Flugzeug der Globe

Air zurück in den Norden, wo uns der Pilot, als wir ausstiegen, faustgroße Löcher im Bug der Maschine zeigte, Treffer von riesigen Hagelkörnern während des Flugs.«

Ich schwieg und trank mein Glas leer. Die andern räusperten sich, tranken und streckten die Beine. Die Kinder waren wieder still – jetzt kramten sie in der Truhe herum, und der Hund saß aufrecht da und sah zwischen ihnen und uns hin und her.

»Ein paar Wochen später«, sagte ich, »bekam ich einen Brief von der älteren Schwester – der, die mir die Hand gedrückt hatte –, in dem stand, dass sie ewig auf mich warten werde nach dem, was zwischen uns gewesen sei; sie sei meine Braut und ich ihr Bräutigam; immer werde sie für mich leben.«

»Und was hast du ihr geantwortet?«, sagte Egon.

»Nichts.«

D. H. Lawrence

Sonne

»Schicken Sie sie weg, in die Sonne!«, sagte der Arzt.

Sie hielt nicht viel von der Sonne, aber sie ließ sich wegschicken, zusammen mit ihrem Kind und einem Kindermädchen und ihrer Mutter – fort übers Meer.

Das Schiff sollte um Mitternacht auslaufen. Und ihr Mann blieb zwei Stunden bei ihr, während das Kind zu Bett gebracht wurde und die Passagiere an Bord kamen. Es war eine finstere Nacht, und der Hudson wogte in tiefer Schwärze, die wie mit verschütteten Lichttröpfchen bestreut war. Sie lehnte an der Reling, blickte hinunter und dachte: Das ist das Meer; es ist tiefer, als man glaubt, und reicher an Erinnerungen. Im gleichen Augenblick schien sich das Meer aufzubäumen – wie die Schlange des Chaos, die seit Ewigkeiten lebt.

»Solche Trennungen sind nicht gut«, sagte ihr Mann, der neben ihr stand. »Sie sind nicht gut. Ich mag sie nicht.«

Seine Stimme war voller Furcht und Besorgnis, und sie klang so, als klammere er sich an eine letzte Hoffnung wie an einen Strohhalm.

»Nein, ich auch nicht«, erwiderte sie mit eintöniger Stimme.

Sie musste daran denken, wie verzweifelt sie sich beide gewünscht hatten, voneinander loszukommen. Die bevorstehende Trennung zerrte zwar leise an ihren Gefühlen, trieb aber den Stachel, der sich in ihr Herz gebohrt hatte, nur noch tiefer.

Sie schauten beide nach ihrem schlafenden Sohn, und die Augen des Vaters wurden feucht. Doch es ist nicht das Feuchtwerden der Augen, das ausschlaggebend ist – sondern es ist der tiefverwurzelte, eiserne Rhythmus der Gewohnheit, der jahrelangen, lebenslänglichen Gewohnheiten, eine tief verankerte Triebkraft. Und in seinem und ihrem Leben war die Triebkraft, ihre und seine, einander feind gewesen. Sie zerstörten sich gegenseitig, wie zwei Maschinen, die nicht aufeinander abgestimmt sind.

»Besucher von Bord! Besucher von Bord!«

»Maurice, du musst gehen!« Und bei sich dachte sie: Für ihn heißt es ›Von Bord!‹, für mich heißt es ›In See!‹.

Vom mitternächtlich trübseligen Pier winkte er ihr mit seinem Taschentuch zu, während das Schiff

Zoll um Zoll vom Ufer abrückte: einer in der Menge. Einer in der Menge. *C'est ça!*

Die Fährboote glitten noch immer wie große, mit Lichterreihen beladene Schüsseln schräg über den Hudson. Der schwarze Schlund drüben musste der Lackawanna-Bahnhof sein.

Der Dampfer drang immer weiter in die Lichter hinein; der Hudson schien kein Ende zu nehmen. Doch endlich fuhren sie um die Biegung, um das armselige Lichtgeflimmer auf der Battery. Die Freiheitsstatue schwenkte ihre Fackel wie in einem Wutanfall hoch. Dann kam das offene Meer.

Und wenn der Atlantik auch grau wie Lava war, schließlich gelangten sie doch in die Sonne. Sie hatte sogar ein Haus über dem blauesten Meer mit einem riesigen Garten und Weinberg voller Reben und Olivenbäume, der in Terrassen steil zum ebenen Uferstreifen abfiel; und der Garten war voll heimlicher Winkel und dichter Zitronenwäldchen tief unten in der Schlucht und voll versteckter, klargrüner Wassertümpel; in einer kleinen Grotte entsprang eine Quelle, aus der schon die alten Sikuler getrunken hatten, noch bevor die Griechen kamen; und ein altes Grabgewölbe, dessen Nischen leer waren, diente einer meckernden grauen Ziege als Stall. Die Mimosen dufteten, und auf dem Vulkan drüben glänzte der Schnee.

Sie nahm das alles wahr, und irgendwie war es besänftigend. Aber es war alles nur äußerlich. Im Grunde machte sie sich nichts daraus. Sie war dieselbe, mitsamt allem Missmut und aller Enttäuschung und ihrem Unvermögen, sich richtig ergreifen zu lassen. Das Kind fiel ihr auf die Nerven und nahm ihr die innere Ruhe. Sie fühlte sich so schrecklich – so entsetzlich verantwortlich für den Jungen, als trüge sie die Verantwortung für jeden seiner Atemzüge. Und das war eine Qual für sie, das Kind und alle übrigen Beteiligten. »Du weißt doch, Juliet«, sagte ihre Mutter zu ihr, »der Arzt hat dir verordnet, in der Sonne zu liegen, ohne Kleider! Warum tust du's nicht?«

»Wenn ich mich danach fühle, werde ich's tun!«, brauste Juliet auf. »Willst du mich umbringen?«

»Dich umbringen? Unsinn! Ich will nur dein Bestes!«

»Um Gottes willen, hör auf, mein Bestes zu wollen!«

Die Mutter war schließlich so verletzt und erzürnt, dass sie abreiste.

Das Meer wurde weiß und dann unsichtbar. Der Regen strömte nieder. Es wurde kalt in dem Haus, das nur für sonniges Wetter gebaut war.

Dann wieder kam ein Morgen, an dem die Sonne wie flüssiges Metall funkelnd und nackt aus dem

Meer aufstieg. Das Haus blickte nach Südosten, und Juliet lag im Bett und beobachtete den Sonnenaufgang. Ihr war, als hätte sie noch nie die Sonne aufgehen sehen. Noch nie hatte sie gesehen, dass die Sonne nackt und rein über dem Meereshorizont stand und die Nacht wie Wasser von sich abschüttelte. Wie rund und nackt sie war! Und sie wollte zu ihr gehen.

Der heimliche Wunsch sprang in ihr auf, nackt in die Sonne zu gehen. Sie hegte ihren Wunsch wie ein Geheimnis. Sie wollte sich mit der Sonne vereinigen.

Doch sie wollte vom Haus weggehen – weg von den Menschen. Und es ist nicht leicht, sich in einem Land, wo jeder Olivenbaum Augen hat und jeder Abhang weithin sichtbar ist, zu verstecken und sich mit der Sonne zu vermählen.

Sie fand jedoch eine Stelle: eine felsige Klippe, die sich über dem Meer in die Sonne vorschob und mit hohen Kakteen bewachsen war, die Feigenkakteen hießen. Aus diesem Kakteendickicht erhob sich eine Zypresse mit einem bleichen, dicken Stamm und einem Wipfel, der sich biegsam in die Bläue neigte. Sie stand wie ein Wächter da, der aufs Meer hinausblickt, oder wie eine Kerze, deren hohe Flamme sich dunkel vom Licht abhebt: als leckte das Dunkel mit einer langen Zunge zum Himmel auf.

Juliet setzte sich neben die Zypresse und zog ihr Kleid aus. Die unförmigen Kakteen schützten sie wie ein hässlicher und doch reizvoller Wald. Sie saß da und bot der Sonne ihre Brust dar: Selbst jetzt seufzte sie, wie unter einem starken Schmerz leidend, über die Grausamkeit, sich hingeben zu müssen, aber triumphierend, dass es immerhin kein menschlicher Liebhaber war.

Doch die Sonne wanderte weiter über den blauen Himmel und sandte im Weiterziehen ihre Strahlen nieder. Juliet spürte den sanften Hauch des Meeres auf ihren Brüsten, die sich anfühlten, als wollten sie niemals reifen. Die Sonne spürte sie kaum. Ihre Brüste waren Früchte, die verwelkten, statt zu reifen. Bald jedoch verspürte sie die Sonne in ihnen: wärmer, als jemals die Liebe gewesen war, wärmer als Milch oder die Hände ihres Kindes. Endlich, endlich waren ihre Brüste in der Sonne wie lange weiße Trauben.

Sie streifte all ihre Sachen ab und lag nackt in der Sonne, und während sie so dalag, blinzelte sie durch die Finger zum Sonnenrund auf, zu der blauen, flimmernden Rundung, deren äußere Ränder Glanz ausstrahlten. Flimmernd, in wunderbarer Bläue, stand der lebendige Sonnengott da und verströmte weißes Feuer von seinen Rändern. Mit seinem blauen Feuerleib blickte er auf sie nieder und überflutete ihre Brüste und ihr Gesicht, ihre Kehle, ihren matten Leib, ihre Knie, ihre Schenkel und ihre Füße.

Sie lag mit geschlossenen Augen da, und durch ihre Lider drang es wie rötliche Flammen. Es war zu viel! Sie streckte die Hand aus und legte sich Blätter über die Augen. Dann lag sie wieder in der Sonne, genau wie die langen grünen Kürbisse, die zu Gold heranreifen müssen.

Sie konnte es spüren, wie die Sonne bis in ihre Knochen eindrang, ja sogar noch tiefer, bis in ihre Gefühle und Gedanken. Die dunklen, verkrampften Gefühle entspannten sich allmählich, das kalte, dunkle Gerinnsel ihrer Gedanken löste sich auf. Bald war sie ganz und gar durchwärmt. Sie drehte sich um und setzte auch ihre Schultern, ihre Hüften, die Rückseite ihrer Schenkel und sogar ihre Fersen der Sonne aus. Und halb betäubt lag sie da, weil ihr etwas so Seltsames widerfuhr. Ihr müdes, fröstelndes Herz schmolz und löste sich, schmelzend, in nichts auf. Nur ihr Schoß blieb verkrampft und widersetzlich – ewigen Widerstand leistend. Sogar der Sonne leistete er Widerstand.

Als sie sich wieder angekleidet hatte, legte sie sich noch einmal hin und blickte in die Zypresse hinauf, deren Wipfel, ein Gespinst, in der Brise hierhin und dorthin wehte. Und die ganze Zeit war sie sich des großen Sonnenballs bewusst, der über den Himmel schweifte, und ihres eigenen Widerstrebens. Betäubt ging sie nach Hause, halb geblendet, sonnenblind und sonnenbetäubt. Aber diese Blindheit empfand sie als Fülle – und die undeutliche, warme, drückende Sinnesverwirrung als einen kostbaren Schatz.

Der kleine Junge kam auf sie zugerannt und rief: »Mami! Mami!« Es war der seltsame kleine Vogelschrei ängstlichen Verlangens: Immer verlangte er nach ihr. Sie war erstaunt, dass der ängstliche, nach Liebe verlangende Ruf diesmal keinen Widerhall in ihrem schlaftrunknen Herzen fand. Sie fing den Jungen mit den Armen auf, aber sie dachte: Er sollte nicht so ein Häufchen Schwäche sein! Wenn er Sonne in sich hätte, würde er hochspringen. Und wieder spürte sie den unnachgiebigen Widerstand in ihrem Schoß – einen Widerstand gegen ihn und alles.

Sie ärgerte sich sogar über die kleinen Hände, die sich anklammern wollten, besonders an ihren Hals, und sie wandte ihn ab. Sie wollte nicht, dass er ihn anfasste. Sie stellte den Jungen auf den Boden.

»Lauf!«, rief sie. »Lauf in die Sonne!«

Und sofort zog sie ihm seine Sachen aus und setzte ihn nackt auf die warme Terrasse.

»Spiel in der Sonne!«, rief sie.

Er war erschrocken und wollte weinen. Doch in der warmen Trägheit ihres Körpers und der völligen Gleichgültigkeit ihres Herzens und im Widerstreben ihres Schoßes ließ sie eine Apfelsine über die roten Fliesen zu ihm hintrudeln, und mit seinem weichen, unausgeprägten kleinen Körper tappelte er hinter ihr drein. Aber sowie er sie hatte, ließ er sie wieder fallen, weil sie sich auf seiner Haut fremd anfühlte. Und er sah sich nach seiner Mutter um, verzog das Gesicht, als wollte er weinen, und war wegen seiner Nacktheit erschrocken.

»Bring mir die Apfelsine!«, rief sie und war erstaunt, dass seine Angst sie so kalt ließ. »Bring Mami die Apfelsine!«

Er soll nicht so werden wie sein Vater, dachte sie bei sich, wie ein Wurm, den nie die Sonne beschienen hat!

2

Früher hatte sie in quälendem Verantwortungsgefühl an den Jungen gedacht, als wäre sie, weil sie ihn geboren hatte, für jede Minute seines Daseins verantwortlich. Selbst wenn ihm die Nase lief, war es ihr widerwärtig und wie ein Stachel im Herzen, als müsse sie sich sagen: Sieh bloß das Geschöpf an, das du in die Welt gesetzt hast!

Jetzt änderte sich das alles. Sie war nicht mehr im Innersten von dem Jungen in Anspruch genommen; ihre nervöse Besorgtheit und ihr Wille ließen von ihm ab – und er gedieh umso besser.

All ihre Gedanken waren bei dem Sonnenball und seiner Pracht, und wie er in sie eingedrungen war. Ihr Leben war jetzt ein heimlicher Ritus. Vor Tagesanbruch lag sie schon wach und wartete, ob sich das Grau in mattes Gold verfärbte oder ob Wolken über dem Meereshorizont lagen. Wie groß war ihre Freude, wenn die Sonne in ihrer Nacktheit wie geschmolzenes Gold aufstieg und ihr blauweißes Feuer über den zarten Himmel streute!

Doch manchmal kam sie rötlich hervor, wie ein wildes, scheues Geschöpf. Und manchmal stieß sie sich langsam und dunkelrot wie im Zorn empor und schob sich langsam höher. Ein andermal wieder war sie nicht zu sehen, nur eine Wolkenbank streute Gold und Scharlach hernieder, während sie hinter der Wand höher stieg.

Juliet konnte von Glück sagen. Wochen verstrichen, und obwohl die Morgendämmerung manchmal bewölkt und der Nachmittag grau war, verging doch nie ein Tag ganz ohne Sonne, und an den meisten Tagen herrschte strahlender Sonnenschein, obwohl es Winter war. Die zierlichen kleinen wilden Krokusse kamen lila und gestreift hervor, und die wilden Narzissen ließen ihre winterlichen Blütensterne niederhängen.

Jeden Tag ging Juliet zur Zypresse hinunter und in den Kakteenwald auf dem Vorsprung, an dessen Fuß gelbliche Klippen aufragten. Sie war jetzt klüger und gewitzter und trug nur noch einen taubengrauen Umhang und Sandalen, so dass sie sich im Nu in einem verborgenen Winkel der Sonne hingeben konnte. Und wenn sie sich verhüllte, war sie sofort wieder grau und unsichtbar.

Jeden Tag, vom Morgen bis zur Mittagsstunde, lag sie am Fuß der mächtigen Zypresse mit den silbernen Wurzeltatzen, während die Sonne wie ein Gott über den Himmel schritt. Jetzt war sie schon mit jeder Faser ihres Körpers mit der Sonne vertraut. Ihr besorgtes Herz, das besorgte, verkrampfte Herz, war ganz und gar hingeschwunden wie eine Blüte, die in der Sonne abfällt und nur eine kleine, reifende Frucht zurücklässt. Und ihr verkrampfter Schoß, der zwar noch immer geschlossen war, entfaltete sich langsam, ganz langsam, langsam wie eine Seerosenknospe unter dem Wasserspiegel, wenn die Sonne sie geheimnisvoll berührt. Wie eine Seerosenknospe unter einem Wasserspiegel hob er sich langsam der Sonne entgegen, um sich schließlich der Sonne, und nur der Sonne, zu öffnen.

Ihr ganzer Körper war mit der Sonne vertraut,

die blauflüssig mit glühenden Rändern Feuer ausstrahlte. Und obwohl die Sonne auf die ganze Welt schien, richteten sich doch, wenn Juliet unbekleidet dalag, all ihre Strahlen auf sie allein. Es war eins von den Wundern der Sonne: Sie konnte auf eine Million Menschen scheinen und doch der strahlende, herrliche, einmalige Sonnenball sein, der sich nur ihr allein zuwandte.

Mit ihrem Wissen um die Sonne und der Überzeugung, dass die Sonne allmählich in sie eindrang, um sie im kosmisch-fleischlichen Sinne des Wortes zu ›erkennen‹, kam ein Gefühl in ihr auf, als sei sie den Menschen ferngerückt, verbunden mit einer gewissen verächtlichen Duldsamkeit gegen die Menschen. Sie waren so naturfern, so sonnenfern. Sie waren wie Kirchhofswürmer.

Selbst die Bauern, die mit ihren Eseln den alten Felsenweg hinaufzogen, waren nicht völlig durchsonnt, obwohl sie sonnenbraun aussahen. Immer war, wie eine Schnecke im Gehäuse, ein kleiner weißer Angstkern da, weil der Mensch sich vor der natürlichen Lebensflamme duckt. Er wagt sich nicht hervor, um der Sonne voll ins Auge zu sehen: Immer muss er sich ducken. Alle Menschen waren so.

Warum also die Menschen an sich herankommen lassen?

Seit sie gegen die Menschen und gegen die Männer gleichgültig geworden war, hütete sie sich nicht mehr so ängstlich davor, gesehen zu werden. Der alten Marinina, die im Dorf Einkäufe für sie machte, hatte sie erzählt, der Arzt habe ihr Sonnenbäder verordnet. Das mochte genügen.

Marinina war eine große, stolze, magere Frau von über sechzig Jahren mit krausem dunkelgrauem Haar und dunkelgrauen Augen, aus denen alle Verschmitztheit von Jahrtausenden und das halb spöttische Lachen sprachen, das aus langer Erfahrung herrührt. Tragik stammt aus Mangel an Erfahrung.

»Es muss schön sein, nackt in der Sonne zu liegen«, sagte Marinina mit verschmitztem Lachen in den Augen, während sie die andere Frau aufmerksam ansah. Juliets blondes, kurzes Haar kräuselte sich an den Schläfen wie eine kleine Wolke. Marinina stammte aus der Magna Graecia und hatte uralte Erinnerungen. Wieder blickte sie Juliet an. »Aber wenn eine Frau schön ist, kann sie sich vor der Sonne sehen lassen, eh? Stimmt's nicht?«, schloss sie mit eigentümlichem, atemlosem kleinem Lachen, das den Frauen früherer Zeiten eigen war.

»Wer weiß, ob ich schön bin«, sagte Juliet.

Aber einerlei, ob sie schön war – sie wusste, dass die Sonne sie gelten ließ. Und das kam auf das Gleiche heraus.

Wenn sie sich manchmal mittags aus der Sonne

zu den Felsen hinunterstahl, am Klippenrand vorbei und hinunter in die tiefe Schlucht, wo im kühlen, ewigen Schatten die Zitronen hingen, und wenn sie dort in der Stille ihren Umhang fallen ließ und sich rasch an einem von den tiefen, durchsichtig grünen Wassertümpeln wusch, dann sah sie im grünen Dämmerlicht der Zitronenblätter, dass ihr ganzer Körper rosig war, rosig und golden gebräunt. Sie war wie ein andrer Mensch. Ja, sie war ein andrer Mensch geworden.

Und ihr fiel ein, dass die Griechen gesagt hatten, ein nicht besonnter weißer Körper sei nicht gesund und wie ein Fisch.

Dann rieb sie sich etwas Olivenöl in die Haut und wanderte ein Weilchen in der dunklen Unterwelt der Zitronenbäume herum, drückte sich eine Zitronenblüte in den Nabel und lachte. Es konnte leicht sein, dass ein Bauer sie sah. Aber dann würde er mehr Angst vor ihr haben als sie vor ihm. Sie wusste um den weißen Angstkern der mit Kleidern bedeckten Menschen.

Und der steckte sogar in ihrem kleinen Sohn, wie sie wusste. Wie misstrauisch er sie ansah, wenn ihr ganzes Gesicht voller Sonne war und sie ihn auslachte. Sie bestand darauf, dass er jeden Tag nackt in der Sonne herumtappelte. Und jetzt wurde auch sein kleiner Körper rosig; das blonde Haar stand als dichter Schopf über seiner Stirn, und seine Wangen hatten über dem feinen Gold der sonnengebräunten Haut das Rot von Granatäpfeln. Er war munter und gesund, und die Dienstboten, denen das Gold und Rot und Blau an ihm gefiel, nannten ihn einen kleinen Engel.

Doch seiner Mutter traute er nicht: sie lachte ihn aus! In seinen großen blauen Augen unter der gerunzelten Stirn sah sie den Kern aus Furcht und Argwohn, der, wie sie jetzt glaubte, hinter allen Männeraugen war. Sie nannte es Scheu vor der Sonne. Und ihr Schoß blieb verschlossen vor den Männern, den Sonnenscheuen.

Er scheut die Sonne, dachte sie bei sich, wenn sie in die Augen des Kindes blickte.

Und während sie ihn beobachtete, wie er in der Sonne herumtappelte und torkelte und dabei seine kleinen Vogelschreie ausstieß, sah sie, dass er sich innerlich vor der Sonne verschloss und versteckte und dass er sich ungeschickt und mit schwerfälligen Bewegungen im Gleichgewicht hielt. Sein Gemüt verbarg sich, wie eine Schnecke im Gehäuse, in einer feuchten, kalten Spalte seines Inneren. Es erinnerte sie an seinen Vater. Sie wünschte, sie könnte ihn hervorlocken, ihn in einer übermütigen Gebärde in eine Begrüßung der Sonne ausbrechen lassen.

Sie beschloss, ihn mitzunehmen, hinunter zur

Zypresse inmitten der Kakteen. Sie würde auf ihn achtgeben müssen – wegen der Dornen. Doch dort würde er sicherlich aus dem kleinen Gehäuse in seinem Innern hervorkommen. Die spießige kleine Verkrampfung musste von seiner Stirn verschwinden.

Sie breitete eine Decke für ihn aus und setzte sich. Dann ließ sie ihren Umhang heruntergleiten, streckte sich aus und beobachtete einen Habicht hoch oben im Blau und die wippende Spitze der Zypresse.

Der Junge spielte mit Steinchen auf der Decke. Als er aufstand, um wegzutappeln, stand sie ebenfalls auf. Er drehte sich um und sah sie an. Aus seinen blauen Augen traf sie beinah schon der herausfordernde, warme Blick des echten Mannes. Und mit der Röte auf seiner blonden Haut war er hübsch. Er war nicht mehr weiß. Seine Haut war wie Goldstaub.

»Gib acht auf die Dornen, Liebling«, sagte sie.

»Dornen!«, wiederholte er zwitschernd und blickte wie ein nackter Putto über die Schulter weg zweifelnd zu ihr auf.

»Böse spitze Dornen!«

»Pitze Dornen!«

In seinen kleinen Sandalen torkelte er über die Steine und zupfte an der vertrockneten Minze. Als er in eine Kaktee zu fallen drohte, sprang sie flink wie eine Schlange herzu. Es überraschte sie sogar selber. Was für eine Wildkatze ich doch bin, dachte sie.

Jeden Tag, wenn die Sonne schien, nahm sie ihn mit zur Zypresse.

»Komm!«, sagte sie. »Wir wollen zur Zypresse gehen!«

Und wenn der Himmel bedeckt war und die Tramontana blies, so dass sie nicht hinuntergehen konnten, zwitscherte der Junge unaufhörlich: »Zur Presse gehn! Zur Presse gehn!«

Er vermisste es ebenso sehr wie sie.

Sie nahm nicht einfach Sonnenbäder. Es war viel mehr als das. Tief in ihr drinnen entfaltete und entspannte sich etwas, und sie überließ sich den kosmischen Einflüssen. Ein geheimnisvolles Wollen in ihr, das tiefer als ihr Bewusstsein und ihr bewusster Wille war, verband sie mit der Sonne, und dieser Strom überflutete sie und ihren Schoß. Sie selbst, ihr bewusstes Selbst, war dabei untergeordnet, ein untergeordneter Zuschauer. Die wahre Juliet wurde zutiefst in ihrem Körper von den dunklen Fluten der Sonne getragen, wie wenn ein Strom dunkler Strahlen dunkel und veilchenfarben um die süße, geschlossene Knospe ihres Schoßes kreise, unaufhörlich kreiste.

Sie war immer Herrin ihrer selbst gewesen, hatte gewusst, was sie tat, und hatte sich fest in der Gewalt. Jetzt spürte sie in sich eine ganz andere Gewalt, die stärker war als sie selbst, dunkler und wilder: Elementarisches, das sie überflutete. Jetzt war sie unsicher, war im Banne einer Macht, die über ihre Fassungskraft hinausging.

3

Der Februar endete plötzlich mit großer Hitze. Beim leisesten Windhauch fielen die Mandelblüten wie rosa Schnee. Die seidigen lila Anemonen kamen hervor. Der Asphodill stand hoch und in Knospen, und das Meer war kornblumenblau.

Juliet hatte es aufgegeben, sich um irgendetwas zu sorgen. Jetzt verbrachten sie den größten Teil des Tages nackend in der Sonne, sie und der kleine Junge, und mehr verlangte sie nicht. Manchmal ging sie ans Meer hinunter, um zu baden, und oft streifte sie in den Schluchten umher, in die der Sonnenschein fiel und wo sie außer Sicht war. Manchmal sah sie einen Bauern mit einem Esel, und er sah sie. Aber mit ihrem Kind wanderte sie so still und natürlich einher, und der Ruf von der Heilkraft der Sonne für Seele und Leib hatte sich schon bei den Leuten herumgesprochen, so dass es zu keiner Aufregung kam.

Sie und das Kind waren jetzt beide am ganzen Körper sonnenbraun mit einem rosigen Schimmer. Ich bin ein anderer Mensch geworden, dachte sie, wenn sie ihre rosig-goldenen Brüste und Schenkel sah.

Auch der Junge war ein andres Geschöpf geworden. Er lebte in einer eigentümlichen, ruhigen, sonnendunklen Versunkenheit. Jetzt konnte er still für sich spielen, und sie brauchte ihn kaum noch zu beobachten. Es schien ihm kaum aufzufallen, wenn er allein war.

Es wehte kein Windhauch, und das Meer war tief dunkelblau. Sie saß neben der großen grausilbernen Wurzeltatze der Zypresse und döste in der Sonne, aber ihre Brüste waren voller Saft und Kraft. Sie spürte, dass sich ein Tatendrang in ihr regte, ein Tatendrang, der ein neues Selbst in ihr wecken mochte. Noch wollte sie es nicht wahrhaben. Die neue Regung würde neuen Kontakt bedeuten, und den wollte sie nicht haben. Sie wusste nur zu gut um das ungeheure, kalte Räderwerk der Zivilisation und was ein Kontakt mit ihm bedeutete und wie schwer es war, sich ihm zu entziehen.

Der Junge war ein paar Schritte den Felsenpfad hinabgegangen, hinter das wuchernde Gewirr einer

Kaktee. Sie hatte ihn beobachtet – ein richtiges goldbraunes Kind der Winde mit goldblondem Haar und roten Wangen –, wie er die getüpfelten Blätter vom Aronstab sammelte und in Reihen anordnete. Er stand jetzt fest auf den Beinen und wusste sich so schnell wie ein junges Tier zu helfen, das in sein Spiel versunken ist.

Plötzlich hörte sie ihn rufen: »*Schau mal, Mami! Schau mal!*« Ein besonderer Ton in seinem Vogelgezwitscher ließ sie heftig hochfahren.

Das Herz wollte ihr stehenbleiben. Über seine nackte kleine Schulter blickte er zu ihr hin und zeigte mit seiner winkenden kleinen Hand auf eine Schlange, die sich einen Meter von ihm entfernt aufgerichtet hatte und zischend den Rachen öffnete, so dass die gegabelte, zarte Zunge wie ein schwarzer Schatten flatterte.

»Schau mal, Mami!«

»Ja, Liebling, es ist eine Schlange«, antwortete sie langsam und mit gepresster Stimme.

Er blickte sie an. Seine großen blauen Augen waren unsicher, ob er sich fürchten müsse. In Juliets sonnengesättigter Stille war etwas, das ihn beruhigte.

»Schlange«, zwitscherte er.

»Ja, Liebling. Fass sie nicht an! Sie beißt vielleicht.«

Die Schlange war niedergesunken, löste sich aus den Schleifen, in denen sie sich gesonnt hatte, und schmiegte ihren langen, goldbraunen Körper in trägen Windungen in die Felsen hinein. Der Junge drehte sich um und sah ihr schweigend zu. Dann sagte er:

»Schlange geht weg!«

»Ja, lass sie nur gehen! Sie will gern allein sein.«

Er beobachtete noch immer das träge, geschmeidige Weitergleiten des Tieres, das sich apathisch den Blicken entzog.

»Schlange ganz fort!«, sagte er.

»Ja, sie ist ganz fort. Komm einen Augenblick zu Mammi!«

Er kam und setzte sich mit seinem rundlichen, nackten kleinen Körper auf ihren nackten Schoß, und sie glättete sein sonnenhelles Haar. Sie sagte nichts: Es war ja jetzt vorbei. Die merkwürdig gelassene Kraft der Sonne durchtränkte sie wieder, durchtränkte alles ringsumher wie mit einem Zauber, und die Schlange gehörte dazu, ebenso wie sie und das Kind.

Ein andermal sah sie in der Feldsteinmauer einer Oliventerrasse eine schwarze Schlange kriechen.

»Marinina«, sagte sie, »ich habe eine schwarze Schlange gesehen. Sind sie gefährlich?«

»Oh, die schwarzen Schlangen nicht. Aber die gelben, die bestimmt. Wenn eine gelbe Schlange einen beißt, muss man sterben. Und ich habe Angst vor ihnen, sogar vor den schwarzen, wenn ich sie sehe.«

Juliet ging trotzdem mit dem Kind zur Zypresse. Aber sie schaute sich stets aufmerksam um, eh sie sich hinsetzte, und untersuchte alle Stellen, zu denen das Kind hinlaufen könnte. Dann legte sie sich hin und überließ sich wieder der Sonne, und ihre gebräunten, birnenförmigen Brüste deuteten aufwärts. Für ein Morgen hatte sie keine Gedanken übrig. Sie weigerte sich, über ihren Garten hinaus an etwas zu denken, und Briefe mochte sie nicht schreiben. Schreiben überließ sie dem Kindermädchen. Sie lag also in der Sonne, aber nicht lange, denn die Sonne brannte allmählich stärker und heftiger. Und gegen ihren Willen hob sich die Knospe, die hart und tief im geheimsten Dunkel ihres Selbst versenkt war, hob sich und reckte den gebogenen Stiel, um die dunklen Kelchblätter zu öffnen und einen rosa Anhauch zu zeigen. Ihr Schoß wollte sich auftun wie eine Lotusblume in rosiger Ekstase.

4

Aus dem Frühling wurde Sommer, und die Sonne, im Zenit ihrer Macht, strahlte allgewaltig nieder. In den heißen Tagesstunden lag Juliet im Schatten eines Baums, oder sie ging sogar in die kühle Geborgenheit des Zitronenwäldchens hinunter. Manchmal stieg sie auch in die schattige Tiefe der Schluchten, auf den Grund der Ravine in der Nähe ihres Hauses. Der Junge lief emsig und schweigsam umher, ein ganz mit dem Leben beschäftigtes Tierchen.

Eines Mittags, als sie in aller Nacktheit langsam zwischen den Büschen der dunklen Ravine umherging, sah sie plötzlich hinter einer Biegung im Fels den Bauern vom benachbarten *podere,* der sich bückte und einen Haufen Reisig bündelte, das er abgehackt hatte, und in der Nähe stand sein Esel. Der Mann trug baumwollne Sommerhosen, und als er sich bückte, wandte er ihr sein Gesäß zu. Im dunklen Bachbett der kleinen Ravine war es völlig still und heimlich. Eine Schwäche überfiel sie, und einen Augenblick konnte sie sich nicht rühren. Der Mann hob das Reisigbündel mit kräftigen Schultern auf und drehte sich zu seinem Esel um. Als er sie erblickte, schrak er zusammen und stand wie gebannt, als sähe er eine Erscheinung. Dann begegneten sich ihre Blicke, und sie spürte, wie das blaue Feuer durch ihre Glieder und in ihren Schoß strömte, der sich in hilfloser Ekstase öffnete. Noch immer blickten sie einander in die Augen, und Feuer wogte zwischen ihnen wie das blaue, niederströmende Feuer aus dem Herzen der Sonne. Und sie sah, wie sich unter seiner Kleidung der Phallus hob, und wusste, dass er auf sie zukommen würde.

»Mami, ein Mann! Mami!« Das Kind legte seine Hand auf ihren Schenkel. »Mami, ein Mann!«

Sie hörte den ängstlichen Ton in seiner Stimme und flog herum.

»Es macht nichts, mein Junge!«, sagte sie, nahm ihn bei der Hand und führte ihn wieder hinter den Felsen, während der Bauer sah, wie sich ihr nacktes, entschwindendes Gesäß hob und senkte.

Sie schlüpfte in ihren Umhang, nahm den Jungen auf den Arm und begann, durch das Gestrüpp gelb blühender Büsche auf einem steilen Ziegenpfad zum lichten Tag und den Olivenbäumen unterhalb des Hauses zu klettern. Dort setzte sie sich hin, um sich zu fassen.

Das Meer war blau; sehr blau, und sanft und ruhig sah es aus, und in einer Art von strahlendem Verlangen war ihr Schoß weit offen, so weit offen wie eine Lotusblume oder wie eine Kakteenblüte. Sie konnte es spüren, und es beherrschte ihr Denken. Und in ihrem Herzen brannte bitterer Kummer, der sich gegen das Kind und gegen die schwierigen, widrigen Umstände richtete.

Sie kannte den Bauern vom Sehen: ein Mann, der etwas über dreißig sein mochte und breit und sehr kräftig gebaut war. Sie hatte ihn oft von der Terrasse ihres Hauses aus beobachtet, hatte beobachtet, wie er mit seinem Esel gekommen war, wie er seine Olivenbäume gestutzt und allein gearbeitet hatte, immer allein, immer allein, mit kräftigem Körper, einem breiten roten Gesicht und ruhiger Selbstsicherheit. Sie hatte ein- oder zweimal mit ihm gesprochen und in seine großen blauen Augen geblickt, die tief und von südländischem Feuer waren. Und sie kannte seine jähen Bewegungen, die ein wenig heftig und schwungvoll waren. Doch gedacht hatte sie nie an ihn. Nur war ihr aufgefallen, dass er immer sehr sauber und ordentlich aussah. Und dann hatte sie eines Tages seine Frau gesehen, als sie ihrem Mann das Essen brachte und beide sich in den Schatten eines Johannisbrotbaums setzten, zwischen sich ein ausgebreitetes weißes Tuch. Und da hatte Juliet gesehen, dass die Frau des Mannes älter war als er, eine dunkle, stolze, schwermütige Frau. Und dann war eine junge Frau mit einem Kind gekommen, und der Mann hatte mit dem Kind getanzt und war so jung und leidenschaftlich gewesen. Aber es war nicht sein eigenes Kind: Er hatte keine Kinder. Doch als er so munter mit dem Kind getanzt hatte, so voll unterdrückter Leidenschaft – da war er Juliet zum ersten Mal richtig aufgefallen. Doch selbst danach hatte sie nicht mehr an ihn gedacht. Mit seinem breiten roten Gesicht und der starken Brust und den ziemlich kurzen Beinen war er zu sehr ein ungehobeltes Tier – ein Bauer eben –, als dass sie an ihn gedacht hätte.

Doch jetzt hatte der seltsame Anruf seiner Augen, die so blau und überwältigend wie das Herz der blauen Sonne waren, von ihr Besitz ergriffen. Und sie hatte unter seiner dünnen Hose das ungebärdige Bemühen des Phallus gesehen: für sie! Und mit seinem roten Gesicht und mit seinem starken Körper war er ihr wie die Sonne erschienen, wie die Sonne mit ihrer starken Glut.

Sie spürte ihn so mächtig, dass sie sich nicht weit von ihm entfernen wollte. Sie blieb unter dem Baum sitzen. Dann hörte sie, wie das Kindermädchen im Haus mit einer Glocke läutete und rief. Und das Kind rief zurück. Also musste sie aufstehen und hineingehen.

Am Nachmittag saß sie vor dem Haus auf der Terrasse, die über die Olivenhänge bis aufs Meer hinunterblickte. Der Mann kam und ging, kam und ging zum kleinen Schuppen auf seinem *podere* am Rande des Kakteendickichts. Und er blickte wieder zu ihrem Haus und zu ihr, die auf der Terrasse saß. Und ihr Schoß öffnete sich ihm.

Doch sie hatte nicht den Mut, zu ihm hinunterzugehen. Sie trank Tee und saß immer noch auf der

Terrasse. Und der Mann kam und ging und blickte zu ihr hinauf, blickte wieder zu ihr hinauf. Bis die Abendglocke von der Kapuzinerkirche am Dorftor schepperte und die Dunkelheit anbrach. Und immer noch saß sie auf der Terrasse. Bis sie ihn endlich im Mondschein sah, wie er seinen Esel belud und ihn traurig auf dem Pfad zur kleinen Landstraße trieb. Sie hörte ihn auf dem Straßenpflaster hinter ihrem Haus vorbeigehen. Er war fort, war ins Dorf heimgekehrt, um zu schlafen – mit seiner Frau zu schlafen, die ihn ausforschen würde, weshalb er so spät zurückkam. Niedergeschlagen war er fortgegangen.

Juliet saß bis spät in die Nacht hinein auf der Terrasse und beobachtete das Mondlicht auf dem Meer. Die Sonne hatte ihren Schoß geöffnet, und sie war nicht mehr frei. Der Kummer der offenen Lotusblume hatte sie befallen, und jetzt war sie es, die nicht den Mut hatte, die Schritte über die Schlucht zu wagen.

Doch endlich schlief sie. Und am Morgen fühlte sie sich besser. Ihr Schoß schien sich wieder geschlossen zu haben. Sie wünschte so sehr, dass es so bliebe. Nur die Knospe unter dem Wasserspiegel – und die Sonne! Sie wollte nie mehr an den Mann denken.

Sie badete in einem von den großen Tümpeln weiter abwärts im Zitronenwäldchen, unten im Kühlen, in der letzten Schlucht, so weit wie möglich von der andern wilden Ravine entfernt. Unten watete das Kind zwischen den gelben Sauerkleeblüten, die im Schatten gediehen, und sammelte heruntergefallene Zitronen. Sein braungebrannter kleiner Körper schweifte sonnengesprenkelt zwischen den lichteren Stellen umher.

Juliet setzte sich auf das steile Ufer der Ravine und fühlte sich fast wieder frei: Die Blüte in ihr sank zu einer dunklen Knospe zusammen und war geborgen.

Plötzlich tauchte hoch oben am Rande des Steilhangs vor dem strahlend hellblauen Himmel Marinina auf, die sich ein schwarzes Tuch um den Kopf gebunden hatte. Sie rief mit ihrer gelassenen Stimme: »*Signora! Signora Giulietta!*«

Juliet drehte sich um und stand auf. Marinina zögerte einen Augenblick, als sie die nackte Frau im Gewirr ihres sonnengebleichten Blondhaars dastehen sah. Dann kam die alte Frau auf dem steilen, sonnenhellen Pfad gewandt den Abhang hinunter.

Ein paar Schritte vor der sonnengebräunten Frau blieb sie stehen und musterte sie mit verschmitztem Lächeln.

»Wie schön Sie doch sind!«, sagte sie kühl, beinah sarkastisch. »Ihr Mann ist gekommen!«

»Was für ein Mann?«, rief Juliet.

Die alte Frau ließ ein verschmitztes, abgehacktes Lachen hören – den Spott der Frauen aus alter Zeit.

»Haben Sie denn keinen Mann?«, fragte sie.

»Ich? Wo? In Amerika«, sagte Juliet.

Die alte Frau blickte über die Schulter zurück und lachte wieder abgehackt.

»In Amerika? Nichts da! Er kam hinter mir her. Wahrscheinlich hat er den Weg verpasst.« Und in tonlosem Frauengelächter warf sie den Kopf in den Nacken.

Die Pfade waren von Gras und Blumen und Katzenkraut so überwuchert, dass sie nur noch wie Vogelspuren in einer ewigen Wildnis aussahen. Seltsam lebendig ist die Wildnis auf den alten klassischen Stätten, denen der Mensch schon so lange vertraut ist.

Juliet sah die Sizilianerin nachdenklich an.

»Ach – also gut! Soll er nur kommen!«

Und eine kleine Flamme sprang in ihr auf. Es war die sich öffnende Blüte. Er war immerhin ein Mann.

»Soll er hierherkommen? Jetzt?«, fragte Marinina, und ihre spöttischen rauchgrauen Augen blickten lauernd in Juliets Augen. Dann zuckte sie gleichmütig die Achseln.

»Gut! Wie Sie wünschen! Aber was für eine Überraschung für ihn!«

Sie öffnete den Mund und lachte lautlos und belustigt, dann deutete sie auf das Kind, das sich jetzt die kleine Brust mit Zitronenblüten bestreute. »Sehen Sie nur, wie schön das Kind ist! Ein himmlischer Engel! Darüber wird er sich bestimmt freuen, der arme Mensch. Ich bringe ihn also her.«

»Ja, bring ihn her!«

Die alte Frau kletterte rasch wieder den Pfad hinan und fand Maurice, der mit seinem grauen Filzhut und dem dunkelgrauen Stadtanzug unschlüssig im Weinberg stand. In der strahlenden Sonne und in der Anmut der alten griechischen Landschaft sah er rührend fehl am Ort aus: wie ein Tintenklecks auf dem hellen, sonnendurchglühten Hang.

»Kommen Sie!«, sagte Marinina zu ihm. »Sie ist hier unten.«

Und flink, mit langen Schritten ausholend, führte sie ihn hinunter und bahnte ihm einen Weg durch die Gräser. Am Rand des Steilhangs blieb sie plötzlich stehen. Tief unter ihnen waren die dunklen Wipfel der Zitronenbäume.

»Gehen Sie nur dort hinunter!«, sagte sie zu ihm, und er dankte ihr und warf einen raschen Blick zu ihr auf.

Er war ein Mann in den Vierzigern, sauber rasiert, mit grauem Gesicht, sehr ruhig und eigentlich scheu. Er leitete sein Geschäft umsichtig und tüchtig, aber ohne aufsehenerregende Erfolge. Und er traute niemandem. Die alte Frau der Magna Graecia umfasste ihn mit einem Blick: Ein guter Mensch, dachte sie bei sich, aber kein Mann, der Arme!

»Die Signora ist unten«, sagte Marinina und streckte den Arm wie eine Schicksalsgöttin aus.

Und wieder sagte er mit unbeweglicher Miene: »Danke, danke!«, und hielt sich achtsam an den Pfad. Marinina hob mit vergnügter Bosheit das Kinn. Dann machte sie sich auf den Heimweg.

Maurice musste im Gewirr des mittelmeerischen Dickichts auf jeden Schritt achten und erblickte seine Frau deshalb erst, als er nach einer kleinen Biegung ganz dicht vor ihr war. Sie stand aufrecht und nackt neben dem vorspringenden Felsen und glühte von Sonne und warmem Leben. Ihre Brüste schienen sich zu heben und alarmbereit zu lauschen; ihre Schenkel waren braun und beschwingt. Der Lotus in ihrem Schoß war weit offen und breitete sich beinah klaffend in den violetten Strahlen der Sonne aus – wie eine große Lotusblüte. Und Juliet zitterte hilflos: Ein Mann kam näher. Der Blick, den sie ihm zuwarf, als er zimperlich wie Tinte auf Löschpapier näher kam, war rasch und nervös.

Maurice, der arme Mensch, zögerte, wandte den Kopf auf die Seite und blickte weg.

»Hallo, Juliet!«, rief er, nervös hüstelnd. »Das ist ja großartig!«

Er näherte sich ihr mit abgewandtem Gesicht und warf nur verstohlene Blicke auf sie, während sie mit dem eigenartigen Seidenglanz ihrer besonnten Haut vor ihm stand. Irgendwie schien sie nicht gar so schrecklich nackend zu sein. Das Goldrot der Sonnenbräune war ihr Kleid.

»Hallo, Maurice!«, sagte sie und wich etwas zurück, denn ein kalter Schatten war auf die offene Blüte ihres Schoßes gefallen. »So bald hatte ich dich nicht erwartet!«

»Stimmt«, sagte er. »Es gelang mir, mich schon etwas früher freizumachen.«

Und wieder hüstelte er gedankenlos. Er hatte sie in voller Absicht überraschen wollen.

Sie standen ein paar Meter voneinander getrennt und schwiegen. Mit ihren sonnengebräunten, windumkosten Hüften war sie für ihn eine neue Juliet – nicht die nervöse New Yorkerin.

»Ja, wirklich«, sagte er. »Es ist – äh – großartig. Du siehst – äh – großartig aus. Wo ist der Junge?«

In seinem fernsten Innern regte sich das Verlangen nach den Gliedern und dem sonnendurchtränkten Fleisch der Frau, der fleischlichen Frau. Es war ein neues Verlangen in seinem Dasein, und es schmerzte ihn. Er wollte ablenken.

»Da ist er!«, sagte sie und deutete auf einen nackten Schlingel, der im tiefen Schatten heruntergefallene Zitronen aufeinandertürmte.

Der Vater stieß ein komisches kleines Lachen aus, fast wie ein Wiehern.

»Ach ja, da ist er ja, der kleine Mann! Fein!« Sein verängstigtes und verdrängtes Gemüt zitterte vor Erregung, und er klammerte sich an den Strohhalm seines wachen Bewusstseins. »Hallo, Johnny!«, rief er, und es klang ziemlich matt. »Hallo, Johnny!«

Der Junge blickte auf und ließ ein paar Zitronen aus seinen molligen Armen herunterpurzeln, aber er antwortete nicht.

»Lass uns zu ihm gehen«, sagte Juliet, drehte sich um und schritt den Pfad entlang. Ganz gegen ihren Willen hob sich der Schatten von der offenen Blüte ihres Schoßes, und jedes Blütenblatt zitterte freudig erregt. Ihr Mann folgte ihr und beobachtete das geschmeidige Heben und Senken ihrer rosigen Hüften, die sich im Gehen etwas wiegten. Vor Bewunderung war er ganz benommen, aber er fühlte sich furchtbar unsicher. Er war an sie als eine Dame gewöhnt. Aber das hier war nicht mehr eine Dame, sondern ein geschmeidiger, sonnenstarker Körper, ohne Seele und verführerisch wie eine Nymphe, die ihre Hüften tanzen lässt. Was sollte er hier mit sich anfangen? Mit seinem dunkelgrauen Anzug und dem hellgrauen Hut, dem grauen Mönchsgesicht eines scheuen Geschäftsmannes und seiner grauen Kaufmannsmentalität passte er überhaupt nicht hierher. Ein seltsames Zittern schoss ihm in die Lenden und in die Beine. Er war entsetzt, denn er spürte, dass er sich mit einem wilden Triumphschrei auf diese Frau in ihrem sonnengebräunten Fleisch hätte stürzen können.

»Er sieht gut aus, nicht wahr?«, sagte Juliet, als sie durch das Meer gelber Sauerkleeblüten zu den Zitronenbäumen kamen.

»O ja! Ja! Großartig! Großartig! Hallo, Johnny! Kennst du deinen Papi nicht? Erkennst du deinen Papi nicht wieder, Johnny?« Er kauerte sich hin, dachte nicht mehr an die Bügelfalte in seiner Hose und streckte die Hände aus.

»Zitronen«, sagte das Kind, wie ein Vogel zwitschernd. »Zwei Zitronen!«

»Zwei Zitronen«, wiederholte der Vater. »Viele, viele Zitronen!«

Das Kind kam und legte seinem Vater je eine Zitrone in die ausgestreckten Hände. Dann trat er zurück und schaute ihn an.

»Zwei Zitronen«, wiederholte der Vater. »Komm, Johnny! Komm her und sag deinem Papi guten Tag!«

»Geht Papi wieder weg?«, fragte das Kind.

»Wieder weg? Hm – äh – heute noch nicht.«
Und er schloss seinen Sohn in die Arme.

»Jacke ausziehn! Papi muss Jacke ausziehn«, sagte der Junge und wehrte sich freundlich gegen die Berührung des Stoffes.

»Also gut! Papi zieht die Jacke aus.«

Er zog seine Jacke aus und legte sie sorgfältig auf die Seite, dann blickte er auf die Bügelfalten in seiner Hose und zupfte ein wenig daran, kauerte sich wieder hin und nahm seinen Sohn in die Arme. Als er den nackten, warmen Körper des Kindes spürte, wurde ihm schwach zumute. Die nackte Frau blickte auf das rosige Kind in den Armen eines Mannes in Hemdsärmeln. Der Junge hatte seinem Vater den Hut vom Kopf gezogen, und Juliet betrachtete das glatte, dunkelgrau melierte Haar ihres Mannes. Jedes Haar war ordentlich an seinem Platz. Und so gänzlich, gänzlich ohne Sonne! Der kalte Schatten senkte sich wieder über die Blüte ihres Schoßes. Sie schwieg lange, während der Vater mit dem Kind sprach, das seinen Papi geliebt hatte.

»Wie stellst du dir das nun vor, Maurice?«, fragte sie plötzlich.

Er warf ihr einen raschen Seitenblick zu und hörte ihre harte amerikanische Stimme. Er hatte sie vergessen.

»Hm – was denn, Juliet?«

»Oh, alles! Wegen hier! Ich kann doch nicht wieder zurück in die East Forty-Seventh!«

»Hm.« Er zauderte. »Nein, vermutlich nicht. Wenigstens nicht jetzt gleich.«

»Nie«, sagte sie, und dann schwiegen beide.

»Ach, hm, ich weiß nicht…«, sagte er.

»Glaubst du, dass du hierherkommen kannst?«, fragte sie stürmisch.

»Ja. Ich kann einen Monat bleiben. Doch, ein Monat, das lässt sich machen«, sagte er zögernd. Dann wagte er einen schwierigen, scheuen Seitenblick und wandte sein Gesicht wieder ab.

Sie blickte auf ihn herunter. Ihre lebendigen Brüste hoben sich seufzend, als wollte sie den kalten Schatten der Sonnenlosigkeit ungeduldig abschütteln. »Ich kann nicht zurück«, sagte sie langsam. »Ich kann diese Sonne nicht im Stich lassen. Wenn du nicht herkommen kannst…«

Sie brach unschlüssig ab. Doch die schroffe Stimme der Amerikanerin war verschwunden, und er hörte die Stimme des Fleisches, des sonnenreifen Körpers. Wieder und immer wieder blickte er sie an, mit wachsendem Verlangen und schwindender Angst.

»Ja«, sagte er. »Das hier ist das Richtige für dich. Du bist großartig, wie du jetzt bist. Ja, ich finde auch, du kannst nicht zurück.«

Und beim schmeichelnden Klang seiner Stimme begann sich die Blüte ihres Schoßes, wenn auch gegen ihren Willen, mit zitternden Blütenblättern zu öffnen.

Er stellte sich vor, wie sie in der New Yorker Wohnung ausgesehen hatte: bleich und stumm und ihn schrecklich tyrannisierend. In seinen menschlichen Beziehungen war er das Vorbild einer sanften, scheuen Natur, und ihre stumme, furchtbare Feindseligkeit nach der Geburt des Kindes hatte ihn zutiefst erschreckt. Aber er hatte eingesehen, dass sie nichts dafür konnte. Frauen waren nun einmal so. Ihre Gefühle schlagen um und kehren sich gegen ihr eigenes Selbst – es war schrecklich, es war zerstörerisch. Schrecklich, schrecklich war das Zusammenleben mit einer solchen Frau, deren Gefühle sich gegen ihr eigenes Selbst kehrten. Unter ihrer bedrückenden Feindseligkeit hatte er sich überwältigt gefühlt. Sich selbst hatte sie auch restlos aufgerieben, und sogar das Kind. Nein, alles andre lieber als das! Gott sei Dank schien die Sonne diese gespenstige, bedrohliche Frau jetzt aus ihr vertrieben zu haben.

»Aber was wird aus dir?«, fragte sie.

»Aus mir? Oh – ich kann ja das Geschäft weiterführen und – hm – hier lange Ferien verbringen – solange du hierbleiben willst. Bleib nur, solange du willst...« Er blickte stumm zu Boden. Er fürchtete sich so davor, den bedrohlichen, rächenden Geist ihres Frauentums in ihr zu wecken, und er hoffte sehr, dass sie so bliebe, wie er sie jetzt sah – wie eine nackte, reifende Erdbeere – eine weibliche Frucht. Als er zu ihr aufsah, sprach aus seinem unsicheren Blick etwas wie ein Flehen.

»Selbst wenn es für immer wäre?«, fragte sie.

»Oh – hm – ja, wenn du möchtest. ›Immer‹ ist sehr lange. Man kann nicht gut voraussehen.«

»Und kann ich machen, was ich will?« Sie blickte ihm herausfordernd und offen in die Augen. Vor ihrer rosigen, wettergefestigten Nacktheit fühlte er sich hilflos – so groß war seine Furcht, die andere Frau in ihr, die harte Amerikanerin, das rachsüchtige Schreckgespenst, wieder zu wecken.

»Hm – ja. Ich glaube schon. Solange du dich nicht unglücklich machst – dich und den Jungen.«

Wieder sah er mit einem zwiespältigen, unsicheren Flehen zu ihr auf: Er dachte an das Kind, aber er hoffte für sich selbst.

»Das tu ich nicht«, antwortete sie rasch.

»Ja«, sagte er. »Das glaube ich auch nicht.«

Sie schwiegen. Die Glocken im Dorf läuteten eilig die Mittagsstunde ein. Das bedeutete Essen.

Sie schlüpfte in ihren grauen Kreppkimono und band sich eine breite grüne Schärpe um die Taille.

Dann streifte sie dem Jungen ein blaues Hemdchen über den Kopf, und zusammen gingen sie zum Haus hinauf.

Bei Tisch beobachtete sie ihren Mann, sein graues Stadtgesicht, sein glattgebürstetes, graumeliertes Haar, seine sehr korrekten Tischmanieren und seine übergroße Zurückhaltung im Essen und Trinken. Manchmal warf er unter seinen schwarzen Wimpern hervor einen verstohlenen Blick auf sie. Er hatte die unsicheren graugoldenen Augen eines Tieres, das jung eingefangen wurde und das dauernd ohne einen warmen Hoffnungsstrahl in fremder, kalter Gefangenschaft gelebt hatte. Nur seine schwarzen Wimpern und Brauen waren hübsch. Sie erfasste ihn nicht. Sie konnte sich nicht in ihn versetzen. Da sie selbst so voller Sonne war, konnte sie ihn nicht sehen: Seine Sonnenlosigkeit machte ihn zu einem Nichts.

Den Kaffee tranken sie auf dem Balkon, unter der rosigen Fülle der Bougainvillea. Weiter unten, jenseits, auf dem angrenzenden *podere,* saßen der Bauer und seine Frau neben dem hohen grünen Weizen unter einem Johannisbrotbaum; sie saßen einander gegenüber, zwischen ihnen war ein kleines weißes Tuch auf dem Boden ausgebreitet. Ein großes Stück Brot war noch übrig, aber sie waren fertig mit Essen und hatten dunklen Wein in ihren

Gläsern. Der Bauer blickte zur Terrasse auf, sowie der Amerikaner ins Freie trat. Juliet bot ihrem Mann einen Stuhl an, der den beiden den Rücken kehrte. Dann setzte sie sich und blickte den Bauern an. Bis sie sah, dass seine dunkelhäutige Frau sich umdrehte und auch zu ihr herschaute.

5

Der Mann war rettungslos in sie verliebt. Sie sah, wie sein breites, ziemlich rotes Gesicht starr zu ihr hinaufblickte, bis seine Frau sich umdrehte, um auch herzuschauen. Dann hob er sein Glas auf und kippte sich den Wein in die Kehle. Die Frau starrte die Leute auf dem Balkon lange an. Sie war hübsch und herb und bestimmt älter als er. Doch der Unterschied lag vor allem darin, dass sie, die Vierzigjährige, eine ziemlich dominierende und überlegene Frau, ihr Mann aber mit seinen fünfunddreißig Jahren eher leichtsinnig war. Es schien einen ganzen Generationen-Unterschied auszumachen. Er gehört zu meiner Generation, dachte Juliet, und sie gehört zu Maurice' Generation. Juliet war noch nicht dreißig.

Der Bauer sah in seiner weißen Baumwollhose, dem hellroten Hemd und mit dem zerbeulten alten

Strohhut so reizvoll und sauber aus, und er besaß all die Sauberkeit seiner Gesundheit. Er war stämmig und breit und schien eher klein, aber sein Fleisch war voll einer solchen Vitalität, als wäre er immer drauf und dran, sich zu bewegen, zu arbeiten oder sogar mit einem Kind herumzuspielen – wie sie es damals beobachtet hatte. Er war der typische italienische Bauer, der sich gern einsetzen will, leidenschaftlich gern, sich und sein kräftiges Fleisch und seinen pochenden Blutpuls. Aber er war eben durch und durch ein Bauer und würde daher warten, dass die Frau den ersten Schritt machte. Mit seinem Begehren würde er in einer langsamen, verzehrenden Passivität herumlungern und immer nur hoffen, dass die Frau zu ihm käme. Er würde nie versuchen, sich ihr zu nähern, nie. Sie würde sich ihm nähern müssen. Er würde nur herumlungern – in Reichweite.

Da er ihren Blick spürte, schleuderte er seinen alten Strohhut weg und entblößte den runden Kopf mit dem kurzen braunen Haar. Er streckte seine braunrote Hand nach dem großen Brotlaib aus, brach ein Stück ab und kaute es mit vollen Backen. Er wusste, dass sie ihn sah. Und sie hatte solche Macht über ihn, das heiße, stumme Tier mit dem heißen, schweren Blutstrom in den starken Adern! Von unzähligen Sonnen war er durch und durch heiß geworden – und gedankenlos wie der hohe Mittag. Und scheu, mit einer heftigen, wilden Scheu, die mit verzehrendem Begehren auf sie warten, aber nie, niemals, den ersten Schritt machen würde.

Mit ihm zusammen: das wäre wie ein Bad in einer andern Art Sonnenschein, schwer und wuchtig und schwitzend. Und hinterher würde man es vergessen. Er persönlich würde nicht existieren. Es wäre bloß ein Bad warmen, kraftvollen Lebens – und dann das Sichtrennen und Vergessen. Dann abermals das zeugende Bad, wie die Sonne.

Würde das denn nicht gut sein? Persönliche Kontakte waren ihr so verleidet: wenn man hinterher mit dem Mann sprechen musste. Aber bei dem gesunden Geschöpf dort würde man hinterher einfach befriedigt von dannen gehen. Während sie so dasaß, spürte sie, wie sich das Leben von ihm zu ihr und von ihr zu ihm spann. An seinen Bewegungen erkannte sie, dass er sie noch stärker spürte als sie ihn. Es war fast ein eindeutiger Schmerz im Bewusstsein ihrer beiden Körper, und jeder saß wie zerrissen da und wurde von einem scharfäugigen Gatten und Besitzer beobachtet. Und Juliet dachte: Warum soll ich nicht zu ihm gehen? Warum sollte ich nicht ein Kind von ihm tragen? Es wäre gerade so, als würde ich ein Kind der nichtbewussten Sonne und der nichtbewussten Erde tragen, ein Kind wie eine Frucht. Und die Blüte in ihrem Schoß erstrahlte. Sie kümmerte sich nicht um Gefühle oder Besitzerrechte. Sie war gänzlich unbekümmert und wollte nichts als den männlichen Tau.

Doch ihr Herz war von Furcht umschattet. Sie wagte es nicht! Wenn doch der Mann einen Ausweg finden wollte! Aber er wollte nicht. Er würde herumlauern und warten, in ewigem Verlangen herumlauern und warten, dass sie durch die Schlucht käme. Aber sie wagte es nicht. Und er würde herumlauern.

»Hast du nie Angst, dass die Leute dich sehen, wenn du dein Sonnenbad nimmst?«, fragte ihr Mann, drehte sich um und blickte zu dem Bauern hinüber. Die düstere Frau jenseits der Schlucht drehte sich ebenfalls um und starrte zur Villa hinüber. Es war eine Art Kampf.

»Nein! Das lässt sich vermeiden. Hast du Lust? Möchtest du auch Sonnenbäder nehmen?«, fragte Juliet.

»Oh – hm – ja, warum nicht? Ganz gern, solange ich hier bin.«

In seinen Augen glomm ein verzweifelter Wagemut auf, diese neue Frucht zu kosten, diese Frau mit den rosigen, an der Sonne gereiften Brüsten, die sich spitz unter dem Kimono abzeichneten. Und sie stellte ihn sich vor: den blutleeren, gebleichten kleinen Stadtmenschen, den braven Bürger, der vor dem nackten Auge der Sonne gebrandmarkt wie ein Verbrecher dastehen würde. Wie er es verabscheuen würde, sich der Sonne preiszugeben!

Und die Blüte in ihrem Schoß wurde verwirrt, so verwirrt. Sie wusste, dass sie ihn nehmen würde. Sie wusste, dass sie sein Kind tragen würde. Sie wusste, es war für ihn, für den gebrandmarkten kleinen Stadtmenschen, dass ihr Schoß wie eine strahlende Lotusblüte offenstand, wie der purpurne Stern einer Anemone mit der dunklen Mitte. Sie wusste, dass sie nicht zu dem Bauern hinübergehen würde; sie hatte nicht genug Mut, sie war nicht frei genug.

Und sie wusste, dass der Bauer sie niemals holen würde; er war so hartnäckig passiv wie die Erde selbst und würde warten, warten, sich nur immer wieder und wieder vor ihr zeigen und mit der Beharrlichkeit tierhaften Verlangens in ihrem Blickfeld verweilen.

Sie hatte gesehen, wie das Blut in das braungebrannte Gesicht des Bauern schoss, und hatte gespürt, wie sich aus seinen aufleuchtenden Blicken eine hervorberstende, jähe blaue Glut über sie ergoss, und hatte das Erwachen seines großen Phallus gesehen, der für sie, für sie anschwoll. Und doch würde sie niemals zu ihm gehen – sie wagte es nicht, so vieles war wider sie.

Und der gebleichte kleine Körper ihres Mannes, der von der Großstadt gebrandmarkte, würde sie besitzen, und sein verrückter kleiner Penis würde wieder ein Kind in ihr zeugen. Sie konnte es nicht ändern. Sie war an das riesige, starre Rad der äußeren Umstände gefesselt, und im ganzen Weltall war kein Perseus, die Fesseln zu sprengen.

Eduard von Keyserling
Schwüle Tage

Schon die Eisenbahnfahrt von der Stadt nach Fernow, unserem Gute, war ganz so schwermütig, wie ich es erwartet hatte. Es regnete ununterbrochen, ein feiner, schief niedergehender Regen, der den Sommer geradezu auszulöschen schien. Mein Vater und ich waren allein im Coupé. Mein Vater sprach nicht mit mir, er übersah mich. Den Kopf leicht gegen die Seitenlehne des Sessels gestützt, schloss er die Augen, als schlafe er. Und wenn er zuweilen die schweren Augenlider mit den langen, gebogenen Wimpern aufschlug und mich ansah, dann zog er die Augenbrauen empor, was ein Zeichen der Verachtung war. Ich saß ihm gegenüber, streckte meine Beine lang aus und spielte mit der Quaste des Fensterbandes. Ich fühlte mich sehr klein und elend. Ich war im Abiturientenexamen durchgefallen, ich weiß nicht, durch welche Intrige der Lehrer. Bei meinen bald achtzehn Jahren war das schlimm. Nun hieß es, ich wäre faul gewesen, und statt mit Mama und den Geschwistern am Meere eine gute Ferienzeit zu haben, musste ich mit meinem Vater allein nach Fernow, um angeblich Versäumtes nachzuholen, während er seine Rechnungen abschloss und die Ernte überwachte. Nicht drüben mit den anderen sein zu dürfen war hart; eine glatt verlorene Ferienzeit. Schlimmer noch war es, allein mit meinem Vater den Sommer verbringen zu müssen. Wir Kinder empfanden vor ihm stets große Befangenheit. Er war viel auf Reisen. Kam er heim, dann nahm das Haus gleich ein anderes Aussehen an. Etwas erregt Festliches kam in das Leben, als sei Besuch da. Zu Mittag mussten wir uns sorgsamer kleiden, das Essen war besser, die Diener aufgeregter. Es roch in den Zimmern nach ägyptischen Zigaretten und starkem, englischen Parfüm. Mama hatte rote Flecken auf den sonst so bleichen Wangen. Bei Tisch war von fernen, fremden Dingen die Rede, Ortsnamen wie Obermustafa kamen vor, Menschen, die Pellavicini hießen. Es wurde viel Französisch gesprochen, damit die Diener es nicht verstehen. Ungemütlich war es, wenn mein Vater seine graublauen Augen auf einen von uns richtete. Wir fühlten es, dass wir ihm missfielen. Gewöhnlich wandte er sich auch ab, zog die Augenbrauen empor und sagte zu Mama: »*Mais c'est impossible, comme il mange, ce garçon!*« Mama errötete dann für uns. Und jetzt sollte ich einen ganzen Sommer hindurch mit diesem mir so fremden Herrn allein sein, Tag für Tag allein ihm gegenüber bei Tisch sitzen! Etwas Unangenehmeres war schwer zu finden.

Ich betrachtete meinen Vater. Schön war er, das wurde mir jetzt erst deutlich bewusst. Die Züge waren regelmäßig, scharf und klar. Der Mund unter dem Schnurrbart hatte schmale, sehr rote Lippen. Auf der Stirn, zwischen den Augenbrauen, standen drei kleine, aufrechte Falten, wie mit dem Federmesser hineingeritzt. Das blanke Haar lockte sich, nur an den Schläfen war es ein wenig grau. Und dann die Hand, schmal und weiß, wie eine Frauenhand. Am Handgelenk klirrte leise ein goldenes Armband. Schön war das alles, aber Gott! Wie ungemütlich! Ich mochte gar nicht hinsehn. Ich schloss die Augen. War denn für diesen Sommer nirgends Aussicht auf eine kleine Freude? Doch! Die Warnower waren da, nur eine halbe Stunde von Fernow. Dort wird ein wenig Ferienluft wehn; dort war alles so hübsch und weich. Die Tante auf ihrer Couchette mit ihrem Samtmorgenrock und ihrer Migräne. Dann die Mädchen. Ellita war älter als ich und zu hochmütig, als dass unsereiner sich in sie verlieben konnte. Aber zuweilen, wenn sie mich ansah mit den mandelförmigen Samtaugen, da konnte mir heiß werden. Ich hatte dann das Gefühl, als müsste sich etwas Großes ereignen. Gerda war in meinem Alter, und in sie war ich verliebt – von jeher. Wenn ich an ihre blanken Zöpfe dachte, an das schmale Gesicht, das so zart war, dass die blauen Augen fast gewaltsam dunkel darin saßen, wenn ich diese Vision von Blau, Rosa und Gold vor mir sah, dann regte es sich in der Herzgrube fast wie ein Schmerz und doch wohlig. Ich musste tief aufseufzen.

»Hat man etwas schlecht gemacht, so nimmt man sich zusammen und trägt die Konsequenzen«, hörte ich meinen Vater sagen. Erschrocken öffnete ich die Augen. Mein Vater sah mich gelangweilt an, gähnte diskret und meinte: »Es ist wirklich nicht angenehm, ein Gegenüber zu haben, das immer seufzt und das Lamm, das zur Schlachtbank geführt wird, spielt. Also – etwas *tenue* – wenn ich bitten darf.«

Ich war entrüstet. In Gedanken hielt ich lange, unehrerbietige Reden: »Es ist gewiss auch nicht angenehm, ein Gegenüber zu haben, das einen immer von oben herunter anschaut, das, wenn es etwas sagt, nur von widrigen Dingen spricht. Ich habe übrigens jetzt gar nicht an das dumme Examen gedacht. An Gerda habe ich gedacht, und ich wünsche darin nicht gestört zu werden.«

Jetzt hielt der Zug. Station Fernow! – »Endlich«,

sagte mein Vater, als sei ich an der langweiligen Fahrt schuld.

Es hatte aufgehört zu regnen. Die Linden um das kleine Stationsgebäude herum waren blank und tropften. Über den nassen Bahnsteig zog langsam eine Schar Enten. Mägde standen am Zaun und starrten den Zug an. Es roch nach Lindenblüten, nach feuchtem Laub. Das alles erschien mir traurig genug. Da stand auch schon die Jagddroschke mit den Füchsen. Klaus nickte mir unter der großen Tressenmütze mit seinem verwitterten Christusgesichte zu. Der alte Konrad band die Koffer auf. »Lustig, Grafchen«, sagte er, »schad't nichts.« Merkwürdig, wir tun uns selber dann am meisten leid, wenn die andern uns trösten. Ich hätte über mich weinen können, als Konrad das sagte. »Fertig«, rief mein Vater. Wir fuhren ab. Die Sonne war untergegangen, der Himmel klar, bleich und glashell. Über die gemähten Wiesen spannen die Nebel hin. In den Kornfeldern schnarrten die Wachteln. Ein großer, rötlicher Mond stieg über dem Walde auf. Das tat gut. Beruhigt und weit lag das Land in der Sommerdämmerung da, und doch schien es mir, als versteckten sich in diese Schatten und diese Stille Träume und Möglichkeiten, die das Blut heiß machten.

»Bandags in Warnow müssen wir besuchen«,

sagte mein Vater. »Aber der Verkehr mit den Verwandten darf nicht Dimensionen annehmen, die dich von den Studien abhalten. Das Studium geht vor.«

Natürlich! Das musste gesagt werden, jetzt gerade, da ein angenehmes, geheimnisvolles Gefühl anfing, mich meine Sorgen vergessen zu lassen.

Es dunkelte schon, als wir vor dem alten, einstöckigen Landhause mit dem großen Giebel hielten. Die Mamsell stand auf der Treppe, zog ihr schwarzes Tuch über den Kopf und machte ein ängstliches Gesicht. Die freute sich auch nicht über unser Kommen. Die Zimmerflucht war still und dunkel. Trotz der geöffneten Fenster roch es feucht nach unbewohnten Räumen. Heimchen hatten sich eingenistet und schrillten laut in den Wänden. Mich fröstelte ordentlich. Im Esssaal war Licht. Mein Vater rief laut nach dem Essen. Trina, das kleine Stubenmädchen, von jeher ein freches Ding, lachte mich an und flüsterte: »Unser Grafchen ist unartig gewesen, muss nu bei uns bleiben?« Die Examengeschichte war also schon bis zu den Stubenmädchen gedrungen. Ich spürte Hunger. Aber in dem großen, einsamen Esssaal meinem Vater gegenüber zu sitzen erschien mir so gespenstig, dass das Essen mir nicht schmeckte. Mein Vater tat, als sei ich nicht da. Er trank viel Portwein, sah gerade vor sich hin, wie in eine Ferne. Zuweilen schien es, als wollte er lächeln, dann blinzelte er mit den langen Wimpern. Es war recht unheimlich! Plötzlich erinnerte er sich meiner. »Morgen«, sagte er, »wird eine praktische Tageseinteilung entworfen. Unbeschadet der Studien, wünsche ich, dass du auch die körperlichen Übungen nicht vernachlässigst. Denn…«, er sann vor sich hin, »zu – zum Versitzen reicht's denn doch nicht.« – »Was?«, fuhr es mir zu meinem Bedauern heraus. Mein Vater schien die Frage natürlich zu finden. Er sog an seiner Zigarre und sagte nachdenklich: »Das Leben.«

Es folgte wieder ein peinliches Schweigen, das mein Vater nur einmal mit der Bemerkung unterbrach: »Brotkügelchen bei Tische zu rollen ist eine schlechte Angewohnheit.« Gut! Mir lag gewiss nichts daran, Brotkügelchen zu rollen! Endlich kam der Inspektor, füllte das Zimmer mit dem Geruch seiner Transtiefel und sprach von Dünger, von russischen Arbeitern, vom Vieh, von lauter friedlichen Dingen, die da draußen im Mondenschein schliefen. Zerstreut hörte ich zu und blinzelte schläfrig in das Licht. »Geh schlafen«, sagte mein Vater. »Gute Nacht. Und morgen wünsche ich ein liebenswürdigeres Gesicht zu sehn.« – Ich auch, dachte ich ingrimmig.

Meine Stube lag am Ende des Hauses. Ich hörte

nebenan in der leeren Zimmerflucht das Parkett knacken. Die Heimchen schrillten, als feilten eifrige, kleine Wesen an feinen Ketten. Meine Fenster gingen auf den Garten hinaus und standen weit offen. Die Lilien leuchteten weiß aus der Dämmerung. Der Mond war höher gestiegen und warf durch die Zweige der Kastanienbäume gelbe Lichtflecken auf den Rasen. Unten im Parkteich quarrten die Frösche. Und dann drang noch ein Ton zu mir, dort aus dem Dunkel der Alleen, eine tiefe Mädchenstimme, die ein Lied sang, eine eintönige Folge langgezogener Noten. Die Worte verstand ich nicht, aber jede Strophe schloss mit rai-rai-rahr-a-h. Das klang einsam und traurig in die Sommernacht hinaus. Ich musste wirklich weinen. Es tat mir wohl, dabei das Gesicht zu verziehn, wie als Kind. Dann legte ich mich zu Bett und ließ mich von der fernen Stimme im Park in den Schlaf singen: rai-rai-r-a-h.

Ich hatte den Tisch an das Fenster gerückt und die Bücher aufgeschlagen, denn es war Studierzeit, wie mein Vater es zu nennen liebte. Draußen sengte die Sonne auf die Blumenbeete nieder. Der Duft der Lilien, der Rosen drang heiß zu mir herein, benahm mir den Kopf wie ein sehr süßes, warmes Getränk. Dabei leuchtete alles so grell. Die Gladiolen flammten wie Feuer, die Scholtias waren unerträglich gelb.

Der Kies flimmerte. Alle standen sie unbeweglich in der Glut, müßig und faul unter dem schläfrigen Summen, das durch die Luft zog. Mir wurden die Glieder schlaff. Das Buch vor mir atmete einen unangenehmen Schulgeruch aus. Nicht um eine Welt konnte ich da hineinschauen. Nicht einmal denken konnte ich; selbst die Träume wurden undeutlich und schläfrig. »Gerda – Gerda –«, dachte ich. Ja, dann kam das angenehm gerührte Verliebtheitsgefühl in der Herzgrube. Ach Gott! Mir fallen die Augen zu! Nichts geschieht. Etwas muss doch kommen, etwas von dem, was da draußen hinter der warmen Stille steckt, etwas von den Heimlichkeiten.

Plötzlich fielen mir Geschichten ein, die wir uns in der Klasse erzählten, wenn wir die Köpfe unter die Bänke steckten, weil wir herausplatzen mussten mit dem Lachen. Ach nein – pfui! Hässlich! Also »Gerda«. – Der Kies knirschte. Langsam ging das Hausmädchen Margusch am Fenster vorüber. Vorsichtig setzte sie die nackten Füße auf den Kies, als fürchtete sie, er sei zu heiß. Sie wiegte sich träge in den Hüften. Die Brüste stachen in das dünne Zeug des weißen Kamisols. Das Gesicht war ruhig und rosa. Die Arme schaukelten schlaff hin und her. Teufel! Wohin mochte die gehn? Ach, die ging gewiss auch zu den Heimlichkeiten, die draußen in der Mittagsglut liegen und schweigen und an denen nur ich keinen Anteil habe!

Konrad kam. »Ankleiden«, sagte er, »wir fahren nach Warnow.«

»Hat er's gesagt?«

»Wie denn nich.«

»Wie fahren wir?«

»Jagdwagen und die Braunen.«

Unterwegs war es so staubig, dass mein Vater und ich die Kapuzen unserer Staubmäntel über den Kopf ziehen mussten. Ganz eingehüllt waren wir in die warme, blonde Wolke, die leicht nach Vanille roch und unleidlich in der Nase kitzelte. Ich wunderte mich, dass mein Vater heiter darüber lachte. Er sprach viel, kameradschaftlich, fast sympathisch: »Was? Antigone hast du studiert? Na, die wird dir heute auch ledern vorgekommen sein. Bei diesen Damen kommt es doch auch auf Beleuchtung an, und Mittagssonne, die ist gefährlich. Was?« Was war es mit ihm heute? Freute er sich am Ende auch auf Warnow? Links und rechts flimmerten die Kornfelder. Der Klang der Sensen drang herüber. Arbeiter, die Gesichter von Hitze entstellt, standen am Wegrain und grüßten. »Arme Racker!«, sagte mein Vater. Nun bemitleidete er sogar die Arbeiter!

Vom Hügel aus sahen wir Warnow vor uns liegen: die Lindenallee, das weiße Haus zwischen den alten Kastanienbäumen, die weiß und roten Jalousien niedergelassen, alles in kühle grüne Schatten gebettet. Es wehte ordentlich erfrischend in unsere Sonnenglut herüber, als ob Ellita mit ihrem großen, schwarzen Federfächer uns Luft zufächelte.

In Warnow war alles, wie es sein musste. Ein jedes Zimmer hatte noch seinen gewohnten Geruch. Der Flur roch nach Ölfarbe und dem Laub der Orangenbäume, die dort standen, der Saal nach dem von der Sonne gewärmten Atlas der gelben Stühle, das Bilderzimmer nach der Politur des großen Schrankes, und bei der Tante roch es nach Melissen und Kamillentee. Die Tante lag auf ihrer Couchette. Sie trug ihren weinroten Morgenrock, die Perlenschnur um den unheimlich weißen Hals. Das Gesicht war mager, freundlich, weiß von *Poudre de riz,* das rotgefärbte Haar sehr hoch aufgebaut. Neben ihr auf dem Tischchen stand die Alt-Sévre-Tasse mit ein wenig Kamillentee darin.

»Da bist du, mein lieber Gerd«, sagte die Tante mit ihrer klagenden Stimme, »Gott sei Dank! Jetzt werde ich ruhig. Du wirst Ordnung schaffen.« Mein Vater behielt die Hand der Tante in der seinen und nickte zerstreut. »Ach«, fuhr die klagende Stimme fort, »ich, ein einsames, altes Frauenzimmer, was kann ich tun? Da ist auch mein kleiner Bill«, wandte sie sich an mich, »armer Jung, muss zu uns in die Einsamkeit. Aber quält ihn nicht. Nur nicht quälen!« Dann wurde von der Landwirtschaft gesprochen. Ich durfte Cheri, das Hündchen der Tante, streicheln. »Heute ist Cheris Geburtstag«, erzählte sie, »ich habe einen Kringel backen lassen, und alle großen Hunde haben auch davon bekommen. Er wird acht Jahre alt. Ja, wir werden alt. Bill, willst du nicht hinausgehen zu den anderen? Die Marsowschen sind auch da. Jugend will zu Jugend. Was sollst du hier bei einer alten, kranken Frau. Gerd, willst du nicht auch die Mädchen begrüßen? Später haben wir viel miteinander zu sprechen. Ja – geht – geht.«

Unten auf dem Tennisplatz fanden wir die anderen. Die Mädchen in hellen Sommerkleidern, die Tenniskappen auf dem Kopf, ganz von wiegendem Blätterschatten umschwirrt.

»Oho Bill!«, rief Gerda und schwenkte ihr Racket. Alles glänzte an ihr wieder zart und farbig. Ellita stand sehr aufrecht da und schaute uns entgegen. Als mein Vater ihre Hand küsste, wurde sie ein wenig blass und blinzelte mit den Wimpern. Dann lachte sie nervös und griff mir in das Haar: »Da ist ja unser großer, fauler Junge«, sagte sie. Das mit dem faulen Jungen war taktlos. Aber wenn Ellita einem in die Haare fasste, so war das doch eigen. Die beiden Marsowschen Mädchen, in rosa

Musselinkleidern mit goldenen Gürteln, waren wieder zu rosa. Dazu die blonden Wimpern, wie bei Ferkelchen. Mein Vater machte Witze, über die alle lachten. Er hatte es leicht, Witze zu machen! »Komm«, sagte Gerda mir leise. Sie lief mir voran die Kastanienallee hinunter. In der Fliederlaube setzte sie sich auf die Bank, ein wenig atemlos, sie hustete, dabei wurden ihre Augen feucht und rund, und sie lächelte dann so hilflos: »Gut, dass du da bist, Bill«, sagte sie. Wir schwiegen. »Warum sprichst du nicht?«, fragte sie dann. »Ach ja! Es ist schade, dass du dein Examen nicht gemacht hast. Warum konntest du auch nicht lernen?« Das empörte mich: »Hast du mich gerufen, um davon zu sprechen?« Gerda erschrak.

»Nein, nein. Es ist ja ganz gleich. Aber weißt du, der Vetter Went kommt.«

»So? Na gut«, warf ich hin.

»Freust du dich?«

Ich zuckte die Achseln: »Ich liebe solche hübschen Männer nicht.«

Das ärgerte wieder Gerda: »Das finde ich dumm«, sagte sie und errötete. »Er kann doch nichts dafür, dass er hübsch ist. – Er – er soll Ellita heiraten.«

»O!«

»Ja, es ist alles hier so unverständlich. Ellita ist böse und traurig. Und ich weiß nicht... Vielleicht kannst du etwas lustig sein. Nimm dich recht zusammen.« Damit lief sie wieder die Allee hinab. Die Füße in den gelben Stiefelchen spritzten den Kies um sich, sorglos wie Kinderfüße. Die blaue Schärpe flatterte im Winde. Den Nachmittag über mussten wir mit den Marsowschen Tennis spielen. Angenehm wurde es erst, als die Sonne unterging. Ich spazierte mit den Mädchen langsam an den Blumenbeeten entlang und machte sie lachen. Am Gartenrande blieben wir stehn und sahen über die Felder hin. Rotes Gold zitterte in der Luft. Der Duft von reifem Korn, blühendem Klee wehte herüber. Die blauen Augen der Mädchen wurden im roten Lichte veilchenfarben. Die Marsowschen Mädchen ließen in tiefen Atemzügen ihre hohen Busen auf- und abwogen und sagten: »Nein – sieh doch!« Ihre Mieder krachten ordentlich, denn sie trugen noch hohe, altmodische Mieder. Gerda lächelte die Ferne an. Ich wollte etwas Hübsches sagen, aber wo nimmt man das gleich her! Durch die Kornfelder kamen Ellita und mein Vater gegangen. Ellita ohne Hut unter ihrem gelben Sonnenschirm. Mein Vater sprang über einen Graben wie ein Knabe. Ellita beschäftigte sich mit der Landwirtschaft und hatte meinem Vater wohl die Felder gezeigt.

Beim Mittagessen trank ich etwas mehr von dem schweren Rheinwein als sonst. Das Blut klopfte mir angenehm in den Schläfen, als ich später draußen auf der Veranda saß. Die Nacht war sternhell. Alle Augenblicke lief eine Sternschnuppe über den Himmel und spann einen goldenen Faden hinter sich her. Fledermäuse, tintenschwarz in der Dämmerung, flatterten über unseren Köpfen. Aus der Ferne kamen weiche, schwingende Töne. Die Mädchen saßen vor mir in einer Reihe und hielten die Arme um die Taillen geschlungen, helle Gestalten in all dem Dunkel. Schön, schön! Ich hatte das Gefühl, Emmy Marsow sei in mich verliebt, und Gerda – Gerda auch; alle. Warum bestand nicht die Einrichtung, dass man in solchen Sommernächten die Mädchen in die Arme nehmen durfte und küssen.

Ellita kam aus dem Hause. Sie blieb einen Augenblick stehen, aufrecht und weiß. »Bill«, sagte sie dann: »Komm mit mir ein wenig in den Garten hinunter, es ist so schön.«

»Gut!«, erwiderte ich ein wenig verdrossen. Sie legte ihren Arm um meine Schultern und fasste meinen Rockaufschlag, was mich daran erinnerte, wie klein ich für meine achtzehn Jahre war. So gingen wir zwischen den Lilienbeeten den Weg hinunter. Ellitas Arm lag schwer auf meiner Schulter. Ich glaubte zu spüren, wie das Blut sich in ihm regte. Lieber wäre ich eigentlich auf der Veranda geblieben. Ellita war nie recht gemütlich. Jetzt aber begann ich langsam die Hand, die meinen Rockaufschlag hielt, zu küssen. Ellita sprach schnell, ein wenig atemlos von gleichgültigen Dingen: »Gut, dass du diesen Sommer bei uns bist. Auch für Gerda. Sie ist so einsam. Wir reiten zusammen aus, nicht? Denk dir, den Talboth darf ich nicht mehr reiten, er ist so unsicher geworden.«

Über dem Gerstenfelde auf dem Hügel stieg eine rote Mondhälfte auf, es war, als schwimme sie auf den feinen, schwarzen Grannen. »Das ist schön«, meinte Ellita. »Machst du noch Gedichte? Ach ja, das musst du.« Während sie zum Monde hinüberschaute, blickte ich in ihr Gesicht. Es musste sehr bleich sein, denn die Augen erschienen ganz schwarz und glitzerten in dem spärlichen Lichte.

Schritte hörte ich hinter uns. Ellitas Arm auf meiner Schulter zitterte ein wenig. Der Duft einer Zigarre wehte herüber, dann hörte ich meinen Vater sagen: »Ah, ihr lasst euch vom Monde eine Vorstellung geben.«

»Ja, er ist so rot«, erwiderte Ellita ohne sich umzuschauen.

Als wir den Weg zurückgingen, schritt mein Vater neben uns her. Ich hätte mich gern zurückgezogen, die Lebenslage verlor für mich an Reiz, allein Ellita hielt meinen Rockaufschlag fester als vorher. Ich sollte also bleiben. Mein Vater zog die

Augenbrauen empor und sog schweigend an seiner Zigarre.

»Wie stark die Lilien duften«, bemerkte Ellita.

Da begann er zu sprechen. Seine Stimme hatte heute einen wunderlichen Celloklang, den ich bisher nicht bemerkt hatte, so etwas wie eine schwingende Saite. »Hm – ja. Sehr hübsch – alles sehr hübsch. Weich und süß. Nur – so süße Watte ist mir immer ein wenig verdächtig.«

»Süße Watte, wieso?«, fragte Ellita gereizt.

Mein Vater lachte, nicht angenehm wie mir schien: »Hm! Sommernacht und Lilien und Einsamkeit, das ist ja schön, aber, mir, auf meinen Reisen, geht es so, wenn's ganz weich und süß um mich wird, dann denke ich an das Packen. Ich fürchte mich davor, mich zu versitzen, nicht weiter zu wollen, verstehst du? Man lässt sich gern von dem, was einen etwas glücklich macht, überrumpeln. An allem, was uns binden will, glaube ich, müssen wir ein wenig herumzerren, um zu sehen, ob wir nicht zu fest gebunden sind. Nicht?«

»Nein«, sagte Ellita hart. Ich hörte ihrer Stimme an, dass sie böse war. Warum? Gleichviel. Ich nahm jedenfalls leidenschaftlich für sie gegen meinen Vater Partei: »Nein. Ich behalte, was ich habe. Wenn es auch hässlich ist – oder meinetwegen gestohlen, wenn es mich ein bisschen glücklich macht… Ein anderes? Weiß ich denn...?« Es war, als könne sie vor Erregung nicht weitersprechen. Sie stützte sich schwerer auf mich; ich spürte, wie dieser Mädchenkörper von einem innerlichen Schluchzen sachte geschüttelt wurde. Ich hätte mitweinen mögen. Mein Herz klopfte mir bis in die Kehle hinauf.

Mein Vater sann vor sich hin, dann sprach die wunderlich schwingende Stimme weiter: »Ich habe einen guten Freund in Konstantinopel, einen Türken. Der sagte mir, wenn er ein Pferd ganz zugeritten hat, wenn er es ganz in seiner Hand hat, dann gibt er es fort und nimmt sich ein frisches. Zugerittene Pferde, an die man sich gewöhnt hat, meint er, sind gefährlich. Man wird unaufmerksam und dann passiert ein Unglück.«

»Er ist sehr vorsichtig, dein alter Türke«, meinte Ellita.

»Ja – hm«, mein Vater schlug einen leichten Ton an: »er scheint dir nicht sympathisch zu sein, mein Türke? Aber richtig ist es, das Im-Zügel-Halten ist doch ein Genuss. Und das verstehen die Frauen so schön, ihr – unsere Frauen. Gut, was wild ist, lässt man eine Weile laufen, und dann – ein Ruck – und es steht still und es geht wieder, wie *wir* wollen...«

»Wie kannst du das sagen!« Ellita schüttelte leidenschaftlich meinen Rockaufschlag. »Du glaubst, wenn du immer wieder sagst, ihr – könnt das, ihr seid solche herrliche Wesen, es ist eure Eigentümlichkeit, so zu sein – dann – dann werden wir so, wie du willst, dann tun wir, was du willst. Und wenn wir dann zu gefügig werden; was – dann? wie sagt der alte Türke – ?«

»Ellita«, unterbrach mein Vater sie hastig, dann lachte er gezwungen laut, »ich denke, wir wollen uns über diese Philosophie nicht ereifern. Ich werde nicht so bald mehr deine Lilien angreifen. Übrigens ist es spät; Bill, geh und lass anspannen.«

Als ich mich von den beiden trennte, hörte ich deutlich, wie Ellita sagte: »Gerd, warum quälst du mich?«

Auf dem Heimwege sprachen wir kein Wort miteinander. Die Nacht hatte ihr einsames Singen in den Feldern und an den Wassern. Das Land lag farblos im Mondlichte da. Mir war, als hätte ich etwas Schmerzliches erlebt. Zu Hause kroch ich zu Bette, sehr schnell, als wollte ich mich vor etwas flüchten. Unten im Park sang wieder die Mädchenstimme ihr Rai-rai-rah. Nebenan hörte ich das Parkett krachen. Es war mein Vater, der ruhelos durch die mondbeschienene Zimmerflucht auf und ab schritt.

Nach jenem mir so unverständlichen Gespräch mit Ellita war mein Vater mir zwar nicht sympathischer, aber interessanter geworden. Ich sah ihn mir den nächsten Tag besonders genau an. Er war ein wenig gelber in der Gesichtsfarbe, an den Augen zeigten sich die feinen Linien deutlicher. Sonst war er wie immer. Keine Spur von Celloklang in seiner Stimme. Beim Frühstück fragte er Konrad: »Wer singt da des Nachts unten im Garten?«

»Ach«, meinte Konrad, »das is nur die Margusch, das Hausmädchen.«

»Was hat die des Nachts zu singen?«

Konrad lächelte verachtungsvoll: »Das is so 'ne melancholische Person. Sie ging mit dem Jakob, dem Gartenjungen, nu' is der auf dem Vorwerk, hat woll 'ne andere gefunden. Nu is die Margusch toll.«

Mein Vater winkte ab, was so viel hieß als: »Das ist ja gleichgültig.« Ich musste darüber nachdenken. Um alle, auch um die Hausmädchen spannen sich diese sommerlich verliebten Dinge, die uns unruhig machen und des Nachts nicht schlafen lassen.

Am Nachmittage ging ich auf das Feld und legte mich auf ein Stück Wiese, das wie eine grüne Schüssel mitten in das Kornfeld eingesenkt lag. Die glatten Wände aus Halmen dufteten heiß und stark. Um mich summte, flatterte und kroch die kleine Geschäftigkeit der Kreatur. Ich schloss die Augen. Gab es denn nichts Verbotenes, das ich unternehmen konnte? Das geschähe meinem Vater schon recht, wenn ich einen ganz tollen Streich beginge. Zügeln, sagte er, das Wilde zügeln. Ich möchte wissen, was ich zügeln soll, wenn ich so abgesperrt werde? Nun kommt noch dieser Went. Die Mädchen sind immer um ihn herum, ekelhaft! Gerda machte ein besonderes Gesicht, als sie von ihm sprach. Unruhig warf ich mich auf die andere Seite. In der Nacht musste etwas unternommen werden, wobei man aus dem Fenster steigt, Bier trinkt, zum Raunen der Sommernacht gehört.

Auf der Landstraße klapperten Pferdehufe. Ich spähte durch die Halme. Mein Vater und Ellita ritten dem Walde zu; sie im hellgrauen Reitkleide, den großen, weißen Leinwandhut auf dem Kopfe. Sitzen kann die auf dem Pferde! Stunden könnte man sie ansehen. Ich wollte, ich wäre der dumme Went. Ob das immer so mit den Weibern ist, dass, wenn wir sie ansehen, es uns die Kehle zusammenschnürt, als müssten wir weinen? Mein Vater, der wird sich nicht versitzen. Immer ein Mädchen wie Ellita zur Seite und in den Wald geritten, keine Gefahr, dass der sich langweilt. Ich wollte gleich zu Edse, dem kleinen Hilfsdiener, gehen, der musste sich für die Nacht etwas ausdenken.

Edse saß am Küchentisch, hatte Schuh und Strümpfe ausgezogen und kühlte seine Füße im Wasser.

»Edse, können wir heute Nacht nicht etwas tun?«

»Was denn, Grafchen?« Edse bog seinen großen,

blonden Kopf auf die Seite und blinzelte mit den wasserblauen Augen.

»Irgendwas. Ich steig zum Fenster hinaus. Er merkt's nicht.«

Edse dachte nach: »Wenn kein Wind is, kann man Fische stechen auf dem See.«

Das war es: »Gut, und Bier muss da sein – und – und werden auch Mädchen da sein?«

Edse spritzte ernst mit den Füßen das Wasser um sich: »Nee –«, meinte er, »beim Fischestechen sind keine Mädchen. Der Krugs-Peter und ich.«

»Gut, gut. Ich weiß«, sagte ich befangen.

Es ging bereits auf Mitternacht, als ich aus meinem Fenster in das Freie hinausstieg. Der Himmel war leicht bewölkt, die Nacht sehr dunkel. Wie ein warmes, feuchtes Tuch legte die Luft sich um mich. In den Kronen der Parkbäume raschelte der niederrinnende Tau und flüsterte heimlich. Ein Igel ging auf die Mäusejagd den Wegrain entlang. Eine Kröte saß mitten auf dem Fußpfad und machte mir nicht Platz. Alles nächtliche Kameraden des Abenteurers. Vom See her leuchtete ein flackerndes Licht. Edse und Peter waren schon bei dem Boot und machten Feuer an auf dem Rost. Ich ging quer durch ein feuchtes Kleefeld, dann durch einen Sumpf, in dem jeder Schritt quatschte und schnalzte. Das war gut, das gehörte dazu.

»Aha«, sagte Edse und wischte sich mit dem Ärmel die Tränen fort, die der Rauch ihm in die Augen getrieben hatte. »War woll nich leicht, wegzukommen?«

»Ja, es dauerte«, sagte ich kühl. Edsens Vertraulichkeit missfiel mir: »Nun können wir losfahren.«

Peter stieß mit einer langen Stange das Boot lautlos über das Wasser. Edse und ich standen mit unseren Dreizacken am Bootsrande und lauerten auf die Fische. Das Feuer auf dem Rost an der Bootsspitze erfüllte die Luft mit Rauch und Harzgeruch. Lange Schwärme von Funken zogen über das schwarze Wasser, zischten und flüsterten beständig. Wir schwiegen alle drei, sehr aufmerksam in das Wasser starrend. Wunderlich war die Glaswelt unten mit den fetten Moosen, den fleischfarbenen Stengeln, dem lautlosen Ab und Zu langer Beine, dünner, sich schlängelnder Leiber. Zwischen den Schachtelhalmen zogen die Karauschen hin, breite, goldene Scheiben. Wo es klar und tief war, lagen die Schleie tintenschwarz im schwarzen Wasser: »Fettes Schwein«, sagte Edse, wenn er einen am Eisen hatte. Nahe dem Ufer aber, auf dem Sande, schliefen die Hechte, lange, silbergraue Lineale. Ein angenehmes Raubtiergefühl wärmte mir das Herz. Wenn wir in das Röhricht gerieten, dann rauschte es an den Flanken des Bootes, als führen wir durch

Seide, und hundert kleine, erregte Flügel umflatterten uns. Ein Taucher erwachte und klagte leidenschaftlich. Edse und Peter kannten das alles, sie waren Stammgäste in dieser wunderlichen Nachtwelt: »Aha, die Rohrschwalben«, sagte Edse: »Na, na, geht nur wieder schlafen, kleine Biester. Was schreit der Taucher heute so, als wenn einer ihm seine Mutter abschlachtet?« Plötzlich wurde das Wasser von unzähligen Punkten getrübt. »Es regnet«, meldete Peter. »Nicht lange«, entschied Edse. Das Boot wurde unter eine überhängende Weide gestoßen, wir legten die Eisen fort und begannen zu trinken. Selbst das Bier schmeckte nach Rauch und Harz. Edse sprach von den Fischen, blinzelte in das Feuer, und wenn er trank, wurden seine Augen klein und süß. Zuweilen horchte er in die Nacht hinaus und deutete die Geräusche: »Das is der Kauz. Jetzt bellen die Hunde am Schwarzen Krug. Die fremden Arbeiter gehn jede Nacht zu den Marjellen.« Ich war ein wenig enttäuscht. Das Fische-Stechen war ja gut, aber es sollte doch noch etwas Besonderes kommen. Jetzt gähnte Peter, seinen Ho-ho-ho-Laut auf den See hinausrufend. Nein, so ging es nicht. Ich begann schnell zu trinken. Das half. Ein leichter Schwindel wiegte mich. Die Gegenstände nahmen eine wunderliche Deutlichkeit an, rückten mir näher; die schwarzen Zweige, der Frosch auf dem Blatt der Wasserrose. Dabei hatte ich das Gefühl, als säße ich hier in einer gewagten und wüsten Lebenslage. Wenn Gerda mich so sähe, ihre Augen würden ganz klar vor Verwunderung werden. Mit der musste ich auch anders sprechen, sie war doch auch nur ein Weib: »Warum sprecht ihr nicht? Erzählt was!«, befahl ich.

Edse grinste. »Ja«, begann er langsam, »morgen wird's wieder gut, das Wetter.«

»Nicht so was«, unterbrach ich ihn und spie mit einem Bogen in den See, »was anderes. Sag, was ist denn die Margusch für 'ne Person?«

»Dumm is sie«, meinte Edse.

Peter kicherte: »Da wollt ich mal heran zu ihr...«, aber Edse unterbrach ihn: »Das wollen Herrschaften nich hören.« Hören wollte ich es zwar, allein ich sagte nichts. Der Regen hatte aufgehört. Wir griffen zu den Eisen. Aber die Glieder waren mir schwer, und die Fische wurden mir gleichgültig. Auch kroch schon eine weiße Helligkeit über das Wasser und machte es spiegeln. »Ans Ufer!«, kommandierte ich.

Während ich am Ufer auf einem Baumstumpf saß und zuschaute, wie die Jungen die Fische zählten, merkte ich, dass ich anfing, traurig zu werden. Wie die Nacht sich langsam erhellte, wie sie anfing, grau und durchsichtig zu werden, und die Gegenstände farblos und nüchtern dastanden, das war mir unendlich zuwider. »Jetzt noch was«, sagte ich mit Anstrengung. »So?«, meinte Edse und gähnte. »Gähne nicht!«, befahl ich, »dazu bin ich nicht herausgekommen. Zu Mädchen gehen wir.« Die Jungen schauten sich schläfrig an. Ich hätte sie schlagen mögen.

»Na, dann gehen wir zum Weißen Krug. Die Marrie und die Liese schlafen im Heu«, beschloss Edse gleichmütig.

Wir schritten quer durch den Wald, schlichen gebückt durch das Unterholz, das seine Tropfen auf uns niederregnete, die Farnwedel schlugen nass um unsere Beine. Das war heimlich, das gab wieder Stimmung. Jetzt noch durch einen Kartoffelacker, dann lag der Weiße Krug vor uns auf der Höhe an der Landstraße. Sehr still schlief er in dem grauen Lichte des heraufdämmernden Morgens, selbst grau und schäbig. An dem Gartenzaun entlangkriechend, gelangten wir zum Stall: »Rauf«, sagte Edse und wies auf die Leiter, die zum Futterboden hinaufführte.

Oben war es finster und warm. Das Heu duftete stark. Überall knisterte es seidig: »No«, sagte Edse wieder. Vor mir lagen zwei dunkle Gestalten. Also die Mädchen. Ich setzte mich auf das Heu am Boden. Das Blut sang mir in den Ohren. Die Augen gewöhnten sich an die Dämmerung. Die Jungen raschelten im Heu und flüsterten. Jetzt musste ich etwas tun. Ich streckte die Hand aus und ergriff einen heißen Mädchenarm. Das Mädchen richtete sich schnell auf, griff nach meiner Hand, befühlte langsam jeden Finger. Dann kicherte sie, ich hörte, wie sie dem anderen Mädchen zuflüsterte: »Du, Liese, der Jungherr.« Nun hockten beide Mädchen vor mir, große, erhitzte Gesichter von weißblonden Haaren umflattert, die nackten Arme um die Knie geschlungen. Sie sahen mich mit runden, wasserblauen Augen an und lachten, dass die Zähne in der Dämmerung glänzten. »Was der für Hände hat!«, sagte Marrie. Nun griff auch Liese nach meiner Hand, befühlte sie, betrachtete sie wie eine Ware und legte sie dann vorsichtig auf mein Knie zurück. »Sei nicht dumm, komm«, sagte ich mit heiserer Stimme. Aber sie entzog sich mir: »Es is Zeit runterzugehn«, meinte sie.

Raschelnd, wie die Wiesel, schlüpften die Mädchen durch das Heu und glitten die Leiter hinunter.

»Es ist zu hell, da sind die Biester unruhig«, behauptete Edse.

»Sie haben den Jungherrn an den Händen erkannt«, meinte Peter und gähnte wieder sein lautes Ho-ho: »Muss man auch runter.«

Unten im kleinen Gatten standen die Mädchen zwischen den Kohlbeeten. Sie traten von einem Fuß auf den anderen, denn die nackten Füße froren in dem taufeuchten Kraut. Die Arme kreuzten sie über den großen, runden Brüsten und sahen mich ernst und neugierig an.

»Stehn, wie so 'n Vieh«, äußerte Edse. Da ging Marrie zu einem umgestürzten Schiebkarren, wischte mit ihrem Rock den Tau fort und sagte: »So, hier kann der Jungherr sitzen.«

Ich thronte auf dem Schiebkarren. Peter hatte angefangen, mit Liese zu ringen. Sie fielen zu Boden und wälzten sich auf dem nassen Grase. »Er ist nicht schläfrig«, bemerkte Marrie zu Edse und deutete auf mich, wie man von einem Kinde in seiner Gegenwart zu einem Dritten spricht. Dann brach sie einige Stengel Rittersporn und Majoran ab. »Da«, sagte sie, »damit Sie auch was haben.« Als ich meine Hand auf ihre Brust legen wollte, trat sie zurück und lächelte mütterlich.

Peter und Liese hatten sich durch den Garten gejagt und waren hinter dem Holzschuppen verschwunden. Marrie wandte sich jetzt ruhig ab und ging, die Füße hoch über die Kohlpflanzen hebend, ihnen nach. Dann war auch Edse fort. Hinter dem Schuppen kicherten sie. Es wurde schon ganz hell, solch eine nüchterne, strahlenlose Helligkeit, die müde macht. Über mir sangen die Lerchen in einem weißen Himmel unerträglich schrill und gläsern. Ich fühlte mich sehr elend und allein mitten unter den Kohlpflanzen. Ein großer Zorn stieg schmerzhaft in mir auf, aber ein Zorn, wie wir ihn als Kind empfinden, wenn wir am liebsten die Hände vor das Gesicht schlagen und weinen. Ich stand auf und schlich mich durch den aufdämmernden Morgen heim.

Vetter Went war in Warnow angekommen. Von der kleinen Wiese im Gerstenfelde aus sah ich ihn, Ellita und meinen Vater wie eine Vision von bunten Figürchen fern am Waldessaum entlangreiten. Ich war so gut wie vergessen, an mich dachte niemand. Dann kam Went eines Tages zum Frühstück herübergeritten. Ich liebte ihn nicht sonderlich. Er war von oben herab mit mir und nannte mich Kleiner. Dennoch war es angenehm, ihn anzusehen. Die scharfen, ruhigen Züge hatten etwas Festliches. Dazu das krause, blonde Haar, der ganz goldene Schnurrbart. Es musste etwas wert sein, mit dieser Figur und diesem Gesichte am Morgen aufzustehn, sie den ganzen Tag über mit sich herumzutragen, nachts damit schlafen zu gehn. Mit dieser Figur und diesem Gesicht konnte keiner sich ganz gehenlassen.

»Also durchgefallen?«, sagte er mir: »Na, so beginnen wir alle unsere Karriere.«

Während des Essens sprach er mit meinem Vater über militärische Sachen. Mein Vater war heute besonders ironisch. Er widersprach Went beständig, setzte ihn mit kurzen Warums und Wiesos in Verlegenheit und lachte unangenehm. Wents »Nein, bitte sehr, lieber Onkel« klang immer gereizter und hilfloser.

Später ging ich mit Went die Gartenallee hinab. Wir schwiegen. Went köpfte mit seiner Reitgerte die roten Phloxblüten.

»Er hat was gegen mich«, murmelte er endlich.

»Ja, natürlich«, erwiderte ich, »gegen mich auch.«

»Gegen dich?« Went lachte: »Ja so, wegen des Nachlernens.«

Das ärgerte mich: »Dir kann es gleich sein, aber ich bin in seiner Macht. Hier eingesperrt zu werden wie ein Kanarienvogel ist lächerlich. Er ist ja gewiss ein feiner, patenter Herr, aber er denkt nur an sich. Die anderen liebt er nicht, wenn – wenn es nicht zufällig Damen sind.«

Went schaute überrascht auf: »Na, Kleiner, du machst dir keine Illusionen über deinen Erzeuger. Du hast übrigens unrecht. Hier ist es hübsch.«

Ich zuckte die Achseln. »Ach, so 'ne süße Watte.«

»Süße Watte? Wo hast du das her?«, bemerkte Went.

Nach einigen Tagen sagte mein Vater mir beim

Frühstück: »Wir fahren heute nach Warnow. Deine Cousine Ellita hat sich mit Went verlobt. Heute ist Verlobungsdiner.«

Ich brachte nur ein »Ach wirklich?« hervor.

Mein Vater beugte sich über seinen Teller und murmelte: »Wieder ist das Filet hart – ja«, dann fügte er hinzu: »Ein freudiges Ereignis. Ich freue mich.«

Er sah heute müde aus, aber das stand ihm gut. Er bekam dadurch einen fein unheimlichen Römerkopf. Behaglich war es nicht, ihm gegenüberzusitzen, aber nicht alltäglich. Es war etwas an ihm, das neugierig machte.

Daran dachte ich, als ich im Wohnzimmer mich auf dem Diwan ausstreckte. Die grünen Vorhänge waren vor der Mittagssonne zurückgezogen. Die Fliegen kreisten summend um den Kronleuchter. Die Blumen welkten in den Vasen. Draußen kochte der Garten in der Mittagsglut. Ich hörte es ordentlich durch die Vorhänge hindurch, wie das leise Singen des Teekessels. Ich schloss die Augen. Heute war wenigstens etwas Angenehmes vor. Ich dachte an Gerda, ließ das schöne Liebesgefühl mir sanft das Herz kitzeln. Dann standen die beiden Krugsmädchen deutlich vor mir – in den graublauen Kohlpflanzen, die Haare voller Halme, und gleich darauf war es wieder Ellita, sie legte ihren warmen, königlichen Arm um meine Schultern und duftete nach Heliotrop. Ach ja, alle diese Mädchen, diese lieben Mädchen! Die Welt ist voll von ihnen! Das ließ mich tief und wohlig aufatmen.

Ich fuhr aus dem Halbschlummer auf. Es musste Zeit sein, sich anzukleiden. Die tiefe Ruhe im Hause war mir verdächtig. Dass die Fahrt nur nicht in Vergessenheit gerät! Ich beeilte mich mit dem Ankleiden, lief in den Stall, um Kaspar anzutreiben. Ich war froh, als der Wagen vor der Tür hielt. Konrad stand auf der Treppe und sah nach der Uhr.

»Kommt er?«, fragte ich.

»Fertig is er«, meinte Konrad.

So warteten wir. Die Pferde wurden unruhig. Kaspar gähnte.

»Er hat's vergessen«, bemerkte ich.

Konrad zuckte die Achseln: »Gemeldet hab ich. Noch 'n mal geh ich nich.«

»Dann geh ich«, beschloss ich.

Ich lief zu dem Arbeitszimmer meines Vaters, öffnete zaghaft die Tür und blieb regungslos stehen. Dort geschah etwas Unerklärliches. Mein Vater, in seinem Gesellschaftsanzuge, saß am Schreibtisch auf dem großen Sessel. Er stützte die Ellbogen auf die Knie, barg das Gesicht in die Hände, wunderlich in sich zusammengekrümmt, und weinte. Ich sah es deutlich – er weinte; die Schultern wurden sachte geschüttelt, die Stirn zuckte, das Haar war ein wenig in Unordnung geraten, der Saphir an dem Finger der über das Gesicht gespreizten Hand leuchtete in einem Sonnenstrahl, der sich durch den Vorhang stahl. Angst erfasste mich, eine Angst, wie wir sie im Traum empfinden, wenn das Unmögliche vor uns steht. Ich zog mich zurück und schloss leise die Tür. Vor der Tür stand ich still. Ich fühlte, wie meine Mundwinkel sich verzogen, als müsste auch ich weinen.

»Er kommt schon«, meldete ich draußen.

»Wie sehen Sie denn aus, Jungherr?«, fragte Konrad.

»Ich sehe aus, wie ich will«, antwortete ich hochmütig.

Ich setzte mich auf die Treppenstufen und sann dem Bilde nach, das ich eben gesehen hatte. Hier lag wieder alles unverändert alltäglich im gelben Sonnenschein vor mir, und dort drinnen saß die in sich zusammengekrümmte Gestalt mit den tragisch über das Gesicht gespreizten Händen. Etwas Unbegreifliches war in der Verschwiegenheit der Mittagsstunde entstanden.

Dann kam mein Vater, in seinen weißen Staubmantel gehüllt, das Gesicht ein wenig gerötet vom Waschen. »Du schimpfst wohl schon«, sagte er lustig. Auf der Fahrt unterhielt er mich liebenswürdig. Er sprach ernsthaft mit mir über Familienangelegenheiten. Er freute sich über die gute Partie, die Ellita machte. Für eine starke Natur wie Ellita war es ungesund, Jahr für Jahr in der ländlichen Einsamkeit zu sitzen und sich in den kleinen Verhältnissen abzumühen. Solche Frauen müssen mitten in der großen Welt auf hohen, kühlen Postamenten stehen, sonst wird ihr Gemütsleben krank.

In Warnow saß die Tante in großer Toilette unter ihren Gästen auf der Veranda; neben ihr der alte Hofmarschall von Telfen, das Haar kohlschwarz gefärbt und unerträglich stark parfümiert. Die Mädchen trugen weiße Kleider und Rosen im Gürtel, die Herren hatten sich Tuberosen in das Knopfloch gesteckt. Die Ranken des wilden Weines streuten zitternde Schatten über all die Farben, machten mit ihrem grünlichen Grau die Gesichter blasser, die Augen dunkler. Der alte Marsow hatte eine weißseidene Weste über seinen runden Bauch gezogen und sprach sehr laut schlecht von den Ministern. Dazwischen erzählte die klagende Stimme der Tante dem Hofmarschall von einer Gräfin Bethusi-Huk, die vor langen Jahren in Karlsbad freundlich zu ihr gewesen war. Ellita saß abseits. Sie streichelte nachdenklich die Federn ihres Fächers und machte ihr schönes, missmutiges Gesicht: »Ihr alle hättet auch fortbleiben können«, stand darauf zu lesen.

»Wo ist der Bräutigam?«, fragte mein Vater.

Er sei mit Gerda unten im Garten, hieß es.

»Der hat mit einer Schwester nicht genug«, dröhnte die Stimme des alten Marsow. Niemand lachte über diese Taktlosigkeit.

»Bill, willst du nicht hinuntergehen, sie rufen«, sagte Ellita.

Ich fand die beiden unten bei der Hängeschaukel. Went stand auf der Schaukel und schaukelte sich. Er flog sehr hoch, fast bis in die Zweige der Ulme hinauf. Tadellos fein sah er aus. Sehr schlank in seine blaue Uniform geknöpft, der Kopf in der Sonne wie mit Gold bedeckt. Gerda schaute zu ihm auf, die Lippen halb geöffnet, die Augen rund und wie in einen erregenden Traum verloren. Die Hand legte sie auf die Brust in einer Bewegung, die ich an ihr nicht kannte, ganz fest die rechte Brust zusammendrückend. Sie bemerkte es nicht, dass ich neben ihr stand, und die Eifersucht machte mich ganz elend.

»Tag, Gerda«, sagte ich heiser.

Sie schreckte zusammen und sah mich mit dem unzufriedenen Blick eines Menschen an, der im Schlafe gestört wird. Das hatten beide Warnower Mädchen, sie konnten plötzlich aussehen wie schöne, böse Knaben.

»Ach du, Bill!«, sagte sie. Freundlich klang das nicht.

»Ihr schaukelt hier?«, fragte ich, um etwas zu sagen.

»Ja – sieh ihn«, erwiderte Gerda, schaute empor, und wieder legte sich das Traumlächeln über ihr Gesicht.

Went hatte mit dem Schaukeln aufgehört und ließ die Schaukel ausschwingen. Er lehnte sich leicht gegen eine der Stangen, präsentierte seine gute Gestalt sehr vorteilhaft. Mir war er zuwider, wie er so dastand und sich von Gerdas Augen anstrahlen ließ.

»Statt zu schaukeln, solltest du zu den anderen gehen«, rief ich zu ihm hinauf: »Ellita fragt nach dir.«

Er sprang ab: »Ellita schickt dich? Ist sie unzufrieden?«, fragte er.

»Natürlich«, log ich.

»So – so, na, dann, Kinder, geh ich voraus.« Ich fand, er sah aus wie ein ängstlicher Schuljunge. Eilig lief er dem Hause zu. Ich lachte schadenfroh.

»Er hat Angst vor ihr«, bemerkte ich.

»Er! Was fällt dir ein!« Gerda wandte sich böse von mir ab und setzte sich auf die Bank. Dann versank sie in Gedanken.

»Was habt ihr beide so viel miteinander zu besprechen?«, fragte ich gereizt.

»Von Ellita sprechen wir natürlich, immer von

ihr«, erwiderte Gerda noch immer sinnend. »Went hat mir viel zu denken gegeben.«

»Er sollte lieber selbst für sich denken!« Ich war so böse, dass ich ein Ahornblatt mit den Zähnen zerreißen musste.

Gerda schaute auf. Wirklicher Kummer lag auf ihrem Gesichte, etwas Erstauntes und Hilfesuchendes. Die Augen wurden feucht: »Warum sprichst du so? Du weißt doch nicht…«

»Was hat er dich traurig zu machen«, murmelte ich kleinlaut. Die Liebe schnürte mir die Kehle zusammen. Am liebsten hätte auch ich geweint, wenn das angängig gewesen wäre.

Gerda begann zu sprechen, schnell und klagend. Es war nicht für mich, das sie sprach, sie musste es heraussagen: »Warum muss Ellita so schlecht gegen ihn sein? Er liebt sie doch. Und nun kann sie ja fort von hier, hinaus. Das will sie doch. Er tut ihr nur Gutes. Aber sie war immer so, ich weiß, jetzt wird sie nicht mehr einsam sein und arm.«

»Arm?«

»Ja, Ellita sagt, wir sind arm.«

»Aber es ist doch alles so fein hier bei euch?«, wandte ich ein.

»Ach!«, meinte Gerda. »Das ist nur wegen der Mama, weil sie bei Hof war und eine *beauté*, da muss sie das haben.«

»Ach ja, das war damals, als sie sich so schrecklich tief dekoltierte, wie auf dem Bilde im Saal«, bestätigte ich.

»Sei nicht dumm«, fuhr Gerda mich an: »Gewiss sind wir arm und müssen immer hier sitzen. Und wenn alles verschneit ist und keiner zu uns kommt und in den Zimmern die Öfen heizen und Kerzen gespart werden, dann geht Ellita durch die Zimmer, immer auf und ab wie ein Eisbär, und spricht mit keinem und sieht Mama und mich böse an. Oder sie geht in ihr Zimmer und tanzt stundenlang allein Bolero, in der Nacht weint sie. Ich hör' es nebenan. Sie tut mir leid, aber es ist auch zum Fürchten. Aber jetzt hat sie ja alles. Warum ist sie nicht froh? Warum quält sie Went? Warum weint sie nachts? Warum tanzt sie noch allein Bolero?« Jetzt hingen Tränen an Gerdas Wimpern, runde Tröpfchen, die in der Sonne blank wurden: »Ja – etwas Trauriges geht jetzt immer zwischen uns herum. Ich weiß nicht, was es ist.«

Ich wusste auf all das nichts zu sagen. Ich griff daher nach Gerdas Hand und begann sie zu küssen. Aber sie entzog sie mir: »Bill, sei nicht lächerlich. Komm, schaukle mich lieber.«

Sie setzte sich auf die Schaukel, bog den Kopf zurück, schaute mit verzückten Augen empor, ganz regungslos, nur die Füßchen in den weißen Schuhen bewegten sich nervös und ruhelos. Während ich die Schaukel hin und her warf, hing ich meinen trüben Gedanken nach: Natürlich war Gerda in diesen Went verliebt. Sie weinte um ihn, jetzt dachte sie an ihn und erlebte aufregende, traurige Dinge mit ihm, und ich war ein gleichgültiger Schuljunge, der arbeiten sollte und nicht mitzählte. Das kränkte mich so, dass ich nicht mehr schaukeln mochte.

»Warum schaukelst du nicht?«, fragte Gerda aus ihrem Traum heraus.

»Weil ich nicht will«, erwiderte ich. »Weil«, ich suchte nach etwas Grausamem, das ich sagen könnte, »weil ich nichts davon habe, dich zu schaukeln, damit du besser an deinen Went denken kannst.«

»Meinen Went?« Gerda errötete wie immer, wenn sie böse war, ein warmes Zentifolienrosa, das bis zu den blanken Stricheln der Haarwurzeln hinaufstieg.

»Gewiss, ihr seid alle in diesen Affen verliebt.« Es tat mir zwar leid, dass ich das sagte, aber gesagt werden musste es.

Schweigend stieg Gerda von der Schaukel, zog ihre Schärpe zurecht, dann, sich zum Gehen wendend, bemerkte sie mit einer Stimme, die überlegen, erwachsen klang, die Gerda weit von mir fortrückte: »Weißt du, Bill, bei dem Allein-in-Fernow-Sitzen hast du recht schlechte Manieren bekommen. Es tut mir leid, dass ich mit dir gesprochen habe.«

»Bitte«, sagte ich trotzig.

Gerda ging. Ich blieb noch eine Weile auf der Bank sitzen. Also die einzige Freude, die ich diesen Sommer hatte, war mir auch verdorben. Nicht einmal mich ruhig zu verlieben hatte ich das Recht. Die anderen liebten und wurden geliebt, sie hatten ihre Geheimnisse und ihre Tragödien; ich hatte nur die verschimmelten Bücher. Denn, wenn Gerda sagte, ich hätte schlechte Manieren, so war das nicht einmal etwas, das man Schmerz nennen kann. Na, sie sollten sehen. Ich würde mir schon etwas ausdenken!

Während des Mittagessens versuchte ich mein Elend niederzutrinken. Das brachte wieder ein wenig Festlichkeit in mein Blut. Ich fand die lange Tafel lustig. Wenn ich an den großen Rosensträußen vorüber auf die Mädchengesichter sah, erschienen sie mir sehr weiß mit unruhigem Glanz in den Augen und zu roten Lippen. Alles zitterte vor meinen Augen. Ich musste lachen und wusste nicht, worüber. Ich saß zwischen den beiden Marsows. Die fetten, weißen Schultern streiften meinen Rockärmel. Ich glaubte die Wärme der runden Mädchenkörper zu spüren. Sie kicherten viel über das, was ich ihnen sagte.

Mein Vater hielt eine Rede. Während er dastand, die Tuberose im Knopfloch, das Sektglas in der Hand, und ein wenig lächelte, wenn die andern über seine Witze lachten, versuchte ich an die Gestalt dort im Arbeitszimmer zu denken. Aber es schien, als hätten diese beiden Gestalten nichts miteinander zu tun.

Er sprach von Vorfahren, und von der Ehe, dass sie ein beständiges Friedenschließen sei. Darüber wurde gelacht. Dann wurde es ernst. Aber – hieß es – sie ist auch ein Postament, ein Altar – »unsere Ehen« –, auf dem die Frau – »unsere Frauen« – geschützt und heilig steht. Denn unsere Frauen sind die Blüte unserer adeligen Kultur, sie sind Repräsentantinnen und Wahrerinnen von allem Guten und Edlen, das wir durch Jahrhunderte hindurch uns erkämpft. Das »unser« wurde mit einer weiten Handbewegung begleitet, welche die ganze Gesellschaft zusammenzuschließen und sehr hoch über die anderen, die nicht wir waren, emporzuheben schien. Alle hörten andächtig zu. Die alte Exzellenz nickte mit dem Köpfchen. Der alte Marsow lehnte sich in seinen Stuhl zurück, machte einen spitzen Mund und versuchte sehr würdig auszusehen. Ich fühlte selbst einen angenehmen Hochmutskitzel. Es war doch gut zu hören, dass man seine eigene Kultur hatte. Es wurde »Hoch« gerufen, und man stieß mit den Gläsern an. Der Schluss der Mahlzeit war für mich ein wenig verschwommen. Ich war froh, als es zu Ende war und ich auf die Veranda hinausgehen durfte.

Ich setzte mich in den Mondschein, wie unter eine Dusche. Angenehme Gedanken gingen mir durch den Kopf.

Gerda erschien auf der Veranda. Sogleich war ich bei ihr. Ich fasste das Ende ihrer Schärpe: »O, Bill, du bist es. Warum bist du hier allein?«, fragte sie.

»Ich bin hier allein«, begann ich, »weil ich verzweifelt darüber bin, dass wir uns gezankt haben. Wollen wir uns versöhnen. Du weißt, wie sehr ich dich liebe.«

Sie trat ein wenig zurück, als wäre sie ängstlich: »Pfui, Bill«, rief sie, »du hast zu viel getrunken. Schäm dich.«

Dann war sie fort. Was sollte ich tun. Sie fürchtete sich vor mir. Sie sagte pfui zu mir. Nun war alles aus. Nun hatte ich meinen großen Schmerz. Ich setzte mich auf die Bank, schlug die Hände vor das Gesicht, saß da – wie – wie er – dort im Arbeitszimmer. Weinen konnte ich nicht. Es war mehr Grimm gegen die da drinnen, was mir das Herz warm machte. Ich stieg auf die Bank und schaute durch das Fenster in den Saal.

Da saßen sie alle beieinander. Wie sie die Lippen bewegten, ohne dass ich ihre Worte hörte, wie sie den Mund aufsperrten, ohne dass ein Ton zu mir drang, das sah gespenstisch aus. Die Tante in ihrem weißen Spitzenburnus lag in der Sofaecke wie eine abgespielte Puppe, die man neu bekleidet hat. Der alte Marsow streckte sich in einem Sessel aus, sehr rot im Gesicht. Die Exzellenz saß zwischen den Marsowschen Mädchen und schnüffelte mit der spitzen Nase wie eine Maus, die Zucker wittert. Und plötzlich machten sie alle andächtige, süße Gesichter, denn im Nebenzimmer sah ich Went am Klavier stehen. Er sang: »Sei mir gegrüßt – sei mir geküsst –«, die Augen zur Decke emporgeschlagen, wiegte er sich sachte hin und her, und sein Tenor goss den Zucker nur so in Strömen aus. Wie unverschämt diese süße Stimme war! Wie sie den Raum füllte, die Leute kitzelte, dass sie die Gesichter verzogen, die Mädchen auf die feuchten, halbgeöffneten Lippen zu küssen schien. Mir war sie zuwider. Währenddessen kamen, wie Bilder einer Laterna magica, zwei Gestalten vor meinem Fenster aufeinander zu. Ellita, aufrecht und weiß, den Kopf ein wenig zurückgebogen, die Lippen fest geschlossen. Oh! Die ließ sich nicht von der schmachtenden Stimme küssen! Ellita hatte eine Art zu gehen, die ihr Kleid ganz gehorsam ihrer Gestalt machte. Es schien mir immer, als müsste der weiße Musselin warm von ihrem Körper sein. Von der anderen Seite kam mein Vater. Sie standen sich gegenüber. Er sagte etwas, lächelte, strich mit der Hand über den Schnurrbart. Sie aber lachte nicht, ihr Gesicht wurde streng, böse – sie schaute meinem Vater gerade in das Gesicht, wie jemand, der kämpfen will, der nach einer Stelle sucht, auf die eine Wunde gehört. Ich fühlte es ordentlich, wie ihr Körper sich spannte und streckte. Mein Vater machte eine leichte Handbewegung, sein Ausdruck jedoch veränderte sich, er biss sich auf die Unterlippe, seine Augen blickten scharf, erregt, gierig in Ellitas Augen, grell von der Lampe beleuchtet sah ich, wie sie flimmerten, wie sie sich in Ellitas Gesicht festsogen. Sie beugte langsam den Kopf, schlug die Augen nieder, schloss sie. Sie wurde sehr bleich und stand da demütig, als wäre alle Kraft von ihr genommen. Ich konnte das nicht mit ansehen. An alledem war etwas, das mich seltsam verwirrte. Ich trat von dem Fenster zurück. Meine Gedanken irrten erregt um etwas herum, das ich doch nicht zu denken wagte. Gibt es so etwas? Er und sie? Er und sie? So etwas also kann man erleben – so unheimlich ist das Leben?... Da sitzen sie alle ruhig, und Went girrt sein »Sei mir gegrüßt, sei mir geküsst« – und mittendrin steht etwas Wildes – etwas Unbegreifliches.

Jetzt rauschte eine Schleppe. Ellita kam durch die offene Glastür die Stufen herab. »Ellita«, musste ich sagen.

»Du, Bill?«, fragte sie. »Bist du hier allein? Komm, gehen wir hinunter.«

Sie legte wieder ihren Arm um meine Schulter, und wir gingen die Lindenallee hinab. Ellita sprach leise und mit fliegendem Atem: »Warum gehst du von den anderen fort? Bist du traurig? Hat dir jemand etwas getan? Sag? Ist Gerda schlecht mit dir gewesen? Du liebst doch Gerda, nicht? Ja, lieb sie nur; es ist ja gleich, was geschieht! Das kann dir keiner verbieten. Gerda wird wieder gut werden, das arme Kind.«

Die leise, klagende Stimme rührte mich, erfüllte mich mit Mitleid mit mir selber. Die Tränen rollten mir über die Wangen.

»Weinst du, kleiner Bill?«, fragte Ellita. Es war so dunkel in der Allee, dass sie nicht sehen konnte. Mit ihrer kühlen Hand fuhr sie leicht über mein feuchtes Gesicht: »Ja, du weinst. Das schadet nichts. Weine nur. Hier sieht er uns nicht. Hier brauchen wir nicht *tenue* zu haben.«

Schweigend gingen wir einige Schritte weiter. Hie und da huschte ein wenig Mondlicht durch die Zweige über Ellitas Haar, über das weiße Kleid, ließ den Ring an ihrem Finger, das kleine Diamantschwert an ihrer Brust aufleuchten, und dann wieder die weiche Finsternis voll Duft und Flüstern. Am Ende der Allee stand die alte Steingrotte, eine halbverfallene kleine Halle, die der Mond mit den sich sachte regenden Blätterschatten der Ulme füllte.

»Hast du mich Bolero tanzen sehen?«, fragte Ellita plötzlich. »Komm, ich tanze dir vor.«

Ich setzte mich auf die Steinbank in der Grotte, und Ellita, mitten unter dem Blätterschatten, tanzte lautlos auf ihren weißen Schuhen, an denen die Schnallen im Mondschein aufblitzten. Sie warf die Arme empor, bog den Kopf, als hielte sie Trauben in die Höhe, und die halbgeöffneten Lippen dürsteten nach ihnen. Oder sie warf einen unsichtbaren Mantel stolz um die Schultern oder pflückte unsichtbare Blumen; alles mit dem weichen, rhythmischen Biegen des Körpers, den die Musselinschleppe wie eine weiße Nebelwelle mit ganz leisem Rauschen umfloss. Schweigend und eifrig tanzte sie. Ich hörte, wie sie schneller atmete. Das war geisterhaft, unwirklich. Alle Aufregung verstummte in mir. Es war mir, als sei ich weit fort, an einem Orte, den ich aus irgendeinem Traume kannte, jetzt blieb sie stehen, strich sich das Haar aus der Stirn und lachte: »Sieh so. Das war gut. Jetzt gehen wir wieder zu den anderen. Jetzt haben wir wieder *tenue*.«

Während wir dem Hause zugingen, sprach Ellita wieder ruhig und ein wenig gönnerhaft wie sonst. Drinnen im Saal lächelte sie Went an und sagte: »Hast du dich ausgesungen, mein Lieber?«

Zu Hause, in meinem Zimmer, fühlte ich mich bange und erregt. Das Leben erschien mir traurig und verworren. Schlafen konnte ich nicht. Aufdringliche und aufregende Bilder kamen und quälten mich. Die Nacht war schwül. Regungslos und schwarz standen die Bäume im Garten. In der Ferne donnerte es. Unten im Park sang Margusch wieder ihre ruhige, ein wenig schläfrige Klage. Diese Stimme tat mir wohl. Ich wollte ihr nahe sein, mich von ihr trösten lassen, die Augen schließen und nichts denken als: rai – rai – rah.

Ich stieg aus dem Fenster und ging der Stimme nach. Über der Wiese stand ein schwarzer Wolkenstreifen, in dem es sich golden vom Wetterleuchten regte. Zuweilen schüttelte ein warmer Wind die Kronen der Linden. Am Teich unter den Weiden fand ich Margusch. Das große, blonde Mädchen kauerte auf dem Rasen, hatte die Arme um die Knie geschlungen, wiegte sachte den runden Kopf und sang, eintönig, als säße sie an einer Wiege:

»Näh' ein Hemden auf der Weide,
Mess es an dem Eichenstamm.
Ach! mein Liebster, wachse, wachse,
Wie die Eiche grad und stramm!
Rai – rai – rah …«

Ich kam leise heran und hockte neben ihr nieder. Sie schreckte ein wenig zusammen, dann sagte sie: »Gottchen, der Jungherr!«

»Ja, Margusch, sing weiter!«

Margusch schaute ruhig und müde über den Teich hin und zog die Knie fester an sich. »Ach!«, meinte sie: »Wozu ist das Singen gut! Warum schlafen Sie nicht, Jungherr?«

»Ich konnte nicht. Ich wollte nicht allein sein. Ich hörte dich singen, da kam ich.«

Margusch seufzte: »Ja, ja, den Herrschaften geht es auch nicht immer gut. Alle haben was. Der Herr gibt nu auch sein Fräulein fort. Was kann man machen.«

»Sein Fräulein«, das klang in dem Munde dieses Mädchens wie eine klare, melancholische Geschichte, eine Geschichte wie die zwischen Jakob und Margusch. »Jeder hat was.« Ich drückte mich nah an Margusch heran. Dieser heiße Mädchenkörper schien mir Schutz zu geben vor allem Unheimlichen, das mich quälte. Sie lächelte, legte ihren schweren Arm um mich, wiegte mich langsam hin und her und wiederholte: »Unser Jungherr is traurig, unser Jungherr is traurig.« Dunkle Wolkenfetzen zogen über den Mond. Der Teich wurde schwarz. Die Frösche schwiegen, nur ab und zu ließ einer sich vernehmen, als riefe er jemanden.

Margusch streichelte meinen Arm: »Unser Jungherr is traurig.« Erregt und fiebernd klammerte ich mich an den warmen, ruhenden Mädchenkörper fest. Da gab sie sich mir hin, gutmütig und ein wenig mitleidig.

Es war finster geworden. Ein feiner Regen begann in den Weiden und im Schilf zu flüstern.

»Es regnet«, sagte Margusch, »man muss heimgehen.«

Ich weigerte mich. Nur nicht in das Haus gehen, nur nicht allein sein! So saßen wir eng umschlungen da. Margusch summte leise vor sich hin. Es begann zu dämmern. Enten hoben sich aus dem Teich und flogen mit pfeifendem Flügelschlage dem See zu. Auf der anderen Seite des Teiches ging eine dunkle Gestalt die Allee hinauf dem Hause zu.

»Der gnädige Herr«, flüsterte Margusch. »Der ist oft nachts draußen. Dort unten spaziert er auf und ab. Der kann auch nicht schlafen.«

Um die Mittagsstunde, als der Hof voll grellen Sonnenscheins lag, schlenderte ich langsam dem Stalle zu. Ich war müde, hatte Lust zu nichts, da war es das Beste, zuzusehen, wie Kaspar die Pferde putzte, das beruhigt und strengt nicht an. Am Stallteich stand Margusch und wusch einen Eimer.

»Nun, Margusch«, sagte ich und blieb stehen.

Sie hob den Kopf und sah mich mit den glasklaren Augen gleichgültig an.

»Heiß is«, bemerkte sie.

»Aber vorige Nacht –«, setzte ich leise hinzu.

Sie lächelte matt, seufzte und beugte sich wieder über ihre Arbeit.

Mein Vater kam aus dem Stall, er sah flüchtig zu mir herüber und wandte den Kopf ab.

Später, während des Mittagessens, als Konrad hinausgegangen war, hielt mein Vater sein Portweinglas in der Hand und sagte, eh er trank, das war immer der Augenblick, in dem er unangenehme Dinge vorbrachte: »Sich hier mit den Bauernmädchen einzulassen ist nicht empfehlenswert.« Ich errötete. Mein Vater trank und fuhr dann fort, indem er an mir vorbei zum Fenster hinaussah: »Abgesehen davon, dass diese Dinge für dich nicht zeitgemäß sind, du sollst nur deine Studien im Auge haben, so finde ich, dass Affären mit diesen Mädchen die Instinkte und Manieren vergröbern.« Eine peinliche Pause entstand. Mein Vater sann vor sich hin, dann sagte er, wie aus seinen Gedanken heraus: »Mein Freund in Konstantinopel sagte gern« – natürlich!, dachte ich, wo ein unangenehmes Beispiel nötig ist, da hat der alte Türke es gegeben! – »er sagte, er sei nur deshalb der feine Weinkenner geworden, der er ist, weil er wegen des Verbotes seiner Religion in der Jugend sich die Zunge nicht mit schlechten Weinen verdorben habe.«

Ich verstand sehr wohl, was der alte Türke meinte, nur erschien es mir wunderlich, dass mein Vater das zu mir sagte. Es machte mich verlegen. Ob er das merkte? Jedenfalls tat er den Ausspruch, als er die Tafel aufhob: »Du bist jetzt in dem Alter, in dem man mit dir über diese Dinge vernünftig reden kann, hoffe ich.«

Das ließ sich hören.

Ich hatte Erlaubnis erhalten, mit Went auf die Rehpirsch zu gehen. Wir zogen gleich nach Mitternacht in den Wald und saßen bei einem Feuer auf. Der Waldhüter schnarchte unter einem Wacholderbusch. Went hüllte sich in seinen grauen Mantel, lehnte sich an den Stamm einer Tanne und blickte nachdenklich in das Feuer. Ich streckte mich behaglich in das Moos hin. Die Freude auf die Jagd war so stark, dass sie mich all meine Aufregungen vergessen ließ. Um uns herum war es sehr dunkel. Die heimlichen Töne des Waldes gingen unter den großen, stillen Bäumen hin, ein leichtes Knacken, ein vorsichtiges Gehen, ein plötzliches Flügelrauschen. Sehr ferne riefen zwei Käuzchen sich klagend an.

»So ist's doch gut?«, fragte ich zu Went hinüber. »Im Walde ist alles gleich.«

»Was ist gleich?«, fragte Went streng zurück.

Ich hätte gewünscht, Went wäre heiter und kameradschaftlich gewesen, statt tragisch und erhaben zu sein. Gut sah er übrigens aus, wie er in das Feuer starrte.

»Du, Went«, begann ich wieder, »wie ist es eigentlich, wenn man so aussieht wie du, so – dass alle Weiber sich in einen verlieben?«

»Teufel, Kleiner, was du dir für Gedanken machst.« Jetzt lächelte Went, und das wollte ich. »Gehört das auch zu den Examensarbeiten?«

»Das Examen hat hierbei nichts zu tun«, sagte ich gereizt, »man kann auch an die Weiber denken, wenn man nicht das Examen gemacht hat. Alle denken an Weiber.«

»Alle?«

»Ja, alle.«

»Dumm genug«, bemerkte Went.

»Das ist so«, fuhr ich fort, »ich habe das früher nicht gewusst, aber jetzt…«

Went schaute mich ironisch an: »Der Aufenthalt hier ist, scheint es, für deine Erziehung bedeutungsvoll.«

Ich errötete, ich hatte damals diese dumme Angewohnheit, und sagte heftig: »Denkst du auch schon über meine Erziehung nach. Das fehlt noch!«

»Trinken wir einen Kognak, Alter«, besänftigte

mich Went. Er holte seine Flasche hervor und trank zwei Kognaks schnell hintereinander. »So, das ist gut und macht keine Umstände. Da«, meinte er befriedigt und reichte mir die Flasche. Wie gequält er dreinschaute! Er tat mir leid. Während ich mir den Kognak eingoss, tat ich den Ausspruch: »Ja, es ist gut, dass wir uns nicht darüber zu quälen brauchen, ob der Kognak auch von uns ausgetrunken sein will, ob er das liebt. Uns schmeckt er eben.«

Das gefiel Went nicht. Er kehrte mir den Rücken zu und brummte: »Unsinn! Schlafe lieber.«

Ich aber wollte mich unterhalten. »Du – Went, sag, es muss ganz fein sein, Soldat zu sein?«

Das regte ihn auf, er wurde heftig.

»Hol der Teufel das Soldatsein. Sei froh, dass du keiner bist.«

»Warum?«

»Weil, Gott! weil einen das sentimental macht!«

»Sentimental?«, fragte ich. »Ich wüsste nicht, dass das für den Krieg nötig ist.«

»Mit dir kann man nicht vernünftig reden«, fuhr mich Went an. »Krieg? Wo ist denn Krieg? Natürlich sentimental«, seine Stimme klang, als zankte er sich mit jemandem. »Mit dem Dienst und den Rekruten und alldem; kommt dann so was, das nach Sentiment aussieht, so fallen wir jedes Mal darauf herein. Man weiß nicht, wie man das anfassen soll.

Ihr anderen hier habt Zeit, ihr könnt auf euren Gefühlen sitzen wie die Henne auf ihren Eiern, und werdet ihr so – so –, kein Teufel kann das verstehen.« Nach diesem Ausbruch schloss er die Augen und tat, als schliefe er. Ich schlang meine Arme um meine Knie und starrte in das Feuer.

In letzter Zeit hatte ich wunderliche Dinge erlebt, unheimliche und unverständliche. Wenn ich Went etwas davon sagte, würde er nicht mehr so ruhig daliegen. Seltsam ist es, wie ein Mensch von dem anderen nichts weiß, und doch sitzt und lauert in dem einen Menschen gerade das, was dem anderen Schmerz bereiten kann. Das war eine Erkenntnis, die mir in jener Stunde plötzlich kam und mich ergriff, wie es in *den* Jahren zu geschehen pflegt. Es ist wie hier im Walde. Ich sitze auf dem kleinen, hellen Fleck. Um mich ist die Nacht ganz schwarz und voll von dem Knistern und Gehen unsichtbarer Wesen. Jeden Augenblick kann aus dem Dunkel etwas hervortreten, etwas Entsetzliches. Warum ist das so? Meiner jungen Seele tat es weh, diese Luft zu atmen, die voll drohender, unverstandener Schmerzen liegt. Ich drückte mich fest an den dicken Tannenstamm, legte die Hand auf seine taufeuchte Rinde. Diese Stillen hatte ich immer gern gehabt. Wenn auf der Treibjagd so eine alte Tanne mit ihren schwer niedergebogenen Zweigen und grauen Bärten dastand und mich vor dem Wild oder das Wild vor mir verbarg, da hatte ich sie als eine der großen Unparteiischen des Waldes empfunden, vornehm und kühl. Daran zu denken beruhigte mich jetzt. Ich konnte mich darüber freuen, dass mir so tragische und seltsame Gedanken kamen. Ich war doch ein ganzer Kerl. Das vermutete wohl keiner hinter dem kleinen Bill. Wenn Gerda das wüsste, die würde mich dann anders anschauen!

Es dämmerte bereits. Aus den Föhrenwipfeln flogen die Krähen aus und riefen einander ihre heiseren Nachrichten zu. Es war Zeit, aufzubrechen. Ich weckte den Waldhüter, weckte Went. »Nu geht's los«, rief ich ihm zu. »Schon!«, sagte Went, gähnte und blickte missmutig in den aufdämmernden Morgen. Also nicht einmal die Aussicht auf einen Bock konnte ihn aufrichten. Dann stand es schlimm mit ihm.

Köstlich war es, leise und schweigend durch den Wald zu schleichen. An einer kleinen, sumpfigen Waldwiese nahm ich meinen Stand. Das Gras war grau von tauschweren Spinnweben. Eine Wasserratte schlüpfte durch die Halme, sprang mit leisem Geplätscher in die Wasserlöcher, kam mir ganz nahe. Sie hielt mich wohl für einen Baum, und das schmeichelte mir. Dann plötzlich standen zwei Rehe auf der Wiese, eine große Ricke und ein kleiner

Bock. Die Ricke äste ruhig und sorgsam, den Kopf niedergebeugt, langsam vorwärtsgehend. Der kleine Bock war zerstreut, hob häufig den Kopf, schüttelte ihn, machte kleine Sprünge. Vom Waldrand kam ein großer alter Bock herangetrabt. Ich sah deutlich sein ärgerliches, verbissenes Gesicht. Er begann sofort den jungen Bock zu jagen. Als dieser auf mich zusetzte, schoss ich. Ich hörte noch den alten Bock bellen. Der Kleine lag da und bewegte schwach die Läufe, wie steife, rote Bleistifte. Ich ging zu ihm, streichelte sein blankpoliertes Gehörn. Die Oberlippe war ein wenig hinaufgezogen. Das gedrungene, kindliche Gesicht sah aus, als lächelte es verschmitzt.

Als Went kam, war er verstimmt. Mein Schuss hatte auf der anderen Wiese seinen Bock verscheucht. Er sagte mir unangenehme Dinge, weil ich nicht den stärkeren Bock geschossen hatte, und wir zankten uns tüchtig auf dem Heimwege. Das verdarb mir die Freude. Mit müden, verdrossenen Augen sahen wir in die Sonne, die mit großem Aufwande von rosa Wolken und rotgoldenem Lichte über dem gelben Brachfelde aufging.

Nun kam eine stille Zeit. Die Leute klagten über zu große Trockenheit und fürchteten für die Wintersaat. Im Garten begannen die Stockrosen und Georginen zu blühen, und es roch nach Himbeeren und Pflaumen. Blauer Dunst lag über den Hügeln. Die Gänse wurden auf die Stoppeln getrieben. Davon, dass ich nach Warnow fahren sollte, war nie die Rede. Meinen Vater sah ich nur zu den Mahlzeiten. Sein Gesicht erschien mir grau und müde, er sprach wenig. Fiel sein zerstreuter Blick auf mich, so fragte er wohl: »Nun, wie geht es mit den Studien?«, aber die Antwort schien ihn nicht zu interessieren. Seine Gegenwart hatte für mich nicht mehr das Aufregende, das sie gehabt hatte. In diesen Tagen mit dem gleichmäßig blauen Himmel, dem gleichmäßig grellen Sonnenschein, den gleichmäßigen Geräuschen der Landwirtschaft verlor alles an Interesse und Farbe. Ich hörte, in Warnow würde gepackt, die Möbel seien schon mit weißen Bezügen bedeckt. Nächstens sollte die ganze Familie abreisen. Auch das noch! Margusch sang nicht mehr im Park. Ich sah sie mit Jakob an der Schmiede stehen und lachen. Mir blieben die Bücher. Ich lag auf der Heide und studierte. Das ακτις αελιου der *Antigone* verschmolz untrennbar mit dem Schnattern der Gänse, dem Dufte der sonnenheißen Wacholderbüsche. Antigone sah wie Ellita aus und die ängstliche Ismene wie Gerda. Ach! Nicht einmal zu einem ordentlich verliebten Gefühle brachte ich es in dieser Zeit! Und kam der Abend, schlugen die Stalljungen mit den Milchmädchen sich in die Büsche, klang fern von der Wiese eine Harmonika herüber, dann fieberte all das unverbrauchte Leben in mir und ich fluchte darüber, dass all die hübschen und heimlichen und die furchtbaren und erregenden Dinge nur für die anderen da waren.

Schweres, rotgoldenes Nachmittagslicht floss durch die Parkbäume. Ich saß hoch oben auf einer alten Linde, die ihre Äste zu einem sehr bequemen Sitz zusammenbog. Der Baum war voll von dem Summen der Insekten wie von einem feinen, surrenden Geläute. Das macht schläfrig. Ich schloss die Augen. Unten auf dem Kiesweg wurden Schritte laut. Faul öffnete ich halb die Lider. Ellita und mein Vater kamen den Weg entlang. Ellita trug ihr blaues Reitkleid und den kleinen, blanken Reithut. Mit der Rechten hielt sie ihre Schleppe, in der Linken die Reitpeitsche, mit der sie nach Kümmelstauden am Wege schlug. An der Ulme mir gegenüber blieben sie stehen. Ellita lehnte sich an den Baum. Ihre Wangen waren gerötet. Ich sah es gleich, dass sie böse war. Die kurze Oberlippe zuckte hochmütiger denn je.

»Gut, ja. Ich gehorche dir, du siehst es«, begann sie.

Mein Vater stützte sich mit der Schulter leicht gegen ein Birkenstämmchen, kreuzte die Füße und klopfte nachdenklich mit seinem Stöckchen auf die Spitzen seiner Stiefel, jetzt neigte er den Kopf und sagte höflich: »Du weißt, wie sehr ich dir dafür danke.«

»Oh! Du hast mich wunderbar erzogen«, fuhr Ellita fort, »das hast du wunderbar gemacht! Als du wolltest, dass ich das einsame, kleine Mädchen vom Lande sein soll, das nur an dich denkt und auf dich wartet, da war ich es. Und jetzt soll ich wieder – wie sagtest du doch: ›die Blüte der adligen Kultur‹, so war es – also – die Blüte der adligen Kultur sein, gut – ich bin es.«

Mein Vater nahm seinen Strohhut vom Kopfe und fuhr sich mit der Hand über die Stirn. Er fing an zu sprechen, mit leiser, diskreter Stimme, als führe er eine Unterhaltung an einem Krankenbette.

»Ich komme jetzt nicht in Betracht. Nur du. Ist es dir ein Bedürfnis, mir all das zu sagen, mir Vorwürfe zu machen, bitte, tue es. Nur geh den vorgeschriebenen Weg weiter... nur das.«

»Ich will keine Vorwürfe machen«, sagte Ellita heftig. »Warum ließest du mich nicht weiter hier einsam sitzen? Ich hätte weiter auf dich gewartet und wäre schlecht gegen Mama und Gerda gewesen und hätte mich um das dumme Geld gesorgt, das nie da ist, wenn man es braucht... und wenn du dann kamst, hätte ich geglaubt, ›das ist das höchste Glück‹ – schlecht sein – mit dir schlecht sein, glaubte ich, sei groß...«

»Sag es nur heraus«, warf mein Vater ein und schaute wieder auf seine Stiefelspitzen.

»Gewiss«, fuhr Ellita fort, »darum hätte ich dir keine Vorwürfe gemacht. Aber jetzt, wo all das nur eine hässliche Inkorrektheit sein soll, die vertuscht wird, jetzt schäme ich mich. Wie deine Nippfigur komme ich mir vor, die du wieder in den Salon auf die Etagere zurückstellst –, sie soll wieder ihre Pflicht tun, repräsentieren.«

»Sehr hübsch«, bemerkte mein Vater und lächelte matt. Das brachte Ellita noch mehr auf: »Du siehst, ich habe von dir und deinem alten Türken gelernt, Vergleiche zu machen. Ach, wie das alles hässlich ist! Was ging es dich an, was aus mir wurde. Wenn ich in den Parkteich gegangen wäre wie Mamas kleine Kammerjungfer um den neuen Gärtner, das wäre schöner gewesen als all dies jetzt.«

Mein Vater zuckte die Achseln. »Ich glaube«, sagte er, »du und ich sind zu gut erzogen, um in ein Drama hineinzupassen.« Da hob Ellita ihre beiden Arme empor, die Augen flammten, zwei große Tränen rannen ihre Wangen herab: »Gott, wie ich sie hasse, alle diese Worte – – nicht wahr, ich muss auf ein Postament – und bin ein Kunstwerk – und eine Kulturblüte, ich kenne deinen Katechismus gut. Wie ich das hasse!«

Gott! Wie schön sie war! Mein Vater schien das

auch zu sehn. Er blickte sie einen Augenblick mit gierigen, flackernden Augen an, wie an jenem Abend in Warnow. Dann sagte er leise und sanft: »Es schmerzt mich, dich leiden zu sehen. Das geht vorüber. Du bist von denen, die sicher ihren Weg gehn, wie – wie Nachtwandlerinnen –, die dabei vielleicht auch ein wenig wild träumen.«

»Und ich könnte mich peitschen, dafür, dass ich von denen bin«, antwortete Ellita und schlug mit der Reitgerte gegen ihr Knie. »Und dann – er – der arme Junge – er liebt mich doch?«

»Ehre genug für ihn«, meinte mein Vater.

»Du bist sehr genügsam für andere!«, höhnte Ellita.

Er lächelte wieder sein müdes Lächeln: »Gott! Ja – jetzt kommst nur du in Betracht.«

»Das klingt ja fast, als ob du mich noch liebtest?«

Mein Vater zuckte schweigend die Achseln. Sie schwiegen beide, Ellita ließ ihre Arme schlaff niedersinken, wie ermüdet, und müde klang auch ihre Stimme, als sie kummervoll sagte: »Wozu? Jetzt ist ja alles gleich. Ich tu ja, was du willst. Das ist nun alles vorüber.«

»Ich danke dir, Kind«, die Stimme meines Vaters klang wieder metallig und warm. »Wenn *du* nur in Sicherheit bist – wenn *sie* dir nichts tun dürfen, nur das.« Er trat jetzt ein wenig vor, eine flüchtige Röte auf Schläfen und Wangen: »Ich danke dir dafür, Kind – und – auch für – für das, was hinter uns liegt ... für das letzte Glück – das du einem alternden Manne gabst – –« Jetzt zitterte seine Stimme vor Erregung – er breitete die Arme aus. Ellita drängte sich fester an den Baum, sie reckte sich an ihm hinauf – bleich bis in die Lippen: »Rühr mich nicht an, Gert!«, stieß sie leise hervor, und die rechte Hand mit der Reitgerte hob sich ein wenig. Mein Vater trat zurück, bückte sich, hob den Handschuh, der ihr entfallen war, von der Erde auf und überreichte ihn ihr. Dann schaute er nach seiner Uhr und sagte ruhig: »Es wird spät. Du musst sehn, dass du vor dem Gewitter nach Hause kommst, denn wir kriegen es heute doch endlich.«

»Ja – gehn wir«, meinte Ellita.

Sie gingen wieder den Weg zurück. Wie friedlich und höflich diese beiden Gestalten nebeneinander herschritten; Ellita mit ihrem sachte wiegenden Gang, schmal und dunkel in dem Reitkleide, mein Vater ein wenig seitwärts gewandt, um sie beim Sprechen ansehn zu können; dabei machte er Handbewegungen, die seine hübschen Hände zur Geltung brachten.

Still auf meinem Aste zusammengekauert, blieb ich auf der Linde sitzen. Zuerst hatte ich das Gefühl eines Kindes, das sich fürchtet, bei einem Unrecht ertappt zu werden. Gedanken hatte ich nicht – Bilder kamen, begleitet von einer schmerzhaften Musik des Fühlens: das schöne, aufrechte Mädchen am Baum, das tränenfeuchte, böse Gesicht, die erhobene Hand mit der Reitgerte... und der Mann mit dem kummervoll gebeugten Kopfe... ich hörte die leise, heiße Stimme... davon kam ich nicht los. Mit dem Herren, der zu Hause sagt: *Mais c'est impossible, comme il mange ce garçon,* mit Ellita, die wohlerzogen mit meinem Vater über die Landwirtschaft spricht, hatten diese beiden nichts gemein. Ich wollte gar nicht mehr von der Linde herunter. Die Welt da unten erschien mir jetzt unheimlich verändert und unsicher. Die Sonne sank tiefer. Die Linde stand voll roten Lichtes. Dann zog das Gewitter auf. Einzelne Tropfen klatschten auf die Blätter, die für Augenblicke schwarz und zitternd im blauen Lichte der Blitze standen. Im Garten hörte ich Konrads Stimme: »Jungherr – hu – hu!« Er rief zum Abendessen. Das gab es also noch wie immer. Widerwillig kletterte ich hinunter. Der Regen war stärker geworden, und eine Fröhlichkeit kam mit ihm über das müde Land. Alles duftete und bewegte sich sacht. Im Hof standen die Leute vor den Ställen und blickten lächelnd in das Niederrinnen. Die Mägde stapften mit nackten Füßen in den Pfützen umher und kreischten.

Im Esszimmer, unter der großen Hängelampe, war der Tisch wie gewöhnlich gedeckt. Mein Vater ging im Zimmer auf und ab und sagte freundlich, als ich eintrat: »Nun, dich hat der Regen noch erwischt.«

Wir aßen die wohlbekannten kleinen Koteletts mit grünen Erbsen. Alles war wie sonst, als sei nichts geschehn. Ich dachte an ferne Kinderjahre, in denen das Kind deutlich in den dunklen Ecken unheimliche Gestalten sah, während die Erwachsenen unbekümmert sprachen und an den unheimlichen Ecken vorübergingen, als ob nichts dort stünde.

Mein Vater sprach vom Regen, von der Wintersaat, von der Abreise der Warnower. Er sprach ungewöhnlich viel und mit lauter, heiterer Stimme. Sein Gesicht war bleich, und die Augen glitzerten blank und intensiv graublau. Er goss sich reichlich Portwein ein, und seine Hand zitterte ein wenig, wenn er das Glas nahm. Als der Inspektor kam, wollte ich mich fortschleichen. Das Sitzen hier war mir eine Qual. Ich wollte zu Bette gehen. Vielleicht, wenn ich still im Dunkeln lag, konnte ich mich selbst als tragisch und wunderbar empfinden. Mein Vater jedoch sagte: »Bleib noch ein wenig, Bill, wenn du nicht zu müde bist.« Gehorsam setzte ich mich wieder. Der Inspektor ging. »Trink einen Tropfen«, sagte mein Vater und schob mir ein Glas hin. Dann schwiegen wir.

Es schien nicht, als hätte er mir etwas Besonderes mitzuteilen. Er dachte wohl über ein Thema nach. Als er endlich zu sprechen begann, war von Pferden, von dem neuen Schmied, dann von meinen Studien die Rede. Das hatte ich erwartet! Das schien ihn auch zu interessieren, er biss sich daran fest, pflegte seinen Stil. »Na, und wenn du dann das Examen hinter dir hast«, hieß es, »dann tritt also die Wahl eines Studiums an dich heran. Es ist wohl diese oder jene Wissenschaft, die dich besonders anzieht. Ja! Aber meiner Ansicht nach darf das nicht bestimmend sein. Gott! Unseren Neigungen entlaufen wir ohnehin nicht. Von Anbeginn muss ein Studium gewählt werden, das sozusagen als neutraler Ausgangspunkt dienen kann, von da aus kann dann zu dem, was wir sonst wissen und erleben wollen, übergegangen werden. In unserer Familie ist die Jurisprudenz traditionell. Ein ruhiger, kühler Ausgangspunkt, der sowohl zu anderen Wissenschaften wie zum praktischen Leben die Wege offenlässt.« Er sprach so fließend und betonte so wirksam, als hielte er eine Rede in einer Versammlung. Dabei sah er über mich hinweg, als stünde die Versammlung hinter mir. Es war recht unheimlich!

»Vor allem«, fuhr er fort und erhob die Stimme,

»müssen wir von vornherein wissen, welch eine Art Leben wir leben wollen. Bei einem Hause, das wir bauen, entscheiden wir uns doch für einen Stil, machen einen Plan, nicht wahr? Na also! Wir bauen ein Haus, das einen besonderen Stil hat. Gut!« Er schnitt mit der flachen Hand durch die Luft, um vier unsichtbare Wände auf den Tisch zu stellen, dann wölbte er eine unsichtbare Kuppel über die unsichtbaren Wände: »Bin ich mir einmal des Stiles bewusst, dann kann ich an Ornamenten, Grillen, Liebhabereien manches wagen, denn ich werde all das mit dem Ganzen in Einklang zu bringen wissen. Weil ich mir des Stilgesetzes bewusst bin, kann ich jede Kühnheit wagen, ohne den Bau zu verderben.« Nun begann er mit der Hand an das Haus auf dem Tische die wunderlichsten Balkons zu kleben, zog Galerien die Wände entlang. »Irrtum ist Stillosigkeit«, rief er und funkelte mit den Augen die Versammlung hinter mir an. »Das ist es! Jede architektonische Waghalsigkeit ist erlaubt, wenn wir sie schließlich mit den großen, edlen Linien des Ganzen in Einklang zu bringen verstehn.« Er sann ein wenig vor sich hin, schien das Haus auf dem Tische zu betrachten, versuchte hier und da noch einen Balkon anzubringen. Das gefiel ihm jedoch nicht recht. »Und dann«, versetzte er langsam, »können wir auch genau den Zeitpunkt bestimmen, wenn es fertig ist, wenn es geschmacklos wäre, noch etwas hinzuzutun. Nur an stillosen Baracken kann man immer wieder anbauen. Unser Haus weiß, wann es fertig ist.« Er schlug mit der Hand auf den Tisch, mitten in das unsichtbare Haus hinein, als wollte er es zerdrücken, er lächelte dabei, nahm sein Glas, und während des Trinkens schaute er über sein Glas hin die Versammlung hinter mir an, trank ihr zu. Als er das Glas wieder niedersetzte, kam eine Veränderung über ihn. Er sank ein wenig in sich zusammen, das Gesicht wurde schlaff und alt, und die Hand klopfte müde und sanft die Stelle, auf der sie das Haus eingedrückt hatte. Als er mich ansah, war das flackernde Licht in seinen Augen erloschen. Er lächelte ein befangenes, fast hilfloses Lächeln. »Ja, mein Junge«, sagte er, und es schien mir, dass seine Zunge ein wenig schwer war, »du sagst nichts. Was meinst du zu alldem?«

Oh! Ich meinte nichts! Ich hatte die ganze Zeit über dem Redner mit unsäglichem Grauen gegenübergesessen. Jetzt musste ich etwas sagen, und ich sagte etwas Sinnloses, über das ich mich wunderte, wie wir uns im Traume über das wundern, was wir sagen.

»Ja – aber – der Turm von Pisa«, bemerkte ich.

Mein Vater schien nicht weiter erstaunt. »Der!«, meinte er nachdenklich. »Der ist soweit ganz hübsch.

Weil er schief ist, meinst du? Ja, da hat er Unrecht. Wenn man schief steht, soll man umfallen, das wäre logischer. Aber – Gott! Das ist seine Sache!« Über diesen Gedanken lachte er leise in sich hinein und sah mich von der Seite an, als seien wir im Einverständnis. Ich lachte auch, aber ich war mir selber so unheimlich wie mein Vater. Am liebsten hätte ich mich von beiden leise fortgeschlichen. »Ich bin müde«, brachte ich tonlos heraus.

»Müde?«, wiederholte mein Vater ohne aufzusehn. »Das kann schon sein. Gute Nacht...« Dann bekam die Stimme wieder etwas von ihrem gewohnten Klange, als er hinzufügte: »Morgen dürfen die Studien nicht vernachlässigt werden.«

Wenige Tage später fuhren wir am Nachmittage zur Eisenbahnstation, um von den Warnowern Abschied zu nehmen. Mich regte das an. Dass die Mädchen fortreisten, war traurig, aber man wusste doch, warum man traurig war. Es würde geweint werden, man würde sich umarmen, hübsche, rührende Dinge sagen. Wie würde Ellita sich benehmen? Was würde er tun? Ich würde doch wieder ein wenig bewegte Dramenluft atmen dürfen. Später konnte ich dann ehrlich unglücklich sein, vielleicht konnte ich dichten.

Im Wartesaal war die ganze Familie versammelt. Die Tante weinte. »Ach, Gerd!«, rief sie. »Und du,

mein kleiner Bill, jetzt geht es an das Scheiden.«
Cheri kläffte unausgesetzt. Die Mädchen, in ihren
grauen Sommermänteln, graue Knabenmützen auf
dem Kopf, saßen auf den Bänken, die Hände voll
Warnower Blumen. Ich setzte mich zu ihnen, wusste
aber nichts zu sagen. Went rannte hin und her, um
das Gepäck zu besorgen. Mein Vater sprach mit
der Tante vom Umsteigen. Die Zeit verging, ohne
dass etwas Besonderes getan und gesagt wurde. Ja,
alle schienen heute verstimmter und alltäglicher
denn je zu sein.

Endlich ging es an das Abschiednehmen. Da
kam ein wenig Schwung in die Sache. Gerda küsste
mich. »Wenn wir uns wiedersehn«, sagte sie, »wollen wir wieder lustig sein, armer Bill.« Das trieb mir
die Tränen in die Augen. Ich hörte meinen Vater
etwas sagen. Ellita lachte. Er hatte wohl einen Witz
gemacht. Dann saßen sie alle im Wagen. Wir standen auf dem Bahnsteig und nickten ihnen zu. Zu
sagen hatte man sich nichts mehr.

Mit einem widerlichen Gefühl der Leere und
Enttäuschung blickte ich dem abfahrenden Zuge
nach. Das war wieder nichts gewesen! Melancholisch pfiff ich vor mich hin. Der Stationsvorsteher
stand mitten auf den Schienen und gähnte in den
gelben Nachmittagssonnenschein hinein. Als seine
dicken Enten langsam an mir vorüberzogen, nahm

ich kleine Steine und warf nach ihnen. Das tat mir wohl.

»Wer wird nach Enten mit Steinen werfen?«, sagte der Stationsvorsteher ärgerlich. Am liebsten hätte ich ihn selbst mit Steinen beworfen!

»Fahren wir?«, fragte Konrad.

Ich ging in den Wartesaal, nach meinem Vater zu sehn. Da stand er und spritzte sich mit einer kleinen, goldenen Spritze etwas in das Handgelenk. Als ich kam, steckte er hastig die Spritze in die Westentasche und ließ sein goldenes Armband klirrend über das Handgelenk fallen. »Wieder die Migräne«, meinte er.

Auf der Heimfahrt kutschte er selbst. Ich wunderte mich darüber, dass er den Blessen heute durchließ, dass er nicht zog und alles dem Braunen überließ. Gesprochen wurde anfangs nichts. Ich dachte daran, dass Gerda mich geküsst hatte. So etwas kann man lange Zeit immer wieder denken. Eine gute Einrichtung für einen, der gezwungen war, so freudlos zu leben wie ich.

Plötzlich wandte sich mein Vater zu mir. Er lächelte ein gütiges, sehr jugendliches Lächeln, wie damals, als er im Garten Ellita den Handschuh aufhob. »Na«, sagte er, »dir ist wohl auch ein bisschen trüb zumute?« Ich wunderte mich über das *auch*. Er lachte: »Ja, das verstehn sie alle famos, hinter sich so – so 'ne Leere zu lassen – ha – ha. Das haben sie so an sich.« Er knallte mit der Peitsche. »Da bleibt nun nichts anderes übrig, als sich fleißig an die Studien zu machen.« Der Anfang der Betrachtung war hübsch gewesen und hatte mich gerührt. Schade, dass der Schluss so trivial war!

Faul und missmutig ging ich einige Tage umher. Ich war traurig, aber ohne sentimentalen Genuss. Wenn ich daran dachte, dass dort, wo die Mädchen – die anderen waren, das Leben bunt und ereignisvoll weiterging und ich das alles versäumte, dann bekam ich Wutanfälle und schlug mit dem Spazierstock den Georginen die dicken roten Köpfe ab. Meinen Vater sah ich wenig. Zu den Mahlzeiten war er oft abwesend oder aß in seinem Zimmer. Wenn wir uns begegneten, sah er mich fremd und zerstreut an und fragte höflich: »Nun – wie geht es?« Auch er begann uninteressant zu werden.

In einer Nacht hörte ich wieder Margusch unten im Park singen. Ich konnte nicht schlafen. Eine quälende Unruhe warf mich im Bette hin und her. So in der finstern Stille nahm alles, was ich erlebt hatte, und alles, was kommen sollte, eine wunderliche, feindselige Bedeutung an. Das Leben schien mir dann ein gefährliches, riskiertes Unternehmen, das wenig Freude bereitet und doch schmerzhaft auf Freuden warten lässt.

Die Nacht atmete schwül durch das geöffnete Fenster herein. Das Rai-rai-rah klang aus der Dunkelheit eintönig und beruhigt herüber, als wiederholte es beständig: »Es kommt ja doch nichts mehr.«

Es wurde mir unerträglich, dem zuzuhören. Ich kleidete mich an und stieg zum Fenster hinaus, um dem Gesange nachzugehn.

Die Nacht war schwarz. Einige welke Blätter raschelten schon auf dem Wege. Wenn ich auf die grüne Kapsel einer Rosskastanie trat, gab es einen leisen Knall. Plötzlich hörte ich Schritte hinter mir. Ich horchte, schlug mich zur Seite, drückte mich fest an einen Baumstamm. Der rote Punkt einer brennenden Zigarre näherte sich. Eine dunkle Gestalt ging an mir vorüber. Mein Vater war es. Er blieb stehn, führte die Zigarre an die Lippen. Im roten Schein sah ich einen Augenblick die gerade Nase. Ich hörte ihn leise etwas sagen. Als er weiterging, klang das eifrige Gemurmel noch zu mir herüber. Ich wartete eine Weile. Am liebsten wäre ich umgekehrt. Dieser einsame Mann, der der Nacht seine Geheimnisse erzählte, erschien mir gespenstisch. Es musste furchtbar sein, jetzt von ihm angeredet zu werden. Aber zu Hause in meinem Zimmer war ich allein. Das konnte ich jetzt nicht. Dort unten am Teich, bei dem großen, warmen Mädchen würde es sicherer und heimlicher sein. Ich schlich weiter.

Margusch hockte an ihrem gewohnten Platz. Als ich mich zu ihr setzte, sagte sie: »Ach! Wieder der Jungherr!« – »Ja, Margusch. Du singst wieder?«

Sie seufzte. »Man muss schon«, meinte sie.

»Ist deiner wieder fort?«, fragte ich.

»Alle sind fort«, erwiderte sie mit ihrer tiefen, klagenden Stimme.

»Sieh, Margusch, deshalb müssen wir zusammen sein.« – »Ja, Jungherr, kommen Sie, was kann man machen?« Und wir drückten uns eng aneinander.

Ein später Mond stieg über den Parkbäumen auf. Mit ihm erhob sich ein Wind, der die Wolken zerriss und sie in dunklen, runden Schollen über den Himmel und den Mond hintrieb. Es war ein Gehn und Kommen von Licht und Schatten über dem Lande. Das Schilf und die Zweige rauschten leidenschaftlich auf. Ein Enterich erwachte im Röhricht und schalt laut und böse in die Nacht hinein.

»Muss man nach Hause gehn«, beschloss Margusch und blinzelte zum Monde auf.

»Schon?« – »Ja, wenn sie alle hier unruhig werden«, meinte sie.

»Weißt du, dass er auch hier unten ist?«, flüsterte ich. Margusch nickte: »Ja, ja – er is immer hier bei Nacht. Gehn Sie bei der großen Linde vorüber.

Da geht er nicht. Ich komm nach. Zusammen können wir nicht gehn.«

Nachdenklich schritt ich den Teich entlang. Das starke Wehen um mich her, das bewegte Licht taten mir wohl. Es war mir, als hätte mein Blut etwas von dem sichern, festen Takte von Marguschs Blute angenommen. Ich glaubte zu spüren, wie es warm und stetig durch meine Adern floss, eine stille und sichere Quelle des Lebens.

Als ich scharf um die Ecke in die Lindenallee einbog, stutzte ich, denn ich stand dicht vor jemandem, der unten auf den Wurzeln der großen Linde saß. Es war dort so finster, dass ich nichts deutlich unterscheiden konnte, dennoch wusste ich sofort, es sei mein Vater. Ich trat ein wenig zurück und blieb stehn. Ich wartete, dass er mich anrede. Die Gestalt lehnte mit dem Rücken gegen den Baumstamm, etwas zur Seite geneigt. Der Kopf war gesenkt. Schlief er? Nein, ich fühlte es in der Dunkelheit, wie er mich ansah. Ich musste etwas sagen.

»Ich bin ein bisschen spazieren gegangen«, begann ich beklommen. »Es war so schwül drinnen.« Er antwortete nicht. »Ist dir vielleicht nicht wohl?«, fuhr ich zaghaft fort: »Kann – ich für dich – etwas ...«

Die Wolken waren am Monde vorübergezogen, etwas Licht sickerte durch die Zweige, fiel auf den gebeugten Kopf des Sitzenden, beleuchtete den

Schnurrbart, die dunkle Linie der Lippen, die ein wenig schief verzogen, verhalten lächelten.

Macht er einen Scherz? Muss ich höflich mitlachen?, dachte ich. »Weil es so heiß war«, sagte ich stockend. Die Dunkelheit breitete sich wieder über die schweigende Gestalt. Ich lehnte mich gegen einen Baum. Die Knie zitterten mir. Ich muss zu ihm gehn, sagte ich mir, allein ich vermochte es nicht. In der leicht in sich zusammengefallenen Gestalt war etwas Fremdes, etwas Namenloses. Verlassen durfte ich ihn nicht, aber hier zu stehen war entsetzlich. Margusch bog um die Ecke. Als sie dort jemand stehen sah, zögerte sie. »Margusch«, rief ich, »Margusch – sieh – er – er – spricht nicht, ich weiß nicht ...«

»Er schläft«, meinte sie. »Ach nein – ich – ich weiß nicht, ob er schläft.«

Margusch trat an ihn heran: »Gnädiger Herr«, hörte ich sie sagen, dann fasste sie ihn an, richtete ihn auf, lehnte ihn mit dem Rücken an den Baumstamm mit fester, respektloser Hand, wie man eine Sache aufrichtet. Etwas Blankes rollte über das Moos und klirrte auf einen Stein. Es war die kleine goldene Spritze.

»Er ist tot«, sagte Margusch. Sie trat wieder zu mir, seufzte und meinte: »Ach Gottchen! Der arme Herr, der hat nu auch nich mehr gewollt!«

Ich schwieg. Tot – ja, das war es, das hier so fremd bei mir gestanden hatte.

»Leute muss man rufen«, fuhr Margusch fort. »So 'n Unglück. Sie wollen wohl nich allein bei ihm bleiben?«

»Doch!«, stieß ich hervor. »Ich – ich bleibe. Geh nur!« Margusch ging. Gierig lauschte ich auf die Schritte, die sich entfernten, erst als sie verklungen waren, wurde ich mir bewusst, mit dem Toten allein zu sein. Das fahle Gesicht mit der hohen Stirn, die im Mondlicht matt glänzte, lächelte noch immer sein verhaltenes, schiefes Lächeln, die Augen waren geschlossen, die langen Wimpern legten dunkle Schattenränder um die Lider. Aber wenn der Mond sich verfinsterte, schien es mir, als bewegten sich die Umrisse der Gestalt, ich fühlte wieder, dass er mich ansah. Ein unerträglich gespanntes Warten und Aufhorchen wachte in mir, wie einem Feinde gegenüber. Ich glitt an dem Baumstamm, an dem ich lehnte, nieder, hockte auf der Erde und bedeckte mein Gesicht mit den Händen. Das, was mir dort gegenübersaß, hatte nichts mit dem, den ich kannte, zu tun; es war etwas Tückisches, Drohendes, etwas, das das Grauen, welches über ihm lag, gegen mich ausnutzte und darüber lachte. Ich weiß nicht, wie lange wir uns so gegenübersaßen, endlich hörte ich Stimmen. Leute mit

Laternen kamen. Ich richtete mich auf, gab Befehle, war ruhig und gefasst.

Ihn hatten sie drüben im Saal aufgebahrt. Die Zimmerflucht war voll hellen Morgensonnenscheines und feiertäglich still. Ich saß schon geraume Weile allein im Wohnzimmer und schaute zu, wie die Blätterschatten über das Parkett flirrten. Nebenan hörte ich zuweilen die Dienstboten flüstern. Sie vermieden es, durch das Zimmer zu gehen, in dem ich mich befand, und war es nicht zu vermeiden, dann gingen sie auf den Fußspitzen und wandten den Kopf rücksichtsvoll von mir ab. Sie wollten mich in meinem Schmerz nicht stören.

Dieser Schmerz, über den wachte ich die ganze Zeit. Er enttäuschte mich. Ich hatte seltsame, furchtbare Dinge erlebt, ich hatte also einen großen Schmerz. Ich glaubte, das müsse etwas Starkes sein, das uns niederwirft, uns mit schönen, klagenden Worten füllt, mit heißen, leidenschaftlichen Gefühlen. Gab es nicht Fälle, dass Leute, die so Furchtbares erlebten, nie mehr lachen konnten? Nun saß ich da und dachte an kleine, alltägliche Dinge. Wenn die Gedanken zu dem zurückkehrten, was sich ereignet hatte, dann war es wie ein körperliches Unbehagen, mich fror. Alles in mir schreckte vor den Bildern, die kamen, zurück, sträubte sich gegen sie.

Wozu? All das war nicht *mein* Leben. Ich brauchte das nicht zu erleben. Ich kann das fortschieben. Das gehört nicht zu mir. Und wieder führten die Gedanken mich zu den Vorgängen des Lebens zurück, zu der bevorstehenden Ankunft der Meinigen, zu dem Begräbnis und den Leuten, die kommen würden, den Pferden, die an die Wagen gespannt werden sollten, dem schwarzen Krepp, der aus der Stadt geholt wurde und den Konrad um meinen Ärmel nähen musste. Ich wusste wohl, ich sollte zum Toten hinübergehn, das wurde von mir erwartet. Allein ich schob es hinaus. Es war hier in der sonnigen Stille so behaglich, so tröstend, hinauszuhorchen auf die heimatlichen, landwirtschaftlichen Geräusche, auf das Summen des Gartens. Ich wunderte mich darüber, dass ich nicht weinte. Wenn ein Vater stirbt, dann weint man, nicht wahr? Aber ich konnte nicht.

Der alte Hirte kam, um mir sein Beileid auszusprechen. Er faltete die Hände, sagte etwas von vaterloser Waise. Das rührte mich. Dann meinte er, nun würde ich wohl ihr neuer Herr sein, das freute mich, es machte mir das Herz ein wenig warm. Aber ich winkte traurig mit der Hand ab.

Der Pastor kam. Sein rotes Gesicht unter dem milchweißen Haar war bekümmert und verwirrt. Er klopfte mir auf die Schulter, sprach von harter

Schickung, die Gott über meine jungen Jahre verhängt habe, und von Seinen unergründlichen Ratschlüssen: »Der Verstorbene war ein edler Mann«, schloss er. »Wir irren alle. Die ewige Barmherzigkeit ist über unser aller Verständnis groß.«

Nach ihm erschien der Doktor. Seine zu laute Stimme ging mir auf die Nerven. Er schüttelte mir bedeutungsvoll die Hand. »Ein großes Unglück«, meinte er, »dieses Morphium, das lässt einen nicht los. Mit dem Herzen des Seligen war es nicht ganz in Ordnung. Ein Unglück geschieht bald.« Er sprach unsicher und eilig, als wünschte er bald fortzukommen. »Also er weiß es auch«, dachte ich, »und wir machen uns etwas vor. Aber das würde der Selige loben. Das würde er *tenue* nennen.«

Als sie alle fort waren, beschloss ich, zu dem Toten hinüberzugehn. Es musste sein. Ich hatte das Gefühl, als läge er dort nebenan und warte. Ich war noch nie mit einem Toten zusammen gewesen, denn das – gestern Nacht, war kein Erlebnis, es war ein böser Traum. Als ich in das Zimmer trat, wo er aufgebahrt lag, war meine erste Empfindung: Oh! Das ist nicht schrecklich!

Konrad war da. Er hatte noch an dem Anzug seines Herrn geordnet. Jetzt trat er zur Seite und stand andächtig mit gefalteten Händen da. Ich faltete auch die Hände, beugte den Kopf und stand wie im

Gebete da. Als ich glaubte, dieses habe lange genug gedauert, richtete ich mich auf. Da lag der Tote, schmal und schwarz, in seinem Gesellschaftsanzuge, mitten unter Blumen. Das Gesicht war wachsgelb, die Züge messerscharf, sehr hochmütig und ruhig. Die feine, bläuliche Linie der Lippen war immer noch ein wenig schief verzogen, wie in einem verhaltenen Lächeln. Eine kühle Feierlichkeit lag über dem Ganzen. Und rund um die stille, schwarze Gestalt die bunten Farben der Spätsommerblumen; Georginenkränze wie aus weinrotem Samt, Gladiolen wie Bündel roter Flammen, große Spätrosen und Tuberosen, eine Fülle von Tuberosen, die das Gemach mit ihrem schweren, schwülen Duft erfüllten. Konrad schaute mich von der Seite an. Ob er sich darüber wunderte, dass ich nicht weinte? Ich legte die Hand vor das Gesicht. Da ging er leise hinaus.

Nein, ich weinte nicht. Aber ich war erstaunt, dass der Tote so wenig schrecklich war, dass er ein festliches und friedliches Ansehn hatte. Ich konnte mich hinsetzen und ihn aufmerksam, fast neugierig betrachten, die schwere, kühle Ruhe, die ihn umgab, auf mich wirken lassen. Wie überlegen er dalag; geheimnisvoll wie im Leben, mit seinem verhaltenen, hochmütigen Lächeln. »Man muss wissen, wenn das Haus fertig ist –«, klang es in mir. Jetzt verstand ich ihn. Das hat er gewollt. Aber Widerspruch und Widerwille gegen diese Lehre regten sich in mir, wie damals, als er die Lehren des alten Türken vorbrachte oder über gute Manieren sprach. O nein, das nicht! Nicht für mich! Alles, was in mir nach Leben dürstete, empörte sich gegen die geheimnisvolle Ruhe. Es war mir, als wollte der Tote mit seinem stillen Lächeln mich und das Leben ins Unrecht setzen. Er hatte das gewollt, aber ich – ich wollte das nicht, noch lange nicht. Ich brauchte nicht zu sterben, ich lehnte den Tod leidenschaftlich ab. Leiden, unglücklich sein – alles – nur nicht so kalt und schweigend daliegen! Ich erhob mich und verließ eilig das Zimmer, ohne mich umzuschauen.

Der Sonnenschein dünkte mich hier nebenan wärmer und gelber als dort drinnen. Ich ging an das Fenster, beugte mich weit hinaus, atmete den heißen, süßen Duft des Gartens ein. Große Trauermäntel und Admirale flatterten über dem Resedenbeet, träge, als seien ihre Flügel schwer von Farbe. Fern am Horizont pflügte ein Bauer auf dem Hügel, ein zierliches, schwarzes Figürchen gegen den leuchtend blauen Himmel. Töne und Stimmen kamen herüber. Drüben hinter den Johannisbeerbüschen lachte jemand. Das Leben war wieder heiter und freundlich an der Arbeit; es umfing mich warm und weich und löste in mir alles, was mich drückte. Jetzt tat der stille, feierliche Mann dort nebenan mir leid, der all das nicht mehr haben sollte, der ausgeschlossen war. Ich musste weinen.

Edse, der kleine Hilfsdiener, ging unten am Fenster vorüber. Er blickte scheu zu mir auf. Es war gut, dass er mich weinen sah, denn ein Sohn, der nicht um seinen Vater weinen kann, ist hässlich.

Philippe Djian

37,2 Grad am Morgen

Für den frühen Abend waren Gewitter angsagt, aber der Himmel blieb blau, und der Wind hatte nachgelassen. Ich ging kurz in die Küche, um nachzugucken, ob im Topf auch nichts anpappte. Alles bestens. Ich ging raus auf die Terrasse, ein kühles Bier in der Hand, und hielt meinen Kopf eine Zeitlang in die pralle Sonne. Das tat gut, seit einer Woche knallte ich mich jeden Morgen in die Sonne und kniff fröhlich die Augen zusammen, seit einer Woche kannte ich Betty.

Ich dankte dem Himmel zum wiederholten Mal und langte mit leicht vergnügtem Grinsen nach meinem Liegestuhl. Ich machte es mir gemütlich. Wie einer, der Zeit hat und ein Bier in der Hand. In dieser ganzen Woche hatte ich, wenn's hoch kam, so um die zwanzig Stunden geschlafen, und Betty noch weniger, vielleicht auch überhaupt nicht, was weiß ich, immer wieder musste sie mich aufscheuchen, immer wieder hatte sie noch was Besseres vor. He, du wirst mich doch jetzt nicht allein lassen, sagte sie andauernd, he, was ist denn los mit dir, schlaf doch nicht ein. Und ich öffnete die Augen und lächelte. Eine rauchen, bumsen oder einfach quatschen, ich hatte es schwer, nicht aus dem Takt zu kommen.

Zum Glück brauchte ich mich tagsüber kaum anzustrengen. Wenn alles glatt lief, war ich gegen Mittag mit meiner Arbeit durch und hatte für den Rest des Tages Ruhe. Ich musste bloß bis sieben Uhr in der Gegend bleiben und auftauchen, wenn man mich brauchte. Wenn es schön war, konnte man mich gewöhnlich in meinem Liegestuhl finden, da konnte ich stundenlang drin liegen bleiben. Mir schien es dann, als hätte ich die rechte Balance zwischen Leben und Tod gefunden, als hätte ich die einzig gescheite Beschäftigung überhaupt gefunden. Man braucht sich bloß die Mühe zu machen, fünf Minuten nachzudenken, dann begreift man, dass einem das Leben nichts Aufregendes bietet außer ein paar Dingen, die man nicht kaufen kann. Ich machte mein Bier auf und dachte an Betty.

– Ach du meine Güte! Hier sind Sie... Ich suche Sie schon überall...!

Ich öffnete die Augen. Vor mir stand die Frau aus Nummer drei, ein Blondchen von vierzig Kilo mit einer piepsigen Stimme. Ihre falschen Wimpern klimperten wie wild im Sonnenlicht.

– Was ist denn mit Ihnen los...?, fragte ich.

– Mit mir nichts, meine Güte, aber mit diesem Ding da im Badezimmer, das läuft über! Kommen Sie, Sie müssen mir das schleunigst abstellen, ah, ich versteh das nicht, wie kann so was nur passieren...!!

Mit einem Ruck richtete ich mich auf, ich fand das Ganze alles andere als lustig. Man brauchte sich die Tante nur drei Sekunden lang anzusehen, dann merkte man schon, dass sie total bescheuert war. Ich wusste, sie würde mir auf die Eier gehen, und dann hing ihr auch noch der Morgenrock auf ihren dürren Schultern, ich war von vornherein k.o.

– Ich wollte gerade essen, sagte ich. Kann das nicht fünf Minuten warten, wollen Sie so nett sein...?

– Sie spinnen wohl...!! Eine einzige Katastrophe ist das, überall nur Wasser. Los, kommen Sie mit, aber dalli...

– Erst mal, was ist Ihnen denn kaputtgegangen? Was läuft wo über...?

Sie kicherte dämlich, stand in der Sonne, die Hände in den Taschen.

– Also..., stieß sie hervor. Sie wissen ganz genau... das ist dieses weiße Ding da, was überläuft. Meine Güte, überall dieses Papierzeug...!!

Ich kippte einen Schluck Bier runter und schüttelte den Kopf.

— Sagen Sie mal, sagte ich, ist Ihnen eigentlich klar, dass ich gerade essen wollte? Können Sie nicht für ein Viertelstündchen die Augen zumachen, ist das so schwer...?

— Sind Sie verrückt? Ich mach nicht Spaß, ich rate Ihnen, kommen Sie sofort mit...

— Ist ja schon gut, regen Sie sich nicht auf, sagte ich.

Ich stand auf und ging zurück in meine Bude, ich stellte erst mal die Flamme unter den Bohnen ab. Sie waren fast so weit. Dann schnappte ich mir meinen Werkzeugkasten und lief hinter der Verrückten her.

Eine Stunde später war ich wieder zurück, pitschnass von Kopf bis Fuß und halb tot vor Hunger. Ich hielt schnell ein Streichholz unter den Topf, bevor ich unter die Dusche sprang, und dann dachte ich nicht mehr an die gute Frau, ich spürte nur noch das Wasser, das mir über den Schädel floss, und der Geruch der Bohnen kroch mir in die Nase.

Die Sonne überflutete die Bude, es war schönes Wetter. Ich wusste, für den Rest des Tages waren nun die Scherereien vorbei, ich hatte noch nie zwei verstopfte Scheißhäuser an einem Nachmittag erlebt, die meiste Zeit passierte sowieso nichts, war es eher ruhig, die Hälfte der Bungalows stand leer. Ich setzte mich vor meinen Teller und lächelte, denn es war klar, wie's weitergehen würde. Essen, dann ab auf die Terrasse und bis zum Abend bloß noch warten, darauf warten, dass sie endlich eintraf und mit wackelnden Hüften zu mir kam, um sich auf meinen Schoß zu setzen.

Ich nahm gerade den Deckel vom Topf, als sich die Tür sperrangelweit öffnete. Es war Betty. Lächelnd legte ich meine Gabel hin und stand auf.

– Betty!, rief ich. Scheiße, ich glaube, das ist das erste Mal, dass ich dich bei helllichtem Tag sehe...

Sie warf sich in eine Art Pose, eine Hand in den Haaren, ihre Locken fielen nach allen Seiten.

– Ooooohh... und, was hältste davon?, fragte sie.

Ich setzte mich wieder auf meinen Stuhl und guckte sie scheinbar gleichgültig an, einen Arm auf der Lehne.

– Na ja, die Hüften sind nicht übel und die Beine auch nicht, ja, zeig her, dreh dich mal...

Sie drehte sich halb um, ich stand auf und stellte mich hinter sie. Ich presste mich an ihren Rücken. Ich streichelte ihr über die Brust und küsste ihren Hals.

– Aber von dieser Seite bist du vollkommen, murmelte ich. Dann fragte ich mich, was sie um diese Zeit hier machte. Ich löste mich von ihr und erblickte die beiden Leinenkoffer in der Tür, sagte aber nichts.

– He, das riecht aber gut hier, sagte sie.

Sie beugte sich über den Tisch, um in den Topf zu gucken, und stieß einen Schrei aus.

– Donnerwetter... Das ist nicht wahr!!
– Was...?
– Also ehrlich, das ist ja ein Chili! Sag bloß nicht, du wolltest dir ein Chili ganz allein reinziehen...

Ich holte zwei Bier aus dem Kühlschrank, während sie einen Finger in den Topf tunkte. Ich dachte an all die Stunden, die wir vor uns hatten, das war, als hätte ich eine Opiumkugel verschluckt.

– Herr im Himmel, das schmeckt ja großartig... Und du, du hast es gemacht, das find ich wunderbar, das ist einfach nicht zu fassen. Aber bei dieser Hitze, du bist verrückt...

– Ein Chili kann ich bei jedem Wetter essen, selbst wenn einem der Schweiß auf den Teller tropft, ein Chili und ich, wir sind ein Herz und eine Seele.

– Stimmt, ich glaub, mir geht's auch so. Außerdem hab ich vielleicht einen Hunger...!

Von der Sekunde an, als sie die Türschwelle überschritten hatte, war die Bude wie verwandelt, ich fand nichts mehr wieder, ich lief hin und her, um für sie Besteck zu suchen, und lächelte, als ich die

Schublade aufzog. Sie fiel mir um den Hals, ich fand das wunderbar, ich konnte ihr Haar riechen.

– He, bist du froh, mich zu sehen?, meinte sie.
– Da muss ich erst mal überlegen.
– Das sind alles Schweine. Erklär ich dir später.
– Betty, ist was nicht in Ordnung …?
– Halb so schlimm, sagte sie. Nichts, was es wert wäre, dieses süße kleine Chili kalt werden zu lassen. Küss mich …

Nach zwei oder drei Löffeln gutgewürzter Bohnen hatte ich diese kleine Wolke vergessen. Dass Betty da war, machte mich euphorisch, zudem lachte sie in einem fort, machte sie mir Komplimente wegen meiner Bohnen, ließ sie mein Bier aufschäumen, streichelte sie mir über den Tisch hinweg die Wange. Ich wusste noch nicht, dass sie mit Lichtgeschwindigkeit von einer Verfassung in die andere übergehen konnte.

Wir waren gerade mit dem Essen fertig, hatten eine Weile gebraucht, diese wahre Köstlichkeit auszukratzen, uns zuzuzwinkern und rumzualbern, ich war mitten in ihren Anblick vertieft, fand sie hinreißend, und plötzlich sehe ich, wie sie sich vor meinen Augen verwandelt, ganz blass wurde sie, und ihr Blick bekam einen unglaublich harten Ausdruck, mir blieb die Luft weg.

- Wie ich dir schon sagte, legte sie los, das sind alles Schweine. Natürlich, das passiert immer wieder, muss wohl so sein, dass sich ein Mädchen mit ihren zwei Koffern auf der Straße wiederfindet, kannst dir die Szene ja vorstellen...

- Wovon redest du eigentlich?, sagte ich.

- Wie, wovon rede ich eigentlich...? Hörst du mir überhaupt zu? Ich bin dabei, dir was zu erklären, kannst du wenigstens zuhören...!

Ich sagte gar nichts und versuchte, ihr die Hand auf den Arm zu legen. Sie wich zurück.

- Hör gut zu, sagte sie. Ich erwarte von einem Typ nicht nur, dass er mit mir bumst...

- Das merk ich.

Sie fuhr sich durch die Haare und stöhnte leise, dann guckte sie aus dem Fenster. Draußen rührte sich nichts, man sah bloß die Häuser, über die sich das Abendlicht ergoss, und die Straße, die schnurgerade über die Felder davonschlich.

- Wenn ich daran denke, dass ich ein Jahr in diesem Laden gesteckt habe, murmelte sie.

Ihr Blick war leer, ihre Hände presste sie zwischen ihre Beine, ihre Schultern waren eingesackt, als ob sie sich mit einem Mal müde fühlte. So hatte ich sie noch nie erlebt, ich kannte bloß ihr Lachen und glaubte, sie sei voll unbändiger Energie. Ich fragte mich, was los war.

– Ein Jahr lang, fuhr sie fort, und jeden Tag, den Gott erschaffen hat, ist dieses Schwein mir nachgestiegen, und seine Alte hat uns von morgens bis abends in den Ohren gelegen. Ein Jahr lang hab ich malocht, ganze Wagenladungen von Kunden hab ich bedient, ich hab die Tische poliert und den Saal gefegt, und das ist das Ergebnis. Zum guten Schluss steckt dir der Herr des Hauses eine Hand zwischen die Beine, und du kannst wieder bei Null anfangen. Ich und meine beiden Koffer... Ich hab gerade noch genug, um mich 'ne Zeit über Wasser zu halten und mir 'ne Fahrkarte zu kaufen.

Sie schüttelte lange mit dem Kopf, dann guckte sie mich an, und dann lächelte sie, ich erkannte sie wieder.

– Und das Beste weißt du noch gar nicht, meinte sie, ich hab nicht mal mehr 'nen Platz, wo ich schlafen kann. Ich hab meine Siebensachen gepackt, so schnell ich konnte, und die anderen Mädchen haben mich mit großen Augen angeglotzt. ›Ich bleib keine Sekunde länger!‹, hab ich denen gesagt. ›Ich könnte dieses Sackgesicht nicht noch einmal ertragen!!‹

Ich öffnete ein Bier an der Tischkante.

– Nun, ich muss sagen, du hattest recht, sagte ich. Ich gebe dir hundertprozentig recht.

Ihre grünen Augen funkelten mich an, ich spürte,

wie wieder Leben in sie kam, sie sich wieder einkriegte und ihre langen Haare über dem Tisch schüttelte.

– Jaja, dieser Kerl muss sich eingebildet haben, ich gehörte ihm, kennst ja die Sorte ...

– Ja, aber sicher kenn ich die. Mir kannst du vertrauen.

– He, ich glaub, ab 'nem gewissen Alter sind die alle übergeschnappt.

– Meinste ...?

– Na klar, voll und ganz.

Wir räumten den Tisch ab, dann nahm ich die beiden Koffer und trug sie rein. Sie kümmerte sich bereits um das Geschirr, ich sah, wie das Wasser vor ihr hochspritzte. Sie erinnerte mich an eine exotische Pflanze mit schimmernden Fühlern und einem Herzen aus mauvefarbenem Skai, und ich kannte nicht viele Mädchen, die einen Minirock von dieser Farbe so unbekümmert tragen konnten. Ich warf die Koffer aufs Bett.

– Sag mal, meinte ich, eigentlich ist das gar nicht so übel, dass es so gekommen ist ...

– Ja, findste ...?

– Ja, im Allgemeinen hab ich was gegen Leute, aber ich bin ganz froh, dass du bei mir einziehst.

Am nächsten Morgen war sie vor mir auf den Beinen. Es war ziemlich lang her, dass ich mit jemand zusammen gefrühstückt hatte. Ich hatte das vergessen, konnte mich nicht mehr erinnern, wie das war. Ich stand auf und zog mich stillschweigend an, ich küsste sie auf den Hals, als ich an ihr vorbeikam, und setzte mich vor meinen Kaffeebecher. Sie schmierte sich Brote groß wie Wasserski und rollte dabei mit den Augen, ich konnte mir ein Lächeln nicht verkneifen, der Tag ließ sich wahrlich gut an.

– Gut, ich werde versuchen, meinen Job so schnell ich kann zu erledigen, sagte ich. Ich muss nur eben noch in die Stadt, möchtest du mit…?

Sie ließ ihren Blick in der Bude kreisen und schüttelte den Kopf.

– Nein, nein, ich glaube, ich muss hier erst etwas Ordnung reinbringen. Wäre besser, oder…?

Ich ließ sie also machen und holte den Lieferwagen aus der Garage. Ich fuhr an der Rezeption vor. Georges war auf seinem Stuhl halb eingenickt, eine Zeitung lag offen auf seinem Bauch. Ich ging an ihm vorbei und schnappte mir einen Wäschesack.

– Oh, bist du's?, brummte er.

Er packte einen Sack und folgte mir gähnend. Wir warfen die Säcke hinten in den Wagen und holten uns die nächsten.

– Ich hab gestern noch dieses Mädchen gesehen, sagte er.

Ich gab keine Antwort, ich schleppte einen Sack.

– Ich glaube, sie hat dich gesucht. Na, etwa nicht …?

Er humpelte zu mir rüber. Die Sonne fing an zu stechen.

– Ein Mädchen mit einem kurzen, mauvefarbenen Rock und dichten schwarzen Haaren, fügte er hinzu.

In diesem Moment trat Betty aus der Bude und lief auf uns zu. Wir guckten zu ihr hin.

– Sprichst du von so 'nem Mädchen?, fragte ich.

– Ogottogott!, gab er von sich.

– Genau. Und ob sie mich suchte.

Ich stellte sie einander vor, und während der Alte noch seine treuherzige Tour abzog, holte ich mir die Liste für die Einkäufe, die oben neben dem Schiebefenster angepinnt war. Ich faltete den Zettel und steckte ihn in die Tasche, dann ging ich zum Wagen zurück und machte mir auf dem Weg die erste Zigarette an. Betty saß auf dem Beifahrersitz, sie unterhielt sich mit Georges durch das Seitenfenster. Ich ging um den Wagen herum und rutschte hinters Steuer.

– Nach eingehender Betrachtung, sagte sie, habe ich mich für den Stadtbummel entschieden …

Ich legte ihr den Arm um die Schulter und fuhr langsam los, um das Vergnügen auszukosten. Sie reichte mir einen Pfefferminzkaugummi. Das Papier warf sie auf den Boden. Die ganze Strecke lang presste sie sich an mich. Ich brauchte das I Ging nicht zu befragen, ich wusste auch so, dass alles nur zu schön war. Zuerst schafften wir uns die Wäsche vom Hals, dann brachte ich die Einkaufsliste in den Laden gegenüber. Der Typ war gerade dabei, irgendwelche Etiketten überallhin zu kleben. Ich steckte ihm den Zettel in die Tasche.

– Lass dich nicht stören, sagte ich. Ich komm das nachher alles abholen. Und vergiss die Flasche nicht …

Er kam ein bisschen arg schnell in die Höhe und rammte sich den Schädel an einem Regal. Der Typ war sowieso schon potthässlich, aber jetzt war sein Gesicht eine einzige Fratze.

– Wir haben gesagt, eine Flasche alle vierzehn Tage, und nicht eine Flasche pro Woche, maulte er.

– Stimmt, aber ich war gezwungen, mir einen Partner zuzulegen. Ich bin gegenwärtig gezwungen, ihn mit zu berücksichtigen.

– Was ist denn das für ein Quatsch …?!

– Das ist kein Quatsch, aber ansonsten bleibt zwischen uns alles beim Alten. Ich kaufe weiter bei dir ein, wenn du dich einigermaßen klug verhältst.

– Großer Gott, eine pro Woche, das tut ja schon weh. Glaubst du, wir sind alle auf Rosen gebettet?

In diesem Moment erblickte er Betty in ihrem weißen, enganliegenden Kittel, die im Wagen auf mich wartete. Ihre unechten Ohrringe blinkten im Sonnenlicht. Kopfschüttelnd rieb er sich zwei, drei Sekunden lang seine Beule.

– Nein, das würde ich nicht sagen, meinte er. Aber ich glaube, es gibt ein paar Schweinepriester, die kommen besser weg als andere.

Ich spürte, meine Position war nicht stark genug, um darüber zu diskutieren. Ich ließ ihn zwischen seinen Konserven stehen und ging zum Wagen zurück.

– So, jetzt haben wir etwas Zeit, sagte ich. Haste Lust auf 'n Eis…?

– Jessesmaria, und ob…!

Ich kannte die Alte in der Eisdiele ganz gut. Ich war einer ihrer besten Kunden in Sachen Eis plus Hochprozentiges, und oft genug ließ sie die Flasche auf der Theke stehen. Ich unterhielt mich dann ein wenig mit ihr. Ich winkte ihr zu, als wir reinkamen. Ich ließ Betty an einem Tisch Platz nehmen und ging bestellen.

– Ich glaube, ich werde mich für zwei Pfirsicheis entscheiden, sagte ich.

Ich trat hinter die Theke und gab ihr die Hand. Während sie ihre Arme in den dampfenden Eisbehälter tauchte, holte ich zwei Eisbecher raus, fast ein Liter musste da reingehen. Danach klappte ich sämtliche Wandschränke auf, um das Pfirsichglas zu finden.

– He, sagen Sie mal, meinte sie, Sie sind aber ganz schön aufgeregt heut' Morgen...

Ich stand auf und guckte zu Betty rüber, sie saß da mit übereinandergeschlagenen Beinen, eine Zigarette zwischen den Lippen.

– Wie finden Sie sie?, fragte ich.

– Etwas vulgär...

Ich schnappte mir die Flasche mit Maraschino und fing an, das Eis zu begießen.

– Na klar, sagte ich, das ist nämlich ein Engel, der direkt vom Himmel gefallen ist, sehen Sie das nicht...?

Auf dem Rückweg nahmen wir zunächst die Wäsche mit, dann ging ich los, um gegenüber die Einkäufe abzuholen. Es musste so gegen Mittag sein, es war ziemlich heiß geworden, ich hatte nur ein Interesse, nämlich auf dem schnellsten Weg nach Haus zu kommen. Ich erspähte sofort meine Flasche, er hatte sie unübersehbar vor die Tüten gestellt und empfing mich nicht gerade mit einem Lächeln, wenn er mir überhaupt irgendeine Beachtung schenkte. Ich hievte die Einkaufsnetze hoch und nahm meine Schnapsflasche.

– Biste sauer?, fragte ich ihn.

Er guckte mich nicht einmal an.

– Du wirst der einzige dunkle Punkt meines Tages sein, sagte ich. Ich packte den ganzen Krempel in den Wagen, dann peilten wir das Motel an. Am Stadtrand blies ein heftiger, heißer Wind, und schon ähnelte die ganze Gegend ein wenig mehr einer Wüste mit ein paar verkrüppelten Dingen und wenigen schattigen Stellen, aber da stand ich drauf, ich liebte die Farbe des Bodens ebenso, wie ich einen Hang für weite, ungezähmte Flächen hatte. Wir kurbelten die Scheiben hoch.

Ich trat das Gaspedal durch bis zum Anschlag, doch die Kiste schleppte sich mit neunzig dahin, wir hatten Gegenwind und mussten uns wohl oder übel gedulden. Nach einer Zeit drehte sich Betty nach hinten um, anscheinend war es ihr unter ihren Haaren zu heiß, denn sie hob sie pausenlos hoch.

– Sag mal, meinte sie, kannste dir vorstellen, wie weit wir zwei es schaffen könnten mit einer vernünftigen Kiste und dem ganzen Fraß da hinten …

Zwanzig Jahre vorher hätte mich dieser Gedanke hellauf begeistert, jetzt musste ich mir Mühe geben, ein Gähnen zu unterdrücken.

– Wir würden 'ne tolle Kurve kratzen, sagte ich.

– Und ob... und wir könnten 'nen Strich ziehen unter diese jämmerliche Gegend!

Ich machte mir eine Zigarette an und legte die Hände über das Lenkrad.

– Komisch, sagte ich, aber irgendwie finde ich diese Landschaft gar nicht mal so hässlich...

Sie fing an zu lachen und warf den Kopf in den Nacken.

– Ach du Scheiße, wie kannste so was nur 'ne Landschaft nennen...?

Man hörte, wie Steinchen von der Straße gegen die Karosserie knallten, der Wagen schlingerte im Seitenwind, draußen musste es geradezu kochen. Ich stimmte in ihr Lachen ein.

Am Abend flaute der Wind mit einem Mal ab, und es wurde äußerst schwül. Wir nahmen die Flasche mit auf die Terrasse und hofften, dass es sich in der Nacht ein wenig abkühlte, aber wir konnten die Sterne aufgehen sehen, ohne dass sich im Geringsten etwas änderte... Nicht der leiseste Windhauch, und ich muss sagen, dass ich selbst das noch nicht schlimm fand. Die einzige Abwehr war die totale Bewegungslosigkeit, und darin hatte ich inzwischen einige Übung. In fünf Jahren hatte ich es so weit gebracht, dass ich selbst die größte Hitze aushalten konnte, aber das wurde was anderes, wenn man ein Mädchen dabeihatte, da konnte man sich nicht einfach tot stellen.

Nach ein paar Gläsern versuchten wir, uns zu zweit in den Liegestuhl zu zwängen. Wir schwitzten in der Dunkelheit, aber wir taten so, als sei alles bestens. Am Anfang ist man immer so, da ist man bereit, alles Mögliche zu ertragen. Wir blieben eine Weile so liegen, ohne uns zu rühren, wir hatten so viel Luft wie in einem Fingerhut.

Als sie anfing, sich zu winden, gab ich ihr ein Glas, um sie zu beruhigen. Sie stieß einen tiefen Seufzer aus, der einen Baum hätte entwurzeln können.

– Ich frage mich, ob ich überhaupt noch aufstehen kann, stöhnte sie.

– Vergiss es, red keinen Unsinn. Ist doch nichts, was wichtig genug wäre, um...

– Ich glaub, ich muss pinkeln gehen, unterbrach sie mich.

Ich fuhr ihr mit einer Hand unter den Slip und streichelte ihr über die Hinterbacken. Sie waren erste Klasse, mit kleinen Schweißspuren, die ihr von den Hüften rannen, und ihre Haut war weich wie ein Babypopo. Ich hatte keine Lust mehr, an irgendetwas zu denken, ich drückte sie an mich.

– Herrgott!, rief sie. Drück mir nicht auf die Blase!

Trotzdem glitt sie mit einem Bein über meine und krallte sich irgendwie an meinem T-Shirt fest.

– Ich möchte dir sagen, dass ich froh bin, mit dir zusammen zu sein. Ich würde gern mit dir zusammenbleiben, wenn das geht... Sie hatte das mit ganz normaler Stimme gesagt, so, als hätte sie über die Farbe ihrer Schuhe oder den abblätternden Deckenanstrich nachgedacht. Ich schlug einen zwanglosen Ton an.

– Na ja... schon möglich, könnte schon klappen. Mal sehn, ich hab keine Frau, keine Kinder, ich führ kein kompliziertes Leben, hab 'ne Bude und keinen allzu anstrengenden Job. Ich glaub, alles in allem bin ich keine schlechte Partie.

Sie legte sich platt auf mich, und bald darauf waren wir schweißgebadet von Kopf bis Fuß. Trotz der Hitze war das nicht unangenehm. Sie biss mir grunzend ins Ohr.

– Ich vertrau dir, flüsterte sie. Wir sind noch jung, wir bringen es noch zu was, du und ich.

Ich verstand nicht, was sie damit sagen wollte. Wir hielten uns lange umarmt. Wenn man alles verstehen müsste, was im Kopf eines Mädchens vorgeht, käme man nie zu einem Ende. Und dann wollte ich auch nicht unbedingt eine Erklärung, ich wollte sie bloß weiter umarmen und ihr über den Hintern streicheln, solange ihre Blase das aushielt.

Anthony McCarten
Die Italienerin

Ich spreche kein Italienisch. Habe nicht viel Ahnung von Italienern. Das sollte zu Anfang gesagt sein. Ich erinnere mich an einen Sommer in der Dordogne. Riberac. Eine Rucksacktouristin in einem Café. Luna. Wir tanzten und gingen danach in meine Pension. Tolles Mädchen. Doch bei Sonnenaufgang stand sie auf – sie müsse für zwei Tage zu einem Freund, nach Chartres. Ihr Mobiltelefon ließ sie da.

Ich war krank vor Eifersucht, weil ein anderer jetzt Lunas wunderbaren Körper unter sich hatte, oder über sich – das ganze Elend eben –, und lag die ganze Nacht wach. Frühmorgens ging das Telefon, Lunas Telefon. Ein Hechtsprung – ich sah gerade noch einen Namen auf dem Display, nicht ihren, sondern: Sveglia.

Ich: Hallo?

Schweigen am anderen Ende.

Ich: Hallo? Wer ist da? (Blick auf die Uhr. 8:05.) Luna, bist du's? (Schweigen.)

Den Tag verbrachte ich in der Gegend von Cahors.

Der Fluss. Die Stadt. Die Höhlen mit ihren 30 000 Jahre alten Zeichnungen. Dann mit ein paar Flaschen Rotwein zurück nach Riberac. Meine Pension kam mir jetzt hässlich vor. Ich überlegte, ob ich in eine andere umziehen sollte – aber würde Luna mich dort finden?

Am nächsten Morgen, gleiche Zeit, wieder das Telefon.

Ich: Hör mal, wenn du Luna willst, die ist nicht da. Sveglia – bist du das? Ich kann dich nicht hören. Was rufst du dauernd hier an?

Luna kam nicht zurück. Nicht an diesem Tag und auch nicht am nächsten. Und jeden Morgen das Gleiche – das Telefon klingelt, ein Name auf dem Display. Sveglia. Aber Sveglia sagt keinen Ton.

Ich: Hallo? (Schweigen.) Luna, bist du's? (Schweigen.) Sveglia? Scheiße. Lass mich in Ruhe!

Nach vier Tagen kam Luna zurück. Ich blickte aus dem Fenster und sah meine Luna, wie sie die Straße heraufkam und dann beim Blumenhändler stehen blieb. Ich packte ihr Mobiltelefon und stürzte die Treppe hinunter.

Ich: Wer ist er? Wer ist Sveglia?

Sie: Wovon redest du?

Ich: Wer ist Sveglia? Dein Telefon, es hat jeden Morgen geklingelt. Irgendein Kerl. Ich weiß, was gespielt wird!

Noch heute, nach all den Jahren, sehe ich noch Lunas plötzliches Stirnrunzeln, höre ihr Lachen.

Ich drehte mich um und ging wütend davon. Aber sie rief mir etwas nach. Sveglia, *sveglia?* (Sie lachte schon wieder.) – Oh Gott, bleib stehen. Weißt du denn nicht, dass – *sveglia* ist doch das italienische Wort für Wecker. Ah, *che carino*. Komm zurück. Ach du süßer Junge!

John Irving

Sommerjob

Orient Point, die Spitze des nördlichen Ausläufers von Long Island, sieht aus wie das, was es ist: das Ende einer Insel, das sich allmählich im Meer verliert. Die Vegetation, vom Salz verkrüppelt, vom Wind geduckt, ist spärlich. Der Sand ist grobkörnig und mit Muscheln und Gesteinsbrocken durchsetzt. Als Marion Cole an jenem Tag im Juni 1958 auf die Fähre aus New London wartete, die Eddie O'Hare über den Long Island Sound bringen sollte, war Ebbe, und Marion bemerkte gleichgültig, dass die Pfahlwand des Fähranlegers bis zur Flutmarke nass war; oberhalb waren die Pfähle trocken. Über der leeren Rampe hing ein lärmender Chor Möwen in der Luft; dann schwenkten die Vögel dicht über dem gekräuselten Wasser ab, das im unbeständigen Sonnenlicht andauernd die Farbe wechselte – von Schiefergrau zu Blaugrün und dann wieder zu Grau. Die Fähre war noch nicht in Sicht.

Nicht einmal ein Dutzend Autos parkten in der Nähe des Anlegers. In Anbetracht der Tatsache, dass die Sonne nicht verweilen wollte und der Wind aus Nordosten blies, warteten die meisten Fahrer in ihren Autos. Anfangs hatte Marion neben ihrem Wagen gestanden, an den vorderen Kotflügel gelehnt; dann setzte sie sich darauf und schlug auf der Kühlerhaube das Exeter-Jahrbuch 1958 auf. Und hier, in Orient Point, auf der Kühlerhaube ihres Wagens, sah sich Marion die neuesten Fotos von Eddie O'Hare zum ersten Mal genau an.

Marion hasste es, zu spät zu kommen, und sie hatte unweigerlich eine schlechte Meinung von Leuten, die unpünktlich waren. Ihr Wagen stand ganz vorn in der Spur der Abholer, die auf die Ankunft der Fähre warteten. Auf dem Parkplatz, auf dem die Passagiere warteten, die mit der Fähre nach New London fahren wollten, stand eine längere Autoschlange. Aber Marion achtete nicht auf die Leute; sie betrachtete selten andere Menschen, wenn sie ausging, was selten vorkam.

Doch alle sahen sie an. Sie konnten einfach nicht anders. Als Marion Cole an jenem Tag in Orient Point wartete, war sie neununddreißig. Sie sah aus wie neunundzwanzig oder noch etwas jünger. Während sie auf dem Kotflügel ihres Wagens saß und die Seiten des Jahrbuchs 1958 in den ungestümen Windböen aus Nordosten niederzuhalten versuchte, waren ihre hübschen und noch dazu langen Beine weitgehend unter einem Wickelrock in einem nichtssagenden Beigeton verborgen. Die Passform ihres Rocks jedoch war alles andere als nichtssagend – er saß wie angegossen. Sie trug ein extrem weites, weißes T-Shirt, das sie in den Bund gesteckt hatte, und darüber eine nicht zugeknöpfte Kaschmirjacke in dem gleichen verblichenen Rosa wie die Innenseiten bestimmter Muscheln – einem Hellrosa, dem man eher an einer tropischen Küste begegnen mochte als an dem keineswegs exotischen Strand von Long Island.

Als der Wind auffrischte, zog Marion die Jacke fester um sich. Das T-Shirt saß sehr lose, aber sie hatte einen Arm unter der Brust um sich geschlungen. Dass sie eine schlanke Taille hatte, war unübersehbar; dass ihre vollen Brüste etwas herabhingen, aber wohlgeformt waren und natürlich wirkten, war ebenfalls unübersehbar. Ihr schulterlanges, gewelltes Haar veränderte in der mit den Wolken Versteck spielenden Sonne seine Farbe von Bernstein zu Honigblond, und ihre leicht gebräunte Haut schien zu leuchten. Sie war nahezu makellos.

Bei näherer Betrachtung jedoch hatte ihr eines Auge etwas Irritierendes. Ihr Gesicht war mandelförmig, genau wie ihre Augen, die eigentlich dunkelblau waren; doch in der Iris des rechten Auges befand sich ein sechseckiger hellgelber Fleck. Es sah aus, als wäre ihr ein Brillantsplitter oder ein Eissplitter ins Auge gefallen, der nun ständig die Sonne reflektierte. Je nach Lichteinfall bewirkte dieses gelbe Fleckchen, dass die Farbe ihres rechten Auges von Blau zu Grün wechselte. Fast ebenso beunruhigend war Marions vollkommener Mund. Doch ihr Lächeln, wenn sie denn lächelte, war voller Wehmut. Seit fünf Jahren hatten nur wenige Menschen sie überhaupt lächeln sehen.

Während Marion im Exeter-Jahrbuch nach den aktuellsten Fotos von Eddie O'Hare suchte, runzelte sie unwillkürlich die Stirn. Vor einem Jahr war Eddie im Sportclub gewesen, jetzt nicht mehr. Im vergangenen Jahr war er noch Mitglied des Junior-Debattierclubs; in diesem Jahr gehörte er ihm nicht mehr an, war aber auch nicht in die erlesene Riege der sechs jungen Männer aufgerückt, aus denen der Debattierkreis der Schule bestand. Hatte er beides einfach so aufgegeben?, fragte sich Marion. (Ihre eigenen Jungen hatten auch nichts für Clubs und dergleichen übrig gehabt.)

Doch dann entdeckte sie ihn etwas verloren inmitten einer Gruppe selbstgefällig und großspurig wirkender junger Männer, die das Exeter-Literaturmagazin *Pendel* herausgaben und auch die meisten Beiträge beisteuerten. Eddie stand am Rand der mittleren Reihe, so, als wäre er um ein Haar zu spät zum

Fotografieren gekommen und in letzter Sekunde scheinbar ganz cool und desinteressiert ins Bild geschlüpft. Während sich einige andere in Positur geworfen hatten und der Kamera bewusst ihr Profil zuwandten, starrte Eddie direkt in die Linse. Wie schon auf den Fotos im Jahrbuch 1957 wirkte er aufgrund seiner beängstigenden Ernsthaftigkeit und seines hübschen Gesichts älter, als er war.

Was auch immer an ihm »literarisch« sein mochte, die einzig erkennbaren Komponenten waren sein dunkles Hemd und eine noch dunklere Krawatte. Es war eines jener Hemden, die normalerweise nicht mit Krawatte getragen werden. (Marion musste daran denken, dass Thomas diesen Aufzug auch gern gemocht hatte; Timothy, der jünger oder konventioneller oder auch beides war, nicht.) Marion fand es deprimierend, sich den Inhalt des *Pendels* auszumalen: düstere Gedichte und quälend autobiographische Geschichten von Halbwüchsigen – literarisch ambitionierte Varianten des Themas »Wie ich die Sommerferien verbrachte«. Jungen in diesem Alter sollten sich an Sport halten, dachte Marion. (Thomas und Timothy hatten sich nur an Sport gehalten.)

Plötzlich machte das windige, wolkige Wetter sie frösteln – vielleicht fröstelte sie auch aus anderen Gründen. Sie klappte das Jahrbuch zu und setzte sich in den Wagen, wo sie es wieder aufschlug und ans Lenkrad lehnte. Jeder, der Marion wieder ins Auto hatte steigen sehen, hatte ihre Hüften betrachtet. Man konnte einfach nicht anders.

Apropos Sport: Eddie O'Hare lief nach wie vor. Da war er, ein Jahr mehr Muskeln am Leib, auf den Fotos der beiden Juniorenmannschaften: Geländelauf und Kurzstreckenlauf. Warum läuft er?, fragte sich Marion. (Ihre Söhne hatten eine Vorliebe für Fußball und Hockey gehabt, und im Frühjahr hatte Thomas Lacrosse gespielt, und Timothy hatte es mit Tennis versucht. Keinen von beiden reizte der Lieblingssport ihres Vaters: Ted spielte einzig und allein Squash.)

Wenn Eddie O'Hare weder im Geländelauf noch im Kurzstreckenlauf aus der Juniorenmannschaft in die Schulmannschaft aufgestiegen war, bedeutete das wohl, dass er nicht besonders schnell lief oder keinen großen Ehrgeiz hatte. Doch ganz gleich, wie schnell oder ehrgeizig er lief, seine nackten Schultern lenkten erneut die unbewusste Aufmerksamkeit von Marions Zeigefinger auf sich. Ihr Nagellack war mattrosa und genau auf ihren Lippenstift abgestimmt, dessen Rosaton mit etwas Silber durchsetzt war. Es ist durchaus denkbar, dass Marion Cole im Sommer 1958 eine der schönsten Frauen ihrer Zeit war.

Sie spürte auch wirklich keinerlei bewusstes sexuelles Interesse, als sie die Konturen von Eddies nackten Schultern nachfuhr. Dass die zwanghafte Intensität, mit der sie junge Männer in Eddies Alter betrachtete, erotische Dimensionen annehmen könnte, ahnte zu diesem Zeitpunkt einzig und allein ihr Mann. Während er seinem sexuellen Instinkt vertraute, war Marion in dieser Beziehung zutiefst verunsichert.

Schon so manche Ehefrau hat die kränkenden Seitensprünge eines treulosen Ehemanns toleriert, ja sogar akzeptiert; Marion nahm sie bei Ted in Kauf, weil sie selbst sehen konnte, dass seine vielen Frauen keine nachhaltige Rolle in seinem Leben spielten. Hätte er eine andere Frau gehabt, eine, die ihn ganz in ihren Bann zog, hätte Marion sich vielleicht dazu durchgerungen, ihn vor die Tür zu setzen. Aber Ted behandelte sie nie schlecht; vor allem nach dem Tod von Thomas und Timothy blieb er ihr gegenüber gleichbleibend liebevoll und zärtlich. Schließlich hätte außer ihm auch niemand ihren abgrundtiefen Kummer begreifen und respektieren können.

Doch jetzt herrschte ein furchtbares Ungleichgewicht zwischen den beiden. Sogar der vierjährigen Ruth war aufgefallen, dass ihre Mutter viel trauriger war als ihr Vater. Und noch ein Ungleichgewicht bestand, das Marion nie im Leben würde wettmachen können: Ted war Ruth ein besserer Vater als sie ihr eine Mutter. Dabei war Marion für ihre Söhne immer der weitaus wichtigere und überlegene Elternteil gewesen! In letzter Zeit hasste sie Ted beinahe, weil er seinen Kummer besser hinunterschlucken konnte als sie. Dass Ted sie womöglich dafür hasste, dass sie ihm im Trauern überlegen war, konnte Marion nur vermuten.

Sie war überzeugt, dass es falsch gewesen war, noch ein Kind zu bekommen. In jeder Phase des Heranwachsens erinnerte Ruth ihre Eltern unweigerlich an die entsprechenden Zeiten mit Thomas und Timothy. Die Coles hatten für ihre Jungen nie ein Kindermädchen gebraucht, denn damals war Marion ganz Mutter gewesen. Für Ruth hingegen hatten sie buchstäblich ununterbrochen Kindermädchen, denn auch wenn Ted eher als Marion dazu bereit war, sich um seine Tochter zu kümmern, kannte er sich mit den täglich erforderlichen Kleinigkeiten nicht gut genug aus. Marion war zwar unfähig, diese Aufgaben zu erfüllen, wusste aber wenigstens, was im Einzelnen zu geschehen hatte und dass sich eine verantwortungsbewusste Person darum kümmern musste.

Im Sommer 1958 schließlich war es so weit, dass Marion sich einbildete, die Hauptursache für Teds

Unglück zu sein. Fünf Jahre nach dem Tod von Thomas und Timothy war sie überzeugt, dass sie ihm größeren Kummer bereitete als die toten Söhne. Und sie befürchtete, auf die Dauer womöglich nicht verhindern zu können, dass sie ihre Tochter liebte. Und wenn ich zulasse, dass ich Ruth liebe, dachte Marion, was soll ich dann tun, wenn ihr etwas zustößt? Sie wusste, dass sie es nicht noch einmal ertragen konnte, ein Kind zu verlieren.

Vor kurzem hatte Ted Marion eröffnet, er wolle es den Sommer über mit einer »Trennung auf Probe« versuchen – nur um festzustellen, ob sie vielleicht beide glücklicher wären, wenn sie getrennt lebten. Seit Jahren, schon lange vor dem Tod ihrer geliebten Söhne, hatte Marion erwogen, sich von Ted scheiden zu lassen. Und nun wollte er sich von ihr trennen! Wäre es zu einer Scheidung gekommen, als Thomas und Timothy noch lebten, wäre die Frage, bei welchem Elternteil die Kinder blieben, überhaupt nicht aufgetaucht; es waren *ihre* Jungen, sie hätten sich für sie entschieden. Einen so offensichtlichen Tatbestand hätte Ted niemals anfechten können.

Aber jetzt... Marion wusste nicht, was sie tun sollte. Es gab Zeiten, in denen sie es nicht ertragen konnte, mit Ruth auch nur zu reden. Natürlich wollte dieses Kind zu seinem Vater.

Läuft es also darauf hinaus?, überlegte Marion. Er nimmt alles Übrige: das Haus, das sie liebte, aber nicht haben wollte, Ruth, die zu lieben sie entweder unfähig war oder sich nicht gestattete. Marion würde ihre Jungen mitnehmen. Ted konnte von Thomas und Timothy das behalten, woran er sich erinnerte. (Ich behalte alle Fotos, beschloss Marion.)

Das Tuten der Fähre riss sie aus ihren Gedanken. Sie presste den Zeigefinger, der unablässig die Konturen von Eddie O'Hares nackten Schultern nachgefahren war, so fest auf die Seite des Jahrbuchs, dass der Nagel abbrach. Die Fingerspitze begann zu bluten. Sie bemerkte die Kerbe, die ihr Nagel an Eddies Schulter hinterlassen hatte. Ein winziges Blutströpfchen spritzte auf die Seite, aber sie befeuchtete einen Finger mit Speichel und wischte das Blut weg. Erst da kam ihr zum Bewusstsein, dass Ted Eddie unter der Bedingung eingestellt hatte, dass er den Führerschein besaß, und dass die Sache mit Eddies Ferienjob vereinbart worden war, bevor Ted ihr eröffnet hatte, dass er es mit einer »Trennung auf Probe« versuchen wolle.

Die Fähre tutete ein zweites Mal. Der dunkle Ton unterstrich, was mittlerweile offensichtlich war: Ted wusste schon seit geraumer Zeit, dass er sie verlassen wollte! Überrascht stellte sie fest, dass bei der Erkenntnis, dass er sie hintergangen hatte, keinerlei Wut in ihr aufstieg; sie war nicht einmal sicher, ob sie genügend Hass auf Ted empfand, um daraus schließen zu können, dass sie ihn einmal geliebt hatte. Hatte für sie mit dem Tod von Thomas und Timothy wirklich alles aufgehört oder sich verändert? Bisher war sie davon ausgegangen, dass Ted sie auf seine Art noch immer liebte; und doch war er es, der die Trennung in die Wege leitete.

Als sie die Wagentür öffnete und ausstieg, um sich die von der Fähre kommenden Passagiere genauer anzusehen, war sie so traurig wie immer in den vergangenen fünf Jahren; doch in ihrem Kopf herrschte mehr Klarheit als je zuvor. Sie würde Ted gehen lassen, sie würde sogar ihre Tochter mit ihm gehen lassen. Sie würde die beiden verlassen, bevor Ted Gelegenheit hatte, sie zu verlassen. Während Marion auf die Anlegestelle zuging, dachte sie: Ich werde alles aufgeben, alles bis auf die Fotos. Für eine Frau, die soeben eine so folgenschwere Entscheidung getroffen hatte, war ihr Schritt unverhältnismäßig fest und sicher. Jedem, der sie sah, erschien sie ruhig und heiter.

Der erste Autofahrer, der die Fähre verließ, war ein Narr. Er war so überwältigt von der Schönheit der Frau, die er auf sich zukommen sah, dass er von der Straße abkam und im steinigen Ufersand landete; sein Wagen sollte über eine Stunde dort feststecken, doch selbst als er seine missliche Lage erkannte, konnte er die Augen nicht von Marion abwenden. Beim besten Willen nicht. Marion bemerkte das Missgeschick gar nicht, sie ging einfach langsam weiter.

Für den Rest seines Lebens glaubte Eddie O'Hare an Schicksal: In dem Moment, als er den Fuß an Land setzte, stand Marion vor ihm.

Im ersten Monat dieses Sommers sahen Ruth und der Schriftstellerassistent einander kaum. In der Küche des Coleschen Hauses trafen sie sich vor allem deshalb nicht, weil Eddie keine seiner Mahlzeiten dort einnahm. Und obwohl beide im selben Haus schliefen, hatten sie extrem unterschiedliche Schlafenszeiten, und ihre Schlafzimmer lagen weit auseinander. Am Morgen hatte Ruth längst mit ihrer Mutter oder ihrem Vater gefrühstückt, bevor Eddie aufstand. Bis dahin war auch schon das erste der drei Kindermädchen eingetroffen, und Marion hatte Ruth und ihren Babysitter an den Strand gefahren. War das Wetter für einen Strandbesuch ungeeignet, spielten Ruth und das Kindermädchen im Kinderzimmer oder in dem so gut wie unbenutzten Wohnzimmer des großen Hauses.

Dass das Haus so riesig war, verlieh ihm in Eddies Augen von vornherein etwas Exotisches; er war in den ersten Jahren in einem kleinen Lehrerapartment in einem Schülerwohnheim der Exeter Academy aufgewachsen, später in einem Lehrerhaus auf dem Schulgelände, das kaum größer war. Doch weit ungewohnter und von sehr viel größerer Tragweite als die Dimensionen des Coleschen Hauses war für Eddie die Tatsache, dass die Coles getrennt lebten und folglich nie gleichzeitig im selben Haus übernachteten. Auch für Ruths Leben bedeutete die Trennung ihrer Eltern eine ungewohnte und rätselhafte Veränderung; sie hatte nicht weniger Schwierigkeiten, sich an die seltsame Situation zu gewöhnen, als Eddie.

Ungeachtet dessen, was diese Trennung für Ruths und Eddies Zukunft bedeutete, war der erste Monat dieses Sommers vor allem verwirrend. An den Tagen, an denen Ted in dem gemieteten Haus übernachtete, musste Eddie ihn am nächsten Morgen mit dem Wagen abholen; Ted war gern spätestens um zehn in seiner Werkstatt, so dass Eddie genug Zeit blieb, um auf dem Hinweg beim Gemischtwarenladen und beim Postamt in Sagaponack vorbeizufahren. Er holte die Post ab und besorgte Kaffee und Muffins für sie beide. An den Tagen, an denen Marion in dem gemieteten Haus übernachtete, holte Eddie am Morgen ebenfalls die Post ab, besorgte aber nur etwas zum Frühstücken für sich selbst, da

Ted mit Ruth schon eher gefrühstückt hatte. Und Marion konnte selbst fahren. Wenn Eddie keine Botengänge zu erledigen hatte, was eher selten vorkam, verbrachte er einen Großteil des Tages in dem leeren Ausweichquartier.

Seine Arbeit, die ihm nicht viel abverlangte, reichte von der Beantwortung von Teds Fanpost bis zum Abtippen der handschriftlichen Überarbeitungen der extrem kurzen Geschichte *Ein Geräusch, wie wenn einer versucht, kein Geräusch zu machen.* Mindestens zwei Mal pro Woche fügte Ted einen Satz hinzu oder strich einen weg; auch Kommas wurden hinzugefügt und gestrichen, Strichpunkte wurden durch Gedankenstriche ersetzt und diese dann wieder durch Strichpunkte. (Nach Eddies Ansicht machte Ted derzeit eine Interpunktionskrise durch.) Im günstigsten Fall schrieb er auf der Maschine den Rohentwurf zu einem völlig neuen Absatz – er tippte grauenhaft –, den er dann sofort schlampig mit Bleistift korrigierte. Im schlimmsten Fall wurde dieser Absatz bis zum nächsten Abend ersatzlos gestrichen.

Teds persönliche Post durfte Eddie weder öffnen noch lesen; bei den meisten Briefen, die er abtippte, handelte es sich um Teds Antworten auf Kinderbriefe. Den Müttern schrieb er selbst. Eddie bekam weder die Briefe, die Ted von diesen Müttern erhielt, noch Teds Antworten jemals zu Gesicht. (Wenn Ruth nachts – und nur dann – die Schreibmaschine ihres Vaters hörte, war das, was sie hörte, öfter ein Brief an eine junge Mutter als ein im Entstehen begriffenes Kinderbuch.)

Die Arrangements, die Ehepaare treffen, um in der Zeit bis zur Scheidung eine zivilisierte äußere Form zu wahren, sind oft sehr ausgefeilt, wenn es beiden in erster Linie darum geht, ihr Kind nach Möglichkeit zu schonen. Abgesehen davon, dass die vierjährige Ruth mitbekam, wie ihre Mutter von einem Sechzehnjährigen von hinten bestiegen wurde, hätten ihre Eltern sich nie zornig oder hasserfüllt angebrüllt, und keiner von beiden hätte je schlecht über den anderen geredet. Was diesen Aspekt ihrer gescheiterten Ehe betraf, waren Ted und Marion Musterbeispiele für anständiges Benehmen. Dass die Arrangements bezüglich des gemieteten Hauses genauso schäbig waren wie das Haus selbst, tut nichts zur Sache. Ruth freilich brauchte nie dort zu wohnen.

Dem 1958 in den Hamptons üblichen Maklerjargon zufolge handelte es sich um ein sogenanntes Kutscherhaus; in Wirklichkeit war es ein stickiges Zweizimmerapartment über einer Doppelgarage, das hastig zusammengezimmert und billig möbliert war. Es lag an der Bridge Lane in Bridgehampton, höchstens zwei Meilen vom Haus der Coles an der Parsonage Lane in Sagaponack entfernt, und erfüllte nachts den Zweck, dass Ted und Marion weit genug voneinander entfernt schlafen konnten. Tagsüber diente es dem Schriftstellerassistenten als Arbeitsplatz.

Die Küche im Kutscherhaus wurde nie zum Kochen benutzt; auf dem Küchentisch – ein Esszimmer gab es nicht – stapelten sich unbeantwortete Post und angefangene Briefe. Tagsüber benutzte Eddie ihn als Schreibtisch, und in den Nächten, die Ted in der Wohnung verbrachte, setzte er sich hier an die Schreibmaschine. Die Küchenvorräte bestanden aus allen möglichen Alkoholika, außerdem Kaffee und Tee – mehr war nicht da. Im Wohnzimmer, das lediglich eine Erweiterung der Küche darstellte, standen ein Fernseher und eine Couch, auf der Ted in regelmäßigen Abständen einnickte, während er sich ein Baseballspiel ansah; er schaltete den Fernseher nur an, wenn Ballspiele oder Boxkämpfe übertragen wurden. Marion sah sich Spätfilme an, wenn sie nicht schlafen konnte.

Der Schrank im Schlafzimmer enthielt jeweils nur das Nötigste an Kleidung. In diesem Schlafzimmer wurde es nie richtig dunkel; es hatte ein Oberlicht ohne Blende, das zudem nicht dicht war.

Um das Licht auszusperren und auch um das Leck abzudichten, heftete Marion mit Reißzwecken ein Handtuch an den Rahmen, doch wenn Ted hier übernachtete, nahm er das Handtuch ab. Ohne das einfallende Licht hätte er womöglich nicht gewusst, wann es Zeit zum Aufstehen war; eine Uhr gab es nicht, und Ted ging oft ins Bett, ohne zu wissen, wann und wo er seine Armbanduhr abgelegt hatte.

Das Mädchen, das im Haus der Coles saubermachte, kam auch ins Kutscherhaus, allerdings nur, um staubzusaugen und die Bettwäsche zu wechseln. Hier roch es ständig nach Geflügel und Salzlake, vermutlich weil sich ganz in der Nähe die Brücke befand, an der die Krabbenfischer nach Krabben fischten – als Köder benutzten sie meist rohes Hühnerfleisch. Und weil der Vermieter in der Doppelgarage seine Autos unterstellte, ließen sich sowohl Ted und Marion als auch Eddie darüber aus, dass ständig Motoröl- und Benzingestank in der Luft lag.

Sofern irgendetwas diese Wohnung erträglicher machte, wenn auch nur ein bisschen, dann die wenigen Fotografien von Thomas und Timothy, die Marion hier aufgehängt hatte. Sie stammten aus Eddies Gästezimmer im großen Haus und dem angrenzenden Bad, das ihm ebenfalls zur Verfügung stand. (Eddie hätte unmöglich ahnen können, dass die wenigen Bilderhaken an den kahlen Wänden Vorboten der unendlich vielen Bilderhaken waren, die bald zu sehen sein würden. Ebenso wenig hätte er voraussagen können, wie viele Jahre ihn der Anblick der hellen Rechtecke verfolgen würde, die die Fotos der toten Jungen auf den Tapeten hinterlassen hatten.

Allerdings hingen noch immer einige Fotos von Thomas und Timothy in Eddies Gästezimmer und dem angrenzenden Bad; er sah sie sich oft an. Am häufigsten jedoch betrachtete er ein Foto, auf dem vor allem Marion zu sehen war. Es war in einem Pariser Hotelzimmer bei Morgensonne aufgenommen worden, und Marion liegt unter einem altmodischen Federbett; sie sieht zerzaust, verschlafen und glücklich aus. Neben ihr auf dem Kopfkissen liegt ein nackter Kinderfuß – man sieht nur ein Stück des Beins, das aus einem Schlafanzug ragt und unter dem Plumeau verschwindet. Am anderen Ende des Bettes ist noch ein nackter Fuß zu sehen, der einem zweiten Kind gehören muss – nicht nur wegen der großen Entfernung zwischen den beiden Füßen, sondern weil er in einer anderen Schlafanzughose steckt.

Eddie konnte nicht wissen, dass sich dieses Hotelzimmer in Paris befand – es handelte sich um das einst so bezaubernde Hôtel du Quai Voltaire, in dem die Coles gewohnt hatten, als Ted bei Erscheinen der französischen Übersetzung der *Maus, die in der Wand krabbelt* dort auf Promotion-Tour war. Trotzdem erkannte Eddie, dass das Bett und das übrige Mobiliar irgendwie fremdartig waren, wahrscheinlich europäisch. Und er vermutete, dass die nackten Füße Thomas und Timothy gehörten und dass Ted das Foto gemacht hatte.

Man sieht Marions nackte Schultern – nur mit den schmalen Trägern ihres Nachthemds oder Seidenhemdchens – und einen nackten Arm. Das Stückchen Achselhöhle, das zu erkennen ist, lässt darauf schließen, dass sie sich unter den Armen sorgfältig rasierte. Auf dem Foto musste sie zwölf Jahre jünger gewesen sein, noch keine dreißig, obwohl sie in Eddies Augen fast genauso aussah, nur nicht so glücklich. Vielleicht lag es an der Morgensonne, die schräg auf das Bett fiel, dass ihre Haare blonder wirkten.

Wie bei allen anderen Fotografien von Thomas und Timothy handelte es sich um eine aufwendig gerahmte und mit einem Passepartout versehene Vergrößerung im Format zwanzig mal fünfundzwanzig. Wenn Eddie das Foto von der Wand nahm, konnte er es so auf den Stuhl neben dem Bett stellen, dass Marion ihn ansah, während er dalag und onanierte. Um die Illusion zu verstärken, dass ihr

Lächeln ihm galt, brauchte Eddie in Gedanken nur die nackten Füße der Kinder auszublenden. Besser freilich war es, sie gleich aus dem Blickfeld zu entfernen; zwei Zettel von einem Notizblock, die er mit Tesafilm auf die Glasscheibe klebte, und die Sache war geritzt.

Diese Beschäftigung war für Eddie längst zu einem allabendlichen Ritual geworden, als er eines Abends unterbrochen wurde. Kaum hatte er angefangen, sich einen runterzuholen, klopfte es an die Schlafzimmertür, die kein Schloss hatte, und Ted rief: »Eddie? Bist du wach? Ich habe noch Licht gesehen. Dürfen wir reinkommen?«

Eddie sprang mit einem Satz aus dem Bett. Er schlüpfte hastig in die noch feuchte, ekelhaft klamme Badehose, die zum Trocknen über der Stuhllehne hing, und stürzte mit dem Foto ins Bad, wo er es schief an seinen Platz zurückhängte. »Komme gleich!«, rief er. Erst als er die Tür öffnete, fielen ihm die zwei Streifen Papier ein, mit denen er Thomas' und Timothys Füße überklebt hatte. Außerdem hatte er die Badezimmertür offen gelassen. Doch daran ließ sich nun nichts mehr ändern, denn Ted stand mit Ruth auf dem Arm bereits in der Tür des Gästezimmers.

»Ruth hatte einen Traum«, sagte ihr Vater. »Nicht wahr, Ruthie?«

»Ja«, sagte das Kind. »Er war nicht sehr schön.«

»Sie wollte sich vergewissern, dass ein bestimmtes Foto noch da ist. Ich weiß, dass es keines von denen ist, die ihre Mutter drüben in der Wohnung aufgehängt hat«, erklärte Ted.

»Aha«, sagte Eddie, dem es vorkam, als würde Ruth durch ihn hindurchstarren.

»Jedes Foto hat seine Geschichte«, erläuterte Ted. »Und Ruth kennt sämtliche Geschichten. Habe ich recht, Ruthie?«

»Ja«, sagte die Vierjährige wieder. »Da ist es!«, rief sie und deutete auf das Foto, das über dem Nachtkästchen neben Eddies zerwühltem Bett hing. Der Stuhl, den Eddie (für seine Zwecke) dicht ans Bett gerückt hatte, stand nicht an seinem Platz; Ted musste mit Ruth auf dem Arm einen umständlichen Bogen um ihn herum machen, damit sie sich das Foto genauer ansehen konnte.

Auf dem Foto sitzt Timothy mit aufgeschlagenem Knie in einer großen Küche auf der Anrichte. Thomas, der ein sachliches Interesse an der Verletzung seines Bruders bekundet, steht neben ihm, in einer Hand eine Rolle Verbandmull, in der anderen eine Rolle Leukoplast, und verarztet Timothys blutendes Knie. Timothy war damals vielleicht ein Jahr älter als Ruth. Thomas mochte entsprechend sieben gewesen sein.

»Sein Knie blutet, aber alles wird wieder gut, ja?«, fragte Ruth ihren Vater.

»Alles wird wieder gut, er braucht nur einen Verband«, versicherte ihr Ted.

»Keine Stiche? Keine Nadel?«

»Nein, Ruthie. Nur einen Verband.«

»Er ist nur ein bisschen kaputt, aber sterben tut er nicht, stimmt's?«, fragte Ruth.

»Stimmt«, sagte Ted.

»Noch nicht«, fügte sie hinzu.

»Das stimmt, Ruthie.«

»Da ist nur ein bisschen Blut«, bemerkte Ruth.

»Ruth hat sich heute geschnitten«, erklärte Ted. Er zeigte Eddie das Pflaster an Ruths Ferse. »Sie ist am Strand in eine Muschel getreten. Und dann hat sie geträumt...«

Ruth, zufrieden mit der Geschichte vom aufgeschürften Knie und dem dazugehörigen Foto, blickte über die Schulter ihres Vaters ins Bad, wo etwas ihre Aufmerksamkeit erregt hatte.

»Wo sind die Füße?«, fragte sie.

»Welche Füße, Ruthie?«

Eddie stellte sich so hin, dass der Blick ins Bad versperrt war.

»Was hast du gemacht?«, wollte Ruth von ihm wissen. »Was ist mit den Füßen passiert?«

»Wovon redest du, Ruthie?«, fragte Ted. Er war

betrunken; aber selbst in betrunkenem Zustand war er noch einigermaßen sicher auf den Beinen.

Ruth zeigte auf Eddie. »Die Füße!«, sagte sie verärgert.

»Sei nicht ungezogen, Ruthie!«, wies Ted sie zurecht.

»Ist Zeigen ungezogen?«, fragte das Kind.

»Das weißt du genau«, antwortete ihr Vater. »Tut mir leid, dass wir dich gestört haben, Eddie. Wir sind es gewohnt, Ruth die Fotos zu zeigen, wann immer sie sie sehen möchte. Aber da wir nicht in deine Privatsphäre eindringen wollten, hat sie sie in letzter Zeit nicht oft gesehen.«

»Du kannst reinkommen und dir die Bilder ansehen, wann immer du möchtest«, sagte Eddie zu Ruth, die ihn noch immer finster anblickte.

Als sie im Flur vor Eddies Schlafzimmer standen, sagte Ted: »Sag ›Gute Nacht, Eddie‹, okay, Ruthie?«

»Wo sind die Füße?«, wiederholte Ruth. Dabei sah sie Eddie durchdringend an. »Was hast du gemacht?«

Auf dem Weg in Ruths Zimmer sagte Ted: »Ich muss mich doch sehr über dich wundern, Ruthie. Es sieht dir gar nicht ähnlich, ungezogen zu sein.«

»Ich bin nicht ungezogen«, entgegnete Ruth mürrisch.

»Na ja.« Das war alles, was Eddie von Ted noch

hörte. Selbstverständlich ging er danach sofort ins Bad und entfernte die Papierstreifen von den Füßen der toten Jungen; mit einem feuchten Waschlappen rieb er die Rückstände des Tesafilms vom Glas.

Im ersten Monat dieses Sommers onanierte Eddie wie eine Maschine, doch nie wieder nahm er Marions Foto von der Wand im Bad – und er wäre nicht im Traum auf die Idee gekommen, Thomas' und Timothys Füße noch einmal abzudecken. Statt dessen onanierte er fast jeden Morgen im Kutscherhaus, wo er sich einbildete, nicht unterbrochen – oder erwischt – zu werden.

Wenn Marion hier geschlafen hatte, stellte Eddie am nächsten Morgen jedes Mal voller Freude fest, dass ihr Duft noch in den Kissen des ungemachten Bettes hing. An den anderen Tagen genügte es ihm, eines ihrer Kleidungsstücke anzufassen oder daran zu riechen. Marion hatte im Schrank einen Unterrock oder eine Art Nachthemd deponiert, in dem sie schlief. Außerdem gab es eine Schublade mit Büstenhaltern und Höschen. Eddie hoffte die ganze Zeit, sie würde ihre hellrosa Kaschmirjacke im Schrank lassen, die sie bei ihrer ersten Begegnung getragen hatte. In seinen Träumen sah er sie oft in dieser Jacke. Doch in dem schäbigen Apartment über der Doppelgarage gab es keine Klimaanlage, und kein nennenswerter Durchzug linderte die stickige Hitze, die hier herrschte. Während es im Haus in Sagaponack für gewöhnlich kühl und luftig war, selbst bei der größten Hitze, war es in der gemieteten Wohnung in Bridgehampton unerträglich schwül. Und so durfte Eddie kaum darauf hoffen, dass Marion dort jemals Bedarf für ihre hellrosa Kaschmirjacke haben würde.

Obwohl Eddie regelmäßig nach Montauk fahren musste, um die übelriechende Sepiatinte abzuholen, entpuppte sich seine Arbeit als Schriftstellerassistent als leichter Achtstundenjob, für den Ted Cole ihm fünfzig Dollar die Woche zahlte. Eddie stellte ihm das Benzin für seinen Wagen in Rechnung, den zu fahren nicht annähernd so viel Spaß machte wie Marions Mercedes. Teds 57er Chevy (das Modell mit den denkwürdigen Flossen) war schwarz und weiß, was möglicherweise das enge Interessensspektrum des Zeichenkünstlers widerspiegelte.

Am frühen Abend, gegen fünf oder sechs, fuhr Eddie oft an den Strand, um zu schwimmen – oder auch zu laufen, was er nur selten und dann halbherzig tat. Manchmal fischten hier sogenannte *surfcasters*, die ihre Leinen vom Strand aus warfen; sie rasten mit ihren Fahrzeugen am Ufer entlang und jagten den Fischschwärmen nach. Von den größeren Fischen an Land getrieben, lagen zappelnde Ellritzen auf dem nassen, festgepressten Sand – noch ein Grund, weshalb Eddie wenig Lust hatte, dort zu laufen.

Jeden Abend fuhr Eddie, mit Teds Erlaubnis, nach East Hampton oder Southampton, um ins Kino zu gehen oder auch nur einen Hamburger zu essen. Er bestritt die Kinobesuche (und sämtliche Mahlzeiten) von den fünfzig Dollar, die er von Ted bekam, und konnte trotzdem noch mehr als zwanzig Dollar pro Woche auf die Seite legen. Eines Abends, in einem Kino in Southampton, entdeckte er Marion.

Sie saß allein unter den Zuschauern; wohl weil die Klimaanlage zu stark kühlte, trug sie ihre hellrosa Kaschmirjacke. Da sie an diesem Abend nicht im Kutscherhaus übernachten würde, war es unwahrscheinlich, dass ihre Jacke im Schrank des schäbigen Apartments über der Doppelgarage landen würde. Nachdem Eddie Marion an jenem Abend gesehen hatte, und zwar allein, hielt er von da an sowohl in Southampton als auch in East Hampton Ausschau nach ihrem Wagen. Obwohl er ihn ein- oder zweimal entdeckte, sah er Marion nie wieder in einem Kino.

Sie ging fast jeden Abend aus; sie aß nur selten mit Ruth und kochte nie für sich selbst. Eddie nahm an, dass sie zum Essen ausging, vermutlich in gehobenere Restaurants als er. Und er wusste auch, dass seine wöchentlichen fünfzig Dollar nicht lange ausreichen würden, wenn er sich angewöhnte, in besseren Restaurants nach ihr Ausschau zu halten.

Was die Frage betraf, wie Ted seine Abende verbrachte, stand nur fest, dass er nicht mit dem Auto fahren konnte. Im Kutscherhaus stand ein Fahrrad, aber Eddie hatte ihn nie damit fahren sehen. Eines Abends, als Marion ausgegangen war, klingelte das Telefon im Coleschen Haus, und das gerade anwesende Kindermädchen nahm ab; es war der Barkeeper eines Restaurants mit Bar in Bridgehampton, in dem Mr. Cole fast jeden Abend speiste und trank (wie der Mann behauptete). An diesem Abend habe Mr. Cole ungewöhnlich wackelig auf seinem Fahrrad gewirkt, als er weggefahren sei. Er rufe nur an, um sich zu vergewissern, dass Mr. Cole wohlbehalten zu Hause angekommen sei. Eddie fuhr nach Bridgehampton und schlug den Weg zum Kutscherhaus ein, den Ted vermutlich genommen hatte. Und siehe da, Ted strampelte mitten auf der Ocean Road dahin und schwenkte, als Eddies Scheinwerfer ihn erfassten, von der Fahrbahn auf den unbefestigten Randstreifen. Eddie hielt an und fragte ihn, ob er mitfahren wolle. Es war nur noch eine knappe halbe Meile.

»Ich fahre selbst!«, erklärte Ted und winkte ihn weiter.

Eines Morgens, nachdem Ted im Kutscherhaus geschlafen hatte, hing der Geruch einer anderen Frau in den Kissen im Schlafzimmer; er war viel kräftiger als Marions Duft. Er hat also eine andere Frau!, dachte Eddie, der noch nicht wusste, dass Ted bei jungen Müttern immer nach dem gleichen Muster vorging. (Die derzeitige hübsche, junge Mutter stand ihm an drei Vormittagen in der Woche Modell – anfangs mit ihrem kleinen Sohn, später allein.)

Was seine und Marions Trennung anging, hatte Ted zu Eddie lediglich gesagt, es treffe sich recht unglücklich, dass sein Job hier ausgerechnet in »eine so traurige Phase innerhalb einer so langen Ehe« falle. Zwar implizierte er damit, dass die »traurige Phase« möglicherweise vorüberging, aber je mehr Eddie von der zwischen Ted und Marion herrschenden Distanz mitbekam, desto überzeugter war er, dass diese Ehe nicht mehr zu retten war. Außerdem hatte Ted nur von einer »langen« Ehe gesprochen; davon, dass sie gut oder glücklich gewesen sei, hatte er nichts gesagt.

Und doch konnte Eddie erkennen, wenn auch nur auf den zahlreichen Fotos von Thomas und Timothy, dass es gute und glückliche Zeiten gegeben haben musste und dass das Ehepaar Cole früher auch einmal Freunde gehabt hatte. Das belegten Fotos von Dinnerpartys mit anderen Familien und von anderen Paaren mit Kindern; auch Thomas und Timothy hatten mit anderen Kindern Geburtstag gefeiert. Obwohl Marion und Ted nur selten auf diesen Fotos zu sehen waren – immer standen Thomas und Timothy oder zumindest ihre Füße im Mittelpunkt –, gab es genügend Hinweise darauf, dass die beiden einmal glücklich gewesen waren, wenn auch nicht unbedingt glücklich miteinander. Selbst wenn sie nie eine gute Ehe geführt haben sollten, hatten sie doch viele schöne Zeiten mit ihren Söhnen erlebt.

Eddie konnte sich nicht an so viele schöne Zeiten erinnern, wie er sie hier im Übermaß abgebildet sah. Und er fragte sich, was aus Teds und Marions Freunden geworden war. Außer den Kindermädchen und den Modellen (oder dem jeweiligen Modell) kam nie jemand ins Haus.

Während Ruth mit ihren vier Jahren schon begriff, dass Thomas und Timothy jetzt in einer anderen Welt lebten, hatte Eddie den Eindruck, dass diese Jungen auch aus einer anderen Welt gekommen waren. Sie waren geliebt worden.

Alles, was Ruth lernte, lernte sie von ihren Kindermädchen; Eddie ließen diese Mädchen weitgehend unbeeindruckt. Die Erste war von hier und hatte einen brutal aussehenden Freund, der ebenfalls aus dieser Gegend stammte – jedenfalls nahm Eddie das aus seiner Perspektive als Exonianer an. Der Freund war Rettungsschwimmer und verfügte über jene unerlässliche Unempfindlichkeit gegenüber Langeweile, die man als Rettungsschwimmer braucht. Er setzte das Kindermädchen jeden Morgen am Haus der Coles ab, und wenn er Eddie zufällig sah, bedachte er ihn mit einem finsteren Blick. Dieses Kindermädchen ging regelmäßig mit Ruth an den Strand, wo sich ihr Freund von der Sonne bräunen ließ.

In den ersten vier Wochen bat Marion, die Ruth und das Kindermädchen für gewöhnlich an den Strand fuhr und sie später wieder abholte, Eddie nur ein- oder zweimal, diese Aufgabe zu übernehmen. Das Mädchen sprach kein Wort mit ihm, und Ruth fragte ihn zu seiner Beschämung noch einmal: »Wo sind die Füße?«

Das Kindermädchen, das Ruth am Nachmittag betreute, ging aufs College und kam mit dem eigenen Auto. Sie hieß Alice und fühlte sich Eddie so überlegen, dass sie nicht mit ihm redete, außer um kurz anzumerken, sie habe einmal jemanden gekannt, der in Exeter gewesen sei. Natürlich habe der Betreffende seinen Abschluss gemacht, bevor

Eddie dort angefangen habe, und sie wisse auch nur den Vornamen: Chickie oder Chuckie.

»Wahrscheinlich ein Spitzname«, hatte Eddie etwas dümmlich gemeint.

Alice hatte geseufzt und ihn mitleidig angesehen. Eddie befürchtete, von seinem Vater die Tendenz geerbt zu haben, Offensichtliches auszusprechen – und bald spontan mit einem Spitznamen wie Minty bedacht zu werden, der ihm für den Rest seines Lebens bleiben würde.

Alice hatte noch einen Ferienjob in einem Restaurant in den Hamptons, allerdings keinem, in dem Eddie jemals speiste. Und sie war hübsch, so dass Eddie sie nicht ansehen konnte, ohne sich zu schämen.

Das Kindermädchen für den Abend war eine verheiratete Frau, deren Mann tagsüber arbeitete. Manchmal brachte sie ihre zwei Kinder mit, die älter waren als Ruth, aber dennoch höflich mit ihren unzähligen Spielsachen spielten – hauptsächlich Puppen und Puppenhäusern, denen Ruth nicht viel Beachtung schenkte. Sie zeichnete lieber oder ließ sich Geschichten vorlesen. In ihrem Kinderzimmer stand eine richtige Malerstaffelei, deren Beine abgesägt worden waren. Die einzige Puppe, an der Ruth hing, war eine, der der Kopf fehlte.

Von den drei Kindermädchen war nur die Frau,

die abends kam, freundlich zu Eddie, aber Eddie ging jeden Abend aus. Und wenn er zu Hause war, hielt er sich meist in seinem Zimmer auf. Sein Gästezimmer samt Bad befand sich am Ende des Flurs im ersten Stock; wenn Eddie an seine Eltern schreiben oder Eintragungen in seine Notizbücher machen wollte, hatte er dort fast immer Ruhe. In den Briefen an seine Eltern ließ er unerwähnt, dass Ted und Marion den Sommer über getrennt lebten – und erst recht, dass er, eingehüllt in Marions Duft, regelmäßig onanierte und sich dabei an ihre geschmeidigen Wäschestücke klammerte.

An dem Morgen, an dem Marion Eddie beim Onanieren überraschte, hatte er sich auf dem Bett mit großer Sorgfalt eine richtige Marion zurechtgelegt: eine pfirsichfarbene Bluse aus einem dünnen, sommerlich leichten Stoff, geeignet für das stickige Kutscherhaus, und einen BH in der gleichen Farbe. Eddie hatte die Bluse nicht zugeknöpft. Der BH, den er mehr oder minder dort platziert hatte, wo er hingehörte, war teils zu sehen, teils von der Bluse verdeckt, so als befände sich Marion in ebendiesem Stadium des Sich-Entkleidens. Dadurch vermittelten die Kleidungsstücke den Eindruck von Leidenschaft oder zumindest Hast. Ihr Höschen, ebenfalls pfirsichfarben, lag richtig herum (Taille oben, Schritt unten) und befand sich im richtigen Abstand zu dem

BH – das heißt, wenn Marion beides tatsächlich getragen hätte. Eddie, der nackt war und der beim Onanieren seinen Penis immer mit der linken Hand an der Innenseite seines rechten Oberschenkels rieb, hatte sein Gesicht in die halb aufgeknöpfte Bluse und den BH vergraben. Mit der rechten Hand streichelte er Marions unvorstellbar weiches, seidiges Höschen.

Marion brauchte nur einen Sekundenbruchteil, um zu sehen, dass Eddie nackt war, und zu begreifen, was er da machte – und mit welch optischen und haptischen Hilfsmitteln! –, aber als Eddie sie bemerkte, war sie weder im Begriff, das Schlafzimmer zu betreten, noch es zu verlassen. Sie stand so unbewegt da wie eine Erscheinung ihrer selbst, und bestimmt hatte Eddie gehofft, es möge so sein; er sah als Erstes auch nicht eigentlich Marion, sondern ihr Spiegelbild. Marion, die Eddie im Schlafzimmerspiegel und in natura sah, bekam die einmalige Chance, zwei Eddies gleichzeitig onanieren zu sehen.

Sie war so schnell verschwunden, wie sie in der Tür aufgetaucht war. Eddie, der noch nicht ejakuliert hatte, wusste nicht nur, dass sie ihn gesehen hatte, sondern auch, dass sie im selben Augenblick begriffen hatte, wie es um ihn stand.

»Tut mir leid, Eddie«, sagte Marion aus der Küche, als er hastig ihre Kleidungsstücke wegräumte. »Ich hätte anklopfen sollen.«

Nachdem er sich angezogen hatte, wagte er das Schlafzimmer noch immer nicht zu verlassen. Halb rechnete er damit, sie in die Garage hinunterlaufen oder in ihrem Mercedes wegfahren zu hören, was ihm noch lieber gewesen wäre. Doch sie wartete auf ihn. Und da er sie zuvor nicht hatte heraufkommen hören, wusste er, dass er gestöhnt haben musste.

»Es ist meine Schuld, Eddie«, sagte Marion. »Ich bin dir nicht böse. Es ist mir nur peinlich.«

»Mir ist es auch peinlich«, murmelte er aus dem Schlafzimmer.

»Es ist schon gut, es ist ganz natürlich«, sagte Marion. »Ich weiß doch, wie Jungen in deinem Alter sind.« Ihre Stimme verlor sich.

Als er endlich seinen ganzen Mut zusammennahm und hinausging, saß sie auf der Couch. »Komm her, sieh mich wenigstens an!«, sagte sie, doch er stand wie angewurzelt da und starrte auf seine Füße. »Es ist komisch. Sagen wir einfach, es ist komisch, und belassen es dabei.«

»Es ist komisch«, wiederholte er kläglich.

»Komm her, Eddie!«, befahl sie.

Er schlurfte langsam zur Couch, noch immer mit gesenktem Blick.

»Setz dich!«, sagte sie, und er setzte sich kerzengerade ans andere Ende der Couch, weit weg von ihr. »Nein, hierher.« Sie klopfte neben sich auf das Polster. Eddie war unfähig, sich zu bewegen.

»Komm, Eddie, ich weiß doch, wie Jungen in deinem Alter sind«, sagte sie noch einmal. »Jungen in deinem Alter tun so etwas, oder etwa nicht? Kannst du dir vorstellen, es nicht zu tun?«, fragte sie ihn.

»Nein«, flüsterte er. Er begann zu weinen und konnte gar nicht mehr aufhören.

»Wein doch nicht!«, sagte Marion eindringlich. Sie weinte jetzt nie mehr, sie hatte keine Tränen mehr.

Dann saß Marion so dicht neben ihm, dass er spürte, wie die Couch nachgab, und unwillkürlich lehnte er sich an sie. Während sie redete und redete, weinte er weiter. »Hör mir zu, Eddie, bitte«, sagte sie. »Ich dachte, dass eine von Teds Frauen meine Sachen trägt, weil sie manchmal zerknittert waren oder auf den falschen Bügeln hingen. Aber das warst du, und du warst richtig nett, du hast sogar meine Wäsche zusammengelegt! Oder es zumindest versucht. Ich lege meine Höschen und BHs nie zusammen. Und dass Ted sie nicht anrührt, weiß ich«, fügte sie hinzu, während Eddie weiterweinte. »Ach, Eddie, ich fühle mich geschmeichelt. Wirklich! Es ist nicht gerade ein angenehmer Sommer, und es macht mich glücklich, zu wissen, dass wenigstens ein Mensch an mich denkt.«

Sie hielt inne; plötzlich wirkte sie noch verlegener als Eddie. »Nein, das soll nicht heißen, dass ich annehme, du hättest wirklich an mich gedacht«, setzte sie rasch hinzu. »Mein Gott, das wäre ziemlich vermessen. Vielleicht war es nur meine Wäsche. Trotzdem schmeichelt es mir, auch wenn es nur meine Wäsche war. Wahrscheinlich gibt es viele Mädchen, an die du denkst...«

»Ich denke an dich!«, platzte Eddie heraus. »Nur an dich.«

»Dann braucht es dir nicht peinlich zu sein«, sagte Marion. »Du hast eine alte Frau glücklich gemacht!«

»Du bist keine alte Frau!«, widersprach er vehement.

»Du machst mich noch glücklicher.« Sie stand rasch auf, als wollte sie gehen. Endlich wagte er sie anzusehen. Als sie seinen Gesichtsausdruck sah, warnte sie ihn: »Sei vorsichtig mit deinen Gefühlen für mich, Eddie. Ich meine, pass auf dich auf.«

»Ich liebe dich«, sagte er tapfer.

Sie setzte sich neben ihn, so besorgt, als hätte er wieder zu weinen angefangen. »Das darfst du nicht, Eddie«, sagte sie mit mehr Ernst, als er erwartet hatte. »Denk nur an meine Kleidungsstücke. Die können dir nicht weh tun.« Sie beugte sich zu ihm hinüber und sagte ohne jeden koketten Unterton:

»Sag mal, gibt es etwas, was du besonders gern magst – ich meine, von den Sachen, die ich trage?« Er blickte sie so verständnislos an, dass sie wiederholte: »Denk nur an meine Kleidungsstücke, Eddie.«

Eddie war nach Weinen zumute, weil er sah, dass sie sich zum Gehen wandte. An der Tür zur Treppe nahm ihre Stimme einen anderen Tonfall an: »Nicht so ernst, Eddie, sei nicht so ernst.«

»Ich liebe dich«, wiederholte er.

»Tu es nicht«, ermahnte sie ihn. Dass er den Rest des Tages zerstreut war, versteht sich von selbst.

Nicht lange nach dieser Begegnung traf er sie eines Abends, als er von einem Kinobesuch in Southampton zurückkam, in seinem Schlafzimmer vor einem Foto an. Das Kindermädchen für den Abend war nach Hause gegangen. Auch wenn es ihm das Herz brach, wusste er sofort, dass Marion nicht hier war, um ihn zu verführen. Sie begann, über einige Fotos in seinem Zimmer und im Bad zu sprechen; sie entschuldigte sich für ihr Eindringen und meinte, aus Rücksicht auf seine Privatsphäre betrete sie sein Zimmer sonst nur, wenn er außer Haus sei, um sich die Fotos anzusehen. Vor allem ein Foto habe sie sehr beschäftigt – welches, wollte sie ihm nicht sagen –, und deshalb habe sie sich etwas länger aufgehalten als vorgesehen.

Als sie ihm eine gute Nacht wünschte und ging, war ihm elender zumute, als er es je für möglich gehalten hätte. Doch kurz bevor er zu Bett ging, bemerkte er, dass sie seine herumliegenden Kleidungsstücke zusammengelegt hatte. Auch ein Handtuch hatte sie von seinem üblichen Platz über der Duschvorhangstange entfernt und ordentlich auf den Handtuchhalter gehängt, wo es hingehörte. Zuletzt bemerkte Eddie, dass sein Bett gemacht war, obwohl das am offensichtlichsten war. Er machte es nie, und zumindest in der gemieteten Wohnung machte Marion ihres auch nie!

Zwei Tage später setzte er Kaffee auf, nachdem er die Post auf den Küchentisch im Kutscherhaus gelegt hatte. Während der Kaffee durchlief, ging er ins Schlafzimmer. Zunächst dachte er, das auf dem Bett sei Marion, aber es war nur ihre hellrosa Kaschmirjacke. *(Nur!)* Marion hatte die Knöpfe offen gelassen und die langen Ärmel so nach oben gelegt, als hätte die in der Jacke steckende unsichtbare Frau ihre unsichtbaren Hände hinter dem Kopf verschränkt. Unter den offenen Knöpfen kam ein BH zum Vorschein; der Anblick war verführerischer als alle Arrangements, die Eddie bisher ausprobiert hatte. Der BH war weiß, ebenso das Höschen, und Marion hatte beides genau so hingelegt, wie Eddie es gern mochte.

Ödön von Horváth

Geschichte einer kleinen Liebe

Still wirds im Herbst, unheimlich still. Es ist alles beim Alten geblieben, nichts scheint sich verändert zu haben. Weder das Moor noch das Ackerland, weder die Tannen dort auf den Hügeln noch der See. Nichts. Nur, dass der Sommer vorbei. Ende Oktober. Und bereits spät am Nachmittag.

In der Ferne heult ein Hund, und die Erde duftet nach aufgeweichtem Laub. Es hat lange geregnet während der letzten Wochen, nun wird es bald schneien. Fort ist die Sonne, und die Dämmerung schlürft über den harten Boden, es raschelt in den Stoppeln, als schliche wer umher. Und mit den Nebeln kommt die Vergangenheit. Ich sehe Euch wieder, Ihr Berge, Bäume, Straßen – wir sehen uns alle wieder!

Auch wir zwei, du und ich. Dein helles Sommerkleidchen strahlt in der Sonne fröhlich und übermütig, als hättest du nichts darunter an. Die Saat wogt, die Erde atmet. Und schwül wars, erinnerst du dich? Die Luft summte, wie ein Heer unsichtbarer

Insekten. Im Westen drohte ein Wetter, und wir weit vom Dorfe auf schmalen Steig, quer durch das Korn, du vor mir – – – – Doch, was geht das Euch an?! Jawohl, Euch, liebe Leser! Warum soll ich das erzählen? Tut doch nicht so! Wie könnte es Euch denn interessieren, ob zwei Menschen im Kornfeld verschwanden! Und dann gehts Euch auch gar nichts an! Ihr habt andere Sorgen, als Euch um fremde Liebe – – und dann war es ja überhaupt keine Liebe! Der Tatbestand war einfach der, dass ich jene junge Frau begehrte, besitzen wollte. Irgendwelche »seelische« Bande habe ich dabei weiß Gott nicht verspürt! Und sie? Nun, sie scheint so etwas wie Vertrauen zu mir gefasst zu haben. Sie erzählte mir viele Geschichten, bunte und graue, aus Büro, Kino und Kindheit, und was es eben dergleichen in jedem Leben noch gibt. Aber all das langweilte mich, und ich habe des Öfteren gewünscht, sie wäre taubstumm. Ich war ein verrohter Bursche, eitel auf schurkische Leere.

Einmal blieb sie ruckartig stehen:

»Du«, und ihre Stimme klang scheu und verwundet. »Warum lässt du mich denn nicht in Ruh? Du liebst mich doch nicht, und es gibt ja so viele schönere Frauen.«

»Du gefällst mir eben«, antwortete ich, und meine Gemeinheit gefiel mir über alle Maßen. Wie gerne hätte ich diese Worte noch einige Male wiederholt!

Sie senkte das Haupt. Ich tat gelangweilt, kniff ein Auge etwas zu und betrachtete die Form ihres Kopfes. Ihre Haare waren braun, ein ganz gewöhnliches Braun. Sie trug es in die Stirne gekämmt, so wie sie es den berühmten Weibern abgeguckt hatte, die für Friseure Reklame trommeln. Ja, freilich gibt es Frauen, die bedeutend schöneres Haar haben und auch sonst – – Aber ach was! Es ist doch immer dasselbe! Ob das Haar dunkler oder heller, Stirn frei oder nicht – –

»Du bist ein armer Teufel«, sagte sie plötzlich wie zu sich selbst. Sah mich groß an und gab mir einen leisen Kuss. Und ging. Die Schultern etwas hochgezogen, das Kleid verknüllt – –

Ich lief ihr nach, so zehn Schritte, und hielt.

Machte kehrt und sah mich nicht mehr um.

Zehn Schritte lang lebte unsere Liebe, flammte auf, um sogleich wieder zu verlöschen. Es war keine Liebe bis über das Grab, wie etwa Romeo und Julia. Nur zehn Schritte. Aber in jenem Augenblick leuchtete die kleine Liebe, innig und geläutert, in märchenhafter Pracht.

Nachweis

Philippe Djian (* 3. Juni 1949, Paris)
37,2 Grad am Morgen (Titel vom Herausgeber). Aus dem Französischen von Michael Mosblech. Auszug aus: Philippe Djian, *Betty Blue*. Copyright © 1986 by Diogenes Verlag AG, Zürich

Doris Dörrie (* 26. Mai 1955, Hannover)
Danke für Ihren Besuch. Auszug aus: Doris Dörrie, *Alles inklusive*. Copyright © 2011 by Diogenes Verlag AG, Zürich

F. Scott Fitzgerald (24. September 1896, St. Paul/Minnesota – 21. Dezember 1940, Hollywood)
Liebe in der Nacht. Aus dem Amerikanischen von Melanie Walz. Aus: F. Scott Fitzgerald, *Die letzte Schöne des Südens*. Copyright © 2009 by Diogenes Verlag, Zürich

Ödön von Horváth (9. Dezember 1901, Susak, heute Rijeka – 1. Juni 1938, Paris)
Geschichte einer kleinen Liebe. Aus: Ödön von Horváth, *Sportmärchen*. Suhrkamp Verlag, Frankfurt 1988

John Irving (* 2. März 1942, Exeter/New Hampshire)
Sommerjob (Titel vom Herausgeber). Aus dem Amerikanischen von Irene Rumler. Auszug aus: John Irving, *Witwe für ein Jahr*. Copyright © 1999 by Diogenes Verlag, Zürich

Eduard von Keyserling (15. Mai 1855, Tels-Paddern/Lettland – 28. September 1918, München)
Schwüle Tage. Aus: Eduard von Keyserling, *Schwüle Tage*. Ausgewählte Werke. Erster Band. Aufbau Taschenbuch Verlag GmbH, Berlin 1998

D. H. Lawrence (11. September 1885, Eastwood bei Nottingham – 2. März 1930, Vence/Frankreich)
Sonne. Aus dem Englischen von Elisabeth Schnack. Aus: D. H. Lawrence, *Verliebt.* Copyright © 2007 by Diogenes Verlag, Zürich

Anthony McCarten (* 28. April 1961, New Plymouth)
Die Italienerin. Aus dem Englischen von Manfred Allié. Aus: *Ruckzuck. Die schnellsten Geschichten der Welt,* herausgegeben von Daniel Kampa. Copyright © 2008 by Diogenes Verlag, Zürich

Bernhard Schlink (* 6. Juli 1944, Bielefeld)
Nachsaison. Aus: Bernhard Schlink, *Sommerlügen.* Copyright © 2010 by Diogenes Verlag AG, Zürich

Urs Widmer (* 21. Mai 1938, Basel)
Naxos (Titel vom Herausgeber). Auszug aus: Urs Widmer, *Liebesnacht.* Copyright © 1982 by Diogenes Verlag, Zürich